10명의 사람이
노무현을 말하다

오마이북

이해찬
유시민
문성근
정연주
도종환
박원순
이정우
문재인
정찬용
한명숙

10명의
사람이
노무현을
말하다

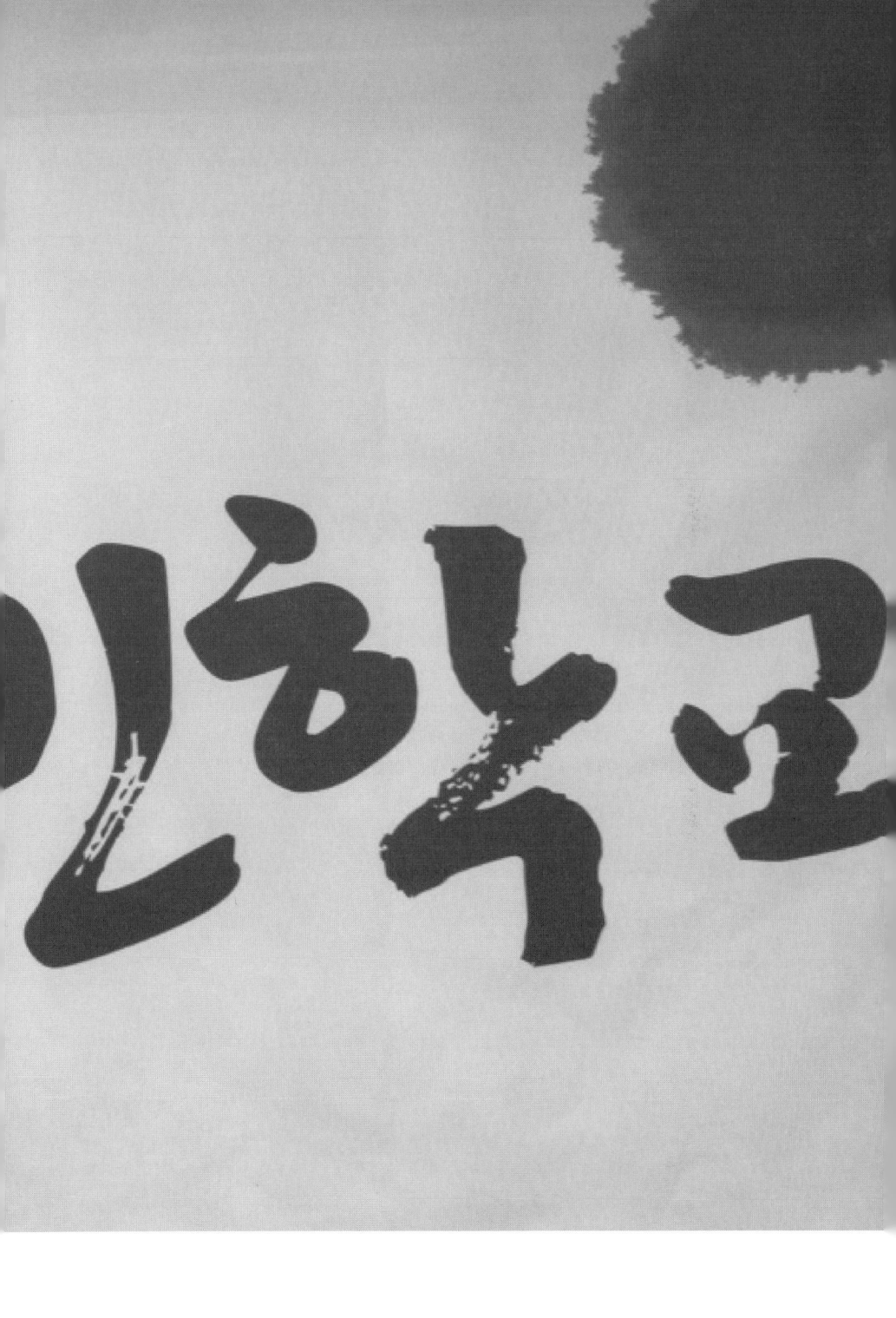

머리말

노무현의 꿈과 가치,
사람 사는 세상

"정치, 정책과 우리의 가치와 이해관계와의 인과관계는 매우 복잡하여 여간해서는 이해하기가 어렵다. 그리고 아바위 같은 논리와 선전이 난무한다. 오랜 역사 동안 그랬다. 이 혼란스러운 상황을 정리하고 길을 찾을 수 있는 시민의 지혜와 용기가 필요하다. 학습이 필요하다."

— 노무현, 《진보의 미래》 중에서

2008년 2월, 무거운 짐을 벗고 보통 사람이 된 노무현 대통령이 봉하 마을로 귀향했습니다. 그해 봄 대통령은 봉하의 벌판에 씨를 뿌리고 오리를 풀었습니다. 장군차도 심었습니다. 뒷산 숲에 올라 가지치기를 하고 화포천의 쓰레기를 치우며 구슬땀을 흘렸습니다. 농부 노무현의 노동은 가을의 풍성한 수확이 되었습니다.

계절이 겨울로 바뀌고 농한기가 되자 대통령은 시민 노무현이 되었습니다. 다양한 독서, 학자들과의 토론, 참모들과의 회의를 거듭하면서 대통령의 관심은 하나로 모아졌습니다. 화두는 '국가의 역할'이었습니다. 전체를 관통하는 주제는 '진보의 미래'였습니다. 다섯 차례를 고쳐 쓴 초안의 끝은 언제나 '시민의 역할은 무엇인가?'였습니다. 대통령의 깊은 사색과 고민의 결론은 결국 '시민'이었던 것입니다.

　노무현 대통령은 '진보의 미래'에 이어 '시민'을 주제로 한 책을 쓸 계획이었습니다. 그 책을 통해 대통령은 '정치가 어떻게 돌아가는 것인지, 권력은 누구에게 있고 어떻게 움직이는지, 주권자의 시민은 어떻게 해야 할 것인지' 이런 문제들을 가칭 '시민은 무엇을 해야 하는가?'라는 이름의 책으로 따로 엮으려 했습니다. '주권자로서의 권리를 찾고 올바르게 행사하는 시민', '공동체에 대해 책임을 지는 시민', 그리고 '학습하고 생각하는 시민', 바로 '깨어 있는 시민'입니다.

　시민 노무현의 못다 한 사색과 고민이 '노무현 시민학교'의 출발점이 되었습니다. 시민학교의 문을 여는 첫 주제는 당연히 '시민주권강좌'가 되었습니다. 2009년 8월 강좌 개설 공고가 나가자 200명에 달하는 모집정원이 단 이틀 만에 채워졌습니다. 꼭 수강할 기회를 달라는 요청이 마감 이후로도 계속되어 결국 책상을 치우는 고육지책으로 100석을 늘렸습니다. 그 자리 역시 하루 만에 동이 났습니다. 그러한 열기는 지역도 예외가 아니어서 광주와 부산에서도 시민주권강좌가 진행되기에 이르렀습니다. 400명에 가까운 일반 시민들이 기꺼이 수강료를 지불하면서 강좌를 들었습니다. 지역에서 시민학교를 준비하고 운영했던 실무자들은 이구동성으로 말했습니다. '지역에서는 좀처럼 보기 드문 현상'이라고.

더 많은 사람들이 강좌를 접할 수 있도록 하자는 제안이 있었습니다. 그 내용을 모아 책으로 펴내자는 것으로 자연스럽게 의견이 모아졌습니다. 그래서 이해찬(시민주권 대표, 전 국무총리), 한명숙(노무현 재단 전 이사장, 전 국무총리), 문재인(전 청와대 비서실장), 이정우(전 청와대 정책실장), 유시민(전 보건복지부 장관), 정찬용(전 청와대 인사수석), 정연주(전 KBS 사장), 도종환(시인), 문성근(배우), 박원순(희망제작소 상임이사) 모두 열 분의 강의를 모아 한 권의 책으로 펴내게 되었습니다. 독자의 이해를 돕기 위해 가급적 강좌의 내용을 원문 그대로 살렸으며 수강자들과의 질문, 답변도 함께 실어 현장감을 생생하게 전달하고자 했습니다.

이 책이 노무현 대통령의 꿈과 가치는 물론 참여정부의 정책에 대한 이해를 넓히는 데 기여하기를 소망합니다. 아울러 '민주주의 최후의 보루는 깨어 있는 시민의 조직된 힘'이라는 사실을 다시 한 번 확인하는 계기가 되기를 기대합니다.

2010년 5월
노무현 시민학교
한국미래발전연구원

차례

머리말 노무현의 꿈과 가치, 사람 사는 세상   9

01 노무현의 꿈 _ 이해찬

사람 사는 세상, 그렇게 대단한 건 아니다   21
정조대왕 이후 209년은 199년 대 10년   24
사람 사는 세상을 위한 6가지 과제   27
역주행의 시대, 어떻게 되돌릴 것인가   30
시민들의 액션 프로그램이 필요하다   35
가치 공동체와 깨어 있는 조직의 힘   37
이해찬에게 묻는다   39

02 노무현의 진보 _ 유시민

사생취의, 의를 위해서 목숨도 버린다   53
노래 〈어머니〉와 사람 사는 세상   57
'국민'에서 깨어 있는 '시민'으로   61
노 대통령인들 비판받을 게 없겠는가   65
진보가 가능할까 하는 절망감과 회의   69
유시민에게 묻는다   74

03 노무현의 분노 _문성근

만약 노무현 대통령을 연기한다면 89
신영복의 '억울함'과 노무현의 '분노' 92
한나라당-족벌신문-재벌의 3자 동맹 95
인터넷에 기반한 정당은 불가능한가 102
우리나라에 각성된 시민은 몇 명일까 107
문성근에게 묻는다 111

04 노무현의 소통 _정연주

닫힌 광장, 권력 집중, 타율의 시대로 125
사회적 흉기가 된 소통 불능 언론 129
'조중동 방송'과 99대 1의 언론 지형 134
〈조선일보〉 독립 막는 원흉을 물었더니 138
당신의 시간과 재능과 물질을 내놓으라 144
정연주에게 묻는다 151

05 노무현의 얼굴 _도종환

개혁의 기회는 자주 오지 않는다 161
속물 권력은 결국 배반당한다 166
바보 온달, 바보 추기경, 바보 대통령 171
큰길 두고 샛길로 빠지는 한국 정치 177
노무현은 왜 '유러피언 드림'에 주목했나 185
밀짚모자 쓰고 오리와 함께 돌아올 때 189
도종환 시 〈얼굴〉 193

06 노무현의 민주주의 _ 박원순
또 다른 세상은 가능하다 199
자유는 영원한 감시의 대가 202
소수자를 존중해야 진짜 민주주의 205
청탁 전화 없어서 불안한 대기업 임원 210
청년들, 고향으로 내려가 시장이 되자 214
우리에겐 또 다른 길이 있다 218
박원순에게 묻는다 224

07 노무현의 경제정책 _ 이정우
끊임없는 독서, 우리 시대의 호학군주 239
대원군의 쇄국과 박정희·전두환의 개방정책 243
개혁과 성장, 성장과 분배는 한 몸 246
세금폭탄이라고 주장하는 언론폭탄 249
우보천리, 소처럼 뚜벅뚜벅 천 리를 간다 254
금융위기는 시장만능주의에 대한 경고 257
이정우에게 묻는다 260

08 노무현의 법치주의 _ 문재인
국가권력 제한·통제하는 노무현의 법치주의 275
동시다발로 진행된 법치주의 개혁 279
의전 총리에서 책임 총리로 바꾼 까닭 282
유일한 비검찰 출신의 청와대 민정수석 285
이승만~김대중 33만 건, 노무현 825만 건 290
민주주의 연구를 왜 여생의 과제로 삼았나 294
문재인에게 묻는다 299

09 노무현의 인사·지역정책 _정찬용

철학·검증절차·책임자 없는 MB의 '3무 인사' 309
편중인사에서 탕평인사로 흐름을 바꾸다 314
참여정부의 인사철학은 '국리민복' 316
'적재적소' 아닌 '적소적재' 319
460명 뽑으려면 4만 6000명 DB 있어야 323

정찬용에게 묻는다 328

10 노무현의 사람 사는 세상 _한명숙

불의 보면 저항하고 잘못 가면 돌려놓고 337
지난 10년 민주주의, 1년 만에 허물다 339
모두를 위해 자기 몸을 희생한 커다란 저항 342
권력자는 진정한 의미의 진보를 할 수 없다 345
시민의 생각이 역사가 된다는 믿음 349

한명숙에게 묻는다 352

01
노무현의 꿈
이해찬

이해찬 재단법인 '광장' 이사장, 전 국무총리

1952년 충청남도 청양에서 태어나 서울대 사회학과를 졸업했다. 서울대 재학 중이던 1974년 민청학련 사건으로 투옥되었으며 이후 민주화운동에 전념했다. 1980년 김대중 내란음모 사건으로 재판을 받을 때 "이 목숨 다 바쳐 이 땅이 민주화될 때까지 싸워나가겠다. 당신들이 저지르고 있는 역사적 범죄를 결코, 절대로 용납할 수 없다"고 일갈한 일화가 유명하다.

1988년 재야인사들과 함께 평화민주당에 참여한 이후 13대부터 17대까지 5선 국회의원을 역임했다. 1995년 서울시 정무부시장, 1998년 교육부 장관, 2004년 국무총리로 일했다. 대선과 총선 때마다 기획과 정책을 맡았고 야당과 집권당 시절 세 차례 정책위원회 의장을 지내는 등 민주개혁진영의 대표적인 전략기획가로 통한다. 참여정부 국무총리에 취임하여 책임총리제를 정착시켰고, 퇴임 이후 열린우리당 동북아평화위원장으로 활동하며 10·4 남북정상회담 성사를 지원했다. 2008년 국회의원 선거에 불출마하고 민주개혁진영의 가치와 비전을 연구하는 연구재단 '광장'을 설립하였다. 노무현 전 대통령 서거 후에는 생활 속 주권운동을 표방한 '시민주권'을 창립하여 시민정치운동을 전개하고 있다.

다음 시대를 위한 진보의 가치와 비전 확립, 우애와 평화 속에 번영하는 동북아시아, 보수와 진보의 민주적이고 건전한 경쟁을 통해 발전하는 평화로운 통일한국의 상을 만드는 일에 전념하고 있다.

지은 책으로 《민주와 통일의 길목에서》, 《광주민중항쟁》(공저), 《청양 이 면장 댁 셋째 아들 이해찬》이 있으며, 옮긴 책으로 《사회학적 상상력》(공역), 《세계환경정치》 등이 있다.

이해찬이 생각하는 '노무현 정신'은…

사람이 사람답게 사는 세상을 열망하는 것

반갑습니다. 이해찬입니다. 2009년 여름은 장례 치르면서 다 보낸 것 같아요. 저는 김대중, 노무현 대통령 두 분을 모시고 20년 동안 정치를 함께했는데, 두 분의 서거를 보면서 올해는 참 유난하고 특별한 해라는 생각을 많이 합니다.

얼마 전에 어떤 분이 쓴 글을 봤는데, 한국은 30년 주기로 시대가 바뀐다는 생각이 들었습니다. 1919년에 조선왕조의 마지막에서 두 번째 임금인 고종 황제가 돌아가셨어요. 그후 30년이 지난 1949년에 김구 선생님이 서거하셨고요. 고종 황제가 서거하셨을 때 조선왕조는 사실상 끝났습니다. 김구 선생님이 돌아가시면서는 독립운동 시대가 마감되었습니다. 그리고 30년 만인 1979년에 박정희 전 대통령이 돌아가셨어요. 산업화를 이끌었던 한 시대가 마감된 거죠. 그로부터 또 30년 만에 노무현, 김대중 대통령 두 분이 돌아가셨습니다. 이렇게 30년 단위로 시대의 의미 있는 곡절이 나타났는데 그러면 다가올 30년은 어떤 시대가 될 것인가, 오늘 이 자리에서는 이 문제를 짚어보겠습니다.

사람 사는 세상, 그렇게 대단한 건 아니다

노무현 대통령이 국정을 운영하면서 제시했던 '비전 2030'은 바로 2030년대를 말합니다. 대통령이 그 비전의 청사진을 많이 그려놓고 퇴임하셨는데, 그 내용은 앞으로 우리가 좀 더 채워나가야 한다고 생각합니다. 잘 채운 사람이 2039년에 유명을 달리하면 이 반열에 들어가겠죠. ☺

노 대통령이 추구하셨던 '사람 사는 세상'이 그렇게 대단한 건 아닙니다. 우리가 이렇게 같이 살면 그게 사람 사는 세상이잖아요. 그런데 왜 일부러 강조했을까요? 그게 우리의 과제입니다. 사람들이 어울려 잘 살면 되는데 왜 그걸 못할까……

우리가 추구하는 좋은 가치이자 목표는 더불어 즐겁게 잘 사는 사회, 공동체를 만드는 것입니다. 이런 세상을 만들기 위해 노 대통령은 참여정부에서 세 가지 국정목표를 두었습니다. 첫 번째는 국민과 함께하는 민주주의, 두 번째는 더불어 사는 균형발전사회, 세 번째는 평화와 번영의 동북아시대입니다. 함께하는 민주주의는 정치 쪽을 강조하신 것이고, 균형발전사회는 경제 쪽을, 번영의 동북아시대는 아시아의 국제질서와 평화공동체를 강조하신 겁니다. 함께 더불어 산다, 어디서? 균형발전을 이룬 사회 속에서. 모두가 자유롭고 즐겁

이해찬

게 산다, 민주적인 나라에서. 평화롭게 잘 산다, 경제가 발전한 평화로운 동북아에서. 이렇게 정리할 수 있습니다.

사람 사는 세상, 더불어 즐겁게 잘 사는 세상을 만들기 위한 3대 국정목표를 운영하면서 4대 국정원리도 제시했습니다. 공무원들은 다 외워야 했어요. 저도 외우려고 수첩에 적어놓고 다녔는데요. 첫 번째는 원칙과 신뢰, 두 번째는 공정과 투명입니다. 세 번째는 대화와 타협이고, 네 번째가 분권과 자율입니다. 이 4대 국정원리를 가지고 3대 국정목표를 실현해나가게 됩니다.

제가 국무총리를 지낼 때 가끔 장관들한테 물어봤습니다. "4대 국정원리가 뭐죠?" 그러면 절반은 알고 절반은 모릅니다. 이 가운데 원칙과 신뢰, 분권과 자율은 대개 잘 알아요. 그런데 대화와 타협은 노 대통령답지 않은 거라 잘 모르는 것 같아요. ☺

그런데 이명박 정부가 들어서고 1년 반 만에 많은 것이 무너져 내리고 있습니다. 현 정부를 가리켜 무슨 정부라고 합니까? 상징할 말이 없습니다. 김대중 대통령이 이끌던 정부는 국민의 정부, 노무현 대통령이 이끌던 정부는 참여정부, 그런데 이명박 대통령이 이끄는 정부는 이름이 없어요. 뭘 하겠다는 국정목표가 없는 거죠. 현 정부는 자신들을 이명박 정부라고 부르라 하는데, 이명박의, 이명박에 의한, 이명박을 위한 정부라는 뜻인가요? 확고한 철학이나 국정목표 없이 개인이 좌지우지하는 정부이다 보니까 1년 반 동안 국정이 왔다 갔다 합니다.

국가를 운영하는 데 제일 중요한 건 경중을 가리는 것이고, 그다음이 선후와 완급을 잘 가리는 겁니다. 그런데 이명박 정부는 경중, 선후, 완급이 왔다 갔다 하니까 헷갈려요. 얼마 전 북한에서 김대중 대통령의 특사 조문단이 왔죠. 이분들을 돌아갈 날짜에 만나주지 않고 하루 더 묵게 해서 그다음 날 만났는데, 청와대에서는 "패러다임을 전환했다"라고 이야기했습니다. 우리 민족 간의 대화 창구로 여기지 않고 일본이나 중국, 미국, 러시아의 특사 조문단처럼 만나주고는 그걸 패러다임의 전환이라고 한 거죠. 패러다임의 뜻을 잘 모르는 모양입니다. ☺

패러다임이란 유명한 과학철학자 토머스 쿤의 《과학 혁명의 구조》라는 책에 나오는 개념이죠. 민족의 대화 창구인 상대방을 외국 사절로 규정해주는 건 패러다임의 전환이 아닙니다. 골탕 먹이는 일이죠. 북한과 남한이 한민족공동체로 평화롭게 살아가자는 기본합의는 벌써 노태우 대통령 때 만들어놓았어요. 그렇기 때문에 남북 간 관계를 특수한 관계로 보는 겁니다. 그런데 이걸 외국으로 만들어버렸습니다. 외국으로 만들었으면 노무현 대통령과 김정일 국방위원장이 합의한 10·4 정상선언은 이행해야죠. 미국, 일본, 중국과 합의하면 이행해야 하는데 왜 북한하고는 이행하지 않습니까? 이행하지 않는 것은 국가로 인정하지 않는 셈인데, 이제 와서 만나주는 척하면서 패러다임의 전환이라고 합니다. 이건 외교적 관례로 봐서도 두서가 없는 겁니다. 이런 이야기를 시작하면 끝이 없고 저쪽 비판만 하다 보면 우리가 할 일을 못합니다. ☺ 이제 우리가 할 일을 해야죠.

노무현 대통령이 추구했던 3대 국정목표는 우리 국가의 궁극적 목표입니다. 하지만 우리는 지난 10년 동안 이 과제와 경로를 두고 많이 소통하지 못했고, 인식을 공유하지도 못했으며, 발전방향도 깊이 생각하지 못했다고 자성합니다. 이런 일을 하려면 우리의 조건이 어떤지, 어떤 경로를 통해서 할 것인지, 누가 할 것인지, 어떻게 할 것인지에 대해 많은 사람들의 공감을 얻어가야 하는데 그러지 못한 겁니다.

왜 이런 말씀을 드리는가 하면, 앞으로 우리가 다시 집권해서 이런 목표와 방향으로 나라를 이끌어가려면 그동안 잘못한 부분을 철저히 반성해야 하기 때문입니다. 과정에 대한 반성 없이 무턱대고 다음 일을 열심히 한다고 해서 잘하는 건 아니니까요. 그런 점에서 우리가 깊이 반성할 부분은 반성하고 성과는 성과대로 살려나갈 필요가 있다는 생각이 듭니다.

정조대왕 이후 209년은 199년 대 10년

실제로 김대중, 노무현 대통령의 10년은 우리의 긴 역사 속에서 보면 '점'입니다. 정조대왕이 돌아가신 해가 1800년입니다. 개혁적인 왕이 돌아가시고 나서 이제 209년이 지났는데, 그동안 민주개혁적인 국가지도자가 정권을 잡았던 시절은 10년밖에 없습니다. 209년 중 딱 10년뿐입니다. 나머지는 쿠데타 일으킨 사람, 독재한 사람, 거짓말한 사람, 친일한 사람…… 다 이런 사람들 아닙니까? 209년 중에서 딱 10년이니 199년 대 10년인 셈입니다. 민주개혁 진영이 얼마나 취약한지 알 수 있죠. 지금 보면 독재에 붙어 있던 사람들이 다 잘 먹고 잘 살고 300억 원씩 턱턱 내놓고 합니다. ☺

그런데 민주개혁 진영은 가진 게 없습니다. 돈도 없고 집도 시원치 않고…… 요새 특히 더 그래요. 정권 뺏기고 나니까 시민단체들이 돈이 없어서 쩔쩔맵니다. 그나마 정부에서 조금씩 지원해줬는데 이젠 저수지의 물을 빼버렸거든요. 이명박 정부가 이런다고 합니다. "저수지 물을 빼면 고기는 저절로 죽는데 뭐하러 고기 잡으러 다니나."

실제로 이명박 정부가 1600여 개 단체의 지원을 다 끊어버렸습니다. 그러니 시민단체도, 정치인도, 아무도 돈이 없어요. 199년 대 10년의 차이라는 게 바로 이런 겁니다. 친일파 후손들은 재산이 많은데 민주화운동을 한 사람들은 재산이 없어요. 이렇게 물적 기반이 약하기 때문에 앞으로 천민·수구·보수세력에 우리가 대항해나가려면 작은 힘들이 연대해야 합니다. 손에 손을 맞잡지 않고선 헤쳐나갈 수 없습니다. 두 분은 이제 가셨습니다. 두 분의 뜻을 잘 펼쳐나가려면 우리의 조건을 잘 알고 연대를 통해서 과제를 추진해나가야 합니다.

저는 주로 정책을 다룬 사람인데, 그러다 보면 사회가 굉장히 복잡하게 얽혀 있음을 자주 느낍니다. 그래서 우리 사회의 구조적 특성을 분명히 인식하지 않으면 자꾸 오류를 범하게 됩니다. 그 특성 가운데 핵심은 분단입니다. 분단된 나라는 지금 우리나라밖에 없죠. 분단 때문에 전쟁도 터지고, 각종 음해도 일어나고, 국방비도 많이 써야 하는 등 별일이 다 생기는 겁니다. 분단이 우리 사회의 가장 큰 구조적 제약입니다. 두 번째는 지역주의입니다. 지역주의 때문에 정상적인 정치가 이루어지지 않습니다. 세 번째가 개방형 통상국가입니다. 우리는 수출 위주로 경제성장을 추진하다 보니 구조적으로 개방형 통상국가가 돼버렸어요. 이 구조를 조금 벗어나기 시작하면 경기가 불황으로 빠져버립니다. 네 번째는 사회의 양극화입니다. 사회가 1년 사이에 훨씬 더 양극화되고 있어요. 최근 보도를 보니까 실업수당 받는 이들이 100만 명을 넘어섰습니다. 실업자는 자꾸 늘어가는데 주식과 집값은 자꾸 올라가요. 주가지수는 1600을 돌파했고, 전세가도 자꾸 뛰잖아요.

사회의 양극화를 보는 지표가 두 가지 있는데, 하나는 소득 5분위 배율이고 또 하나는 재산 5분위 배율입니다. 소득 5분위 배율이란 상위 20퍼센트 소득계층의 총소득을 하위 20퍼센트 소득계층의 총소득으로 나눈 값입니다. 2009년 우리나라의 전국 가구 실질총소득 5분위 배율이 8쯤 됩니다. 하위 20퍼센트의 사람들이 한 달에 100만 원쯤 번다고 하면 상위 20퍼센트의 사람들은 800만 원쯤 버는 셈이죠. 다른 나라는 지금 5~6 정도인데, 우리는 2006년과 2007년에는 7에 조금 못 미쳤고, 2008년 이후에 무척 악화됐습니다.

소득만이 아닙니다. 상위 20퍼센트의 재산을 하위 20퍼센트의 재산으로 나눈 재산 5분위 배율을 따져보면 우리는 20쯤입니다. 하위 20퍼센트의 사람들이 5000만 원을 가진다고 하면, 상위 20퍼센트의 사람들은 10억 원을 가진 셈입니다. 20배 차이가 나요. 10배 이상 차이 나는 나라는 거의 없습니다. 특히 OECD에 속한 나라들은 대개 10배 이상 차이 나는 일이 없습니다. 결국 우리는 재산을 왕창 가진 쪽이 소득도 8배나 더 많은 양극화가 존재하는 나라입니다.

이 구조 때문에 사회의 안정을 이룰 수가 없는 겁니다. 남북분단, 지역주의, 개방형 통상국가, 사회적 양극화, 이 네 가지는 쉽게 고칠 수 없습니다. 제도 몇 가지를 고친다고 해서 금방 바뀌지 않거든요. 민주주의를 발전시키고 민생경제를 안정시키고 한반도의 평화를 정착시켜야 합니다. 굉장히 어려운 과제죠. 김대중 대통령은 5년 동안 왜 못했는가, 노무현 대통령은 5년 동안 왜 못했는가, 많은 사람들이 이렇게 주장했잖아요. 5년, 10년 안에 고칠 수 있는 것이었으면 벌써 고쳤죠.

우리가 분단 상태에서 남북 정상회담하기까지 얼마나 걸렸습니까?

50년 걸렸습니다. 그리고 또 7년 걸렸죠. 2000년에 김대중 대통령이, 2007년에 노무현 대통령이 했습니다. 그리고 또 언제 할지 알 수 없죠. 미국 대통령은 몇 번 만났습니까? 이명박 대통령만 해도 벌써 세 번인가 만나서 어깨도 얼싸안고 그랬잖아요. 그런데 피를 나눈 형제 국가하고는 못 만나고 있습니다. 개방형 통상국가 문제도 마찬가지입니다. 지금 10대 재벌그룹의 수출은 잘되지만 중소기업들은 안되지 않습니까? 이런 구조가 쉽게 바뀌기 어렵기 때문에 핵심 과제를 함께 인식하고 여러 세력들이 연대해야 하는 겁니다.

사람 사는 세상을 위한 6가지 과제

우리 사회가 정상적, 민주적으로 발전하고 민생이 안정되고 평화가 정착되려면 여섯 가지 조건이 필요하다고 생각합니다. 첫 번째로 정당구조를 현대화해야 합니다. 민의를 담아낼 그릇을 제대로 만들고 운영해야 하는데 지금 잘되지 않고 있습니다. 여기엔 지역주의도 많이 작용했고, 정당을 잘못 운영한 탓도 있습니다.

두 번째로 사법개혁을 해야 합니다. 그러지 않고서는 사회가 민주화될 수 없습니다. 우리나라는 한 번도 사법부 개혁을 이룬 적이 없어요. 어떤 대법관은 지난번 촛불집회 재판 때 뒤에서 선고를 독촉하는 등 개입을 해서 논란이 됐고 그래서 금방 물러날 것 같았는데 노무현 대통령이 돌아가시는 바람에 지금은 수면 아래로 가라앉았죠. 물론 지금도 대법관으로 재임하면서 재판을 하고 있습니다. 제가 내란음모로 두 번이나 징역을 살았는데 지금까지 미안하다는 사과 한마디도 들어본 적이 없어요. 이게 우리나라 사법부입니다.

세 번째는 언론 개혁입니다. 얼마 전 정연주 전 KBS 사장에게 무죄가 선고됐어요. 그동안 정 사장을 쫓아내려고 배임이니 횡령이니 얼마나 털어댔습니까? 해임된 교수도 부당해임이라고 승소했으니 결국 그 교수를 KBS 이사진에서 물러나게 한 것도 잘못이고, 이제 사장도 무죄 판결을 받았습니다. 그럼 원점으로 돌아가야 합니다. 자신의 입맛에 맞지 않는다고 누명을 씌우고 부당하게 해임하고, 무죄 판결이 나도 복직시키지 않고…… 이렇게 언론을 유린하는 사회가 어떻게 발전할 수 있겠습니까.

네 번째로 민생경제에 대한 대안을 더 활발하게 제시해야 합니다. 진보 진영의 대안을 우리가 제시해야죠. 방향은 조금씩 잡혀가고 있는데 좀 더 구체화해야 합니다. 우리는 자원이 없는 나라이기 때문에 인적 자원과 기술이 국가 경제발전의 핵심입니다. 인적 자원을 양성하고 기술을 개발해야 합니다. 그런데 삽질이나 계속합니다. ☺ 4대 강 살리기에 30조 원쯤 들어간다는데 그 돈이면 한 달에 250만 원씩 받는 연봉 3000만 원짜리 일자리를 100만 개 만들 수 있습니다. 그런데 그 돈을 왜 강 파는 데 쓰려고 합니까? 국민이 낸 세금을 어디에 어떻게 쓰느냐에 따라 나라가 달라집니다. 강물 조금 더 가둬놔서 뭐하려고 합니까? 그러면 썩습니다. 썩으면 또 약 풀어야죠. 약 풀면 그 물은 못 먹게 됩니다.

제가 아까 이 정부에 두서가 없다고 했잖아요. 맨 처음에는 운하라고 하면서 민자로 추진한다고 했거든요. 그러다 강 살리기라고 바꿨는데 이게 민자로는 되지 않으니까 세금으로 할 수밖에 없습니다. 그러려니 다른 예산을 줄여야 해요. 교육 예산도 줄여야 하고, 기초생활수급자도 줄여야 하고…… 지금 막 자르고 줄입니다. 경중을 못 가리고 방향을 잘못 잡으면 이렇게 됩니다.

  대학등록금 후불제를 도입한다고 하죠? 우리나라는 학생의 85퍼센트가 대학에 갑니다. 후불제를 시행하면 대학 재단은 또박또박 돈이 들어오니 얼마나 좋겠어요. 등록금을 아무리 올려도 정부가 우선은 대신 내주고, 학생들이야 등록금 다 빌려서 낼 거 아닙니까? 이제 대학 재단들은 가만히 앉아서도 등록금 걷는 걸 걱정하지 않게 됐어요. 그런데 학생들에게는 별로 좋은 게 아닙니다. 대학교 다니기만 하면 뭐해요. 취직을 해야 빚을 갚죠. 요즘 대학생들은 데모할 틈도 없이 취직 준비에 매달려도 절반밖에 취직하지 못해요. 게다가 임금이 낮은 비정규직이 태반입니다. 그러니 어떻게 등록금을 갚겠어요? 이러면 다음 대통령과 정부가 그걸 다 책임져야 하겠죠. 이 정부는 인심 쓰고, 다음 정부는 빚을 다 끌어안게 되는 꼴입니다.

  IMF 외환위기라는 것도 김영삼 대통령 때 저질러놓은 일을 수습하느라 167조 원의 빚을 김대중 대통령과 국민의 정부가 떠안은 것 아닙니까? 그때 투입한 공적자금이 167조 원입니다. 지금도 다 못 갚았습니다. 참여정부 말에 30조 원가량 남았고 2013년까지 계속 갚아나가야 합니다. 그런데 이명박 대통령은 재임 기간이 1년 반밖에 안 지났는데 벌써 100조 원의 빚을 냈어요. 앞으로 선심 쓰기 시작하면 200조 원도 훨씬 넘어갈 겁니다. 그러면 다음 정부는 완전히 빈 금고에 빚 독촉 문서만 들고 시작해야 합니다. 여간 걱정되는 일이 아닙니다.

  다섯 번째는 남북공존과 교류협력입니다. 국방비가 지금 20조 원이 조금 넘습니다. 우리나라처럼 조그만 규모에 그렇게 쓰는 나라가 없습니다. 유럽 같은 경우엔 보통 10조~15조 원 정도밖에 쓰지 않습니다. 나머지 돈은 전부 기술 개발에 쓰는 거죠. 우리가 국방비의 반을 줄여서 인적 자원을 키우는 데 투입하면 얼마나 좋겠어요. 공존과 교류협력을 하지 않고선 줄이지 못하는 것 아닙니까? 제가 왜 인적 자원을 잘 키워야 한다고 하냐면 결국 기술 개발도 사람이 하는 일이거든요. 거기에 돈을 집중적으로 잘 쓰면 우리가 선진국으로 가게 되는 겁니다.

여섯 번째로 전쟁 없는 동북아 평화공동체를 만들어야 합니다. 지금 6자회담을 발전시켜 북핵문제를 해결하면 동북아 다자안보기구로 발전해서 유럽의 EU와 같은 평화공동체를 만들 수 있어요. 그런데 이명박 정부는 5자회담을 이야기하고 있죠. 5자회담은 아무도 안 받아들입니다. 모든 나라가 6자의 틀이 좋다고 해서 간신히 6자회담을 만들어냈거든요. 그런데 "일본하고 공동제재하자", "5자회담을 하자"라고 주장하니까 다른 나라 외교가에서는 뭘 하자는 이야기인지 이해하지 못하는 거죠. 이런 수준이기 때문에 지금 심각한 남북문제가 빚어지고 있습니다.

이러한 여섯 가지 핵심과제를 네 야당과 시민단체, 그리고 깨어 있는 시민의 조직된 힘을 보여줄 지식인, 전문가, 중소기업가, 노동자, 농민, 자영업자 들이 주체가 되어 연대해서 끌고 나가야 합니다.

역주행의 시대, 어떻게 되돌릴 것인가

물론 쉬운 일이 아닙니다. 큰 방향에 대해 공동의 인식과 합의를 이루려면 제일 중요한 게 믿음과 신뢰입니다. 저 사람이 벼랑 끝에서 손을 놓으면 어쩌나, 같이 싸우러 가다가 손 놓고 도망가면 나만 잡히는 것 아닌가 하는 불신 속에서는 연대를 이룰 수 없습니다. 신뢰하는 과정 속에서 성공 사례를 자꾸 만들어나가야 합니다. 그리고 거기서 보람을 느껴야 합니다. 신뢰를 쌓는 과정에서 작은 성공을 이루면 믿음이 가고 우리가 이익을 공유하게 됩니다. 심리적 가치를 공유하면서 실제적 이익을 같이 나누는 거죠.

실제로 1997년 선거는 우리가 연대를 통해 이겼고 2002년에도 그랬습니다. 그런데 이기고 나서는 우리가 갈라져버렸어요. 이명박 정부 같은 비민주적 보수정부가 들어서면 우리가 이렇게 탄압받고 취약해질 수 있는데 너무 방심한 거죠. 이렇게 될 줄 알았으면 그때부터 사전에 대비했을 텐데……. 그 점이 매우 아쉽기 때문에 앞으로는 연대를 통한 신뢰, 성공, 나눔이 중요하다고 봅니다.

이렇게 해도 이 거대한 권력과 지역주의, 독점재벌, 독점언론에 우리가 대항해서 이긴다는 확실한 전망은 서지 않아요. 요즘도 그렇고 2008년 촛불집회를 보면 무척 열심히 합니다. 하지만 민주적으로 정부에 항의하는 것만으로는 이기지 못합니다. 물론 그것도 해야죠. 그러나 그것만으로는 못 이긴다는 겁니다. 집권세력의 본질이 독점재벌, 부자감세 받는 계층, 독점언론, 지역주의, 뉴라이트, 초국적 자본 아닙니까? 이런 사람들은 우리로선 상상하지 못할 일도 많이 해요. 담대한 일을 많이 합니다.

여러분, 기억나는 것 있나요? 김대중 대통령이 일본에서 납치된 사건이 있었죠. 그런 일을 우리가 상상할 수나 있습니까? 누군가 아무리 나쁜 짓을 했다 해도 물에 빠뜨려 죽일 생각을 우리가 할 수 있어요? 우리는 못합니다. 그런데 저 사람들은 합니다. 쿠데타도 두 번이나 일으켰잖아요. 오죽하면 용산 철거민들한테 경찰 특공대를 투입합니까. 합리적인 민주세력은 생각도 못하는 일을 태연하게 해버리는 사람들이 현재 지배세력이라는 걸 우리가 분명히 인식해야 합니다.

지금 네 야당을 보면 의석이 2명, 3명이고, 가장 많아도 80여 명이에요. 언론도 마찬가지죠. 거대 보수언론에 비하면 민주적이고 양심적인 언론이 얼마나 있습니까. 오죽하면 보수신문 안 보기 운동을 할까요. 뉴라이트의 발언도 사리에 맞지 않잖아요. 그런데도 계속 떠듭니다. 목소리 큰 사람이 이기는 거죠. 그러니까 돈, 권력, 언론을 다 가진 보수기득권 진영과 우리 민주개혁 진영의 싸움이라는 게 공정한 싸움이 아니거든요. 아주 극단적인 비대칭 싸움을 하고 있는데, 그래도 우리 쪽이 이길 때가 있었습니다. 지난 두 번의 대선처럼.

그러면 앞으로 어떻게 해야 할까요? 아주 끈기 있게 체계적으로 열심히 해야 합니다. 무조건 열심히 한다고 되는 게 아닙니다. 만날 뛰어다닌다고 되는 게 아니죠. 그러니까 집회할 땐 집회하고 선거할 땐 선거하고 생활 속에서는 생활정치하고…… 이런 것들이 아주 다양하게 이뤄져야 합니다.

전두환 대통령이나 박정희 대통령처럼 정치적 정당성이 없을 경우에는 오히려 쉬울 수 있어요. 하지만 선거에서 선출된 대통령에게는 어려운 면이 있어요. 임기를 다 채우지 말라고 할 권리가 없잖아요. 그러니까 죽으나 사나 2012년까진 가야 하는 겁니다. 불신임을 할 수 없으니까요. 내각제 나라 같으면 불신임하고 내각 해산해서 다시 선거하죠. 우리는 대통령제 국가여서 그런 제도가 없기 때문에 2012년까지 가야 하니 참 갑갑하단 말이죠. 그렇기 때문에 우리도 2012년 대선을 겨냥해서 꾸준히 일해나가야 하고, 계기마다 조금씩이라도 이겨나가야 합니다. 인내심이 없으면 큰 싸움에서 결코 이기지 못합니다.

앞으로 여러 번 계기가 다가옵니다. 제가 걱정하는 건 민주개혁 진영이 우리 사회의 방향을 바로잡을 수 있는 역사적 시간이 많이 남지 않았다는 점입니다. 우리나라에서 1995년경부터 저출산 시대가 시작되었거든요. 출산율이 1.5명 아래로 떨어져서 1.14~1.15명 정도밖에 되지 않습니다. 앞으로는 임산부 한 사람이 네 명씩을 낳아야 겨우 현재 수준을 유지하게 됩니다. 그런데 이미 15년쯤 지났기 때문에 2015년경부터 자녀 수는 크게 줄어듭니다. 45만 명에서 50만 명 정도가 될 겁니다. 2020년이면 40만 명밖에 안 돼요. 그때는 노인들은 많아지고 20대는 확 줄어버립니다. 그러면 사회의 진취성이 없어집니다. 그렇기 때문에 시기가 얼마 남지 않은 셈입니다. 제가 보기엔 10년에서 15년밖에 남지 않았습니다.

2017년 대선이 민주개혁 진영이 뭔가를 해볼 수 있는 마지막 선거이지 않을까 싶습니다. 2022년이 되면 인구구조가 지금의 일본처럼 무척 보수화돼버릴 테니까요. 일본이 그냥 보수화된 게 아니라 노령화가 극대화되면서 그렇게 되었습니다. 일본은 그래도 경제성장을 많이 했기 때문에 보수화는 됐어도 국민의 기본생활이 안정돼 있습니다.

그런데 우리는 아직 그러지 못했습니다. 지금 겨우 우리가 2만 달러로 올려놨는데 다시 1만 6000달러로 내려가지 않았습니까. 노무현 대통령이 꿈꾸던 '비전 2030' 시대는 국민소득이 4만 8000달러 정도로 올라간 시대입니다. 지금의 유럽 수준이죠. 그 정도가 되면 사회적으로 갈등도 많이 해소되고 기초생활도 보장되고 사회복지도 정착되어서 더불어 즐겁게 잘 사는 세상이 됩니다. 거기까지 가서 노령화되면 괜찮은데 지금 상태에서 노령화가 되면 오히려 갈등과 부담이 커집니다. 지금부터 10년, 15년은 경제성장과 발전에서도, 정치적 민주화에서도, 남북관계에서도 굉장히 중요한 시기입니다. 그런데 사람을 잘못 만나서…… 역주행이라고들 하죠. 방향에 일관성이 없습니다.

아까 남북관계를 말씀드렸지만, 교육문제에서도 2008년에 사교육이 발생할 요인을 많이 만들었습니다. 자율학교니 기숙학교니…… 그래놓고 2~3년 내에 입학사정관제를 도입한다고 합니다. 학교는 서열화해놓고 사정관제를 시행하면 결국 서열화한 아이들만 골라 가는 것 아닙니까? 그러면 전체 국민교육은 어떻게 되겠습니까? 균형 있게 만들어놓고, 공정한 기회를 주고 나서 전형에서 재량껏 뽑아야 하는데 아예 구조적으로 계단을 달리 정해놓고 그다음에 뽑기 시작하면 어떻게 될까요? 위쪽에 있는 학생들만 데려가겠죠.

4대강 살리기도 왜 한꺼번에 하려고 합니까? 조금씩 하면 되죠. 지금 한강물이 좋아진 건 중랑천, 탄천, 안양천 같은 곳의 물이 맑아졌기 때문입니다. 그런데 한강에다 보를 막아놓으면 물이 맑아질까요? 2008년에 이명박 대통령이 대운하는 안 하겠다고 말했는데, 진짜 그랬으면 지금 인기가 '짱'일 겁니다. 그런데 안 하겠다고 말해놓고선 4대강 사업을 추진합니다. 결국 대운하를 만들기 위한 전 단계를 지금 밟는 셈이잖아요. 그러니까 못 믿게 되는 거죠.

불신임을 당하는 정권이 계속 되면 2030년까지 우리가 말한 더불어 잘 사는 사회로 가는 길은 차단되는 겁니다. 역사라는 게 참 묘합니다. 지도자를 잘못 만나서 잘못된 나라가 많아요. 필리핀을 보세요. 필리핀이 1960년대엔 아시아에서 가장 잘살았어요. 광화문에 미국 대사관하고 문화체육관광부 건물 있잖습니까. 필리핀이 원조해서 지어준 건물입니다. 우리가 필리핀의 원조를 받고 살았다니까요. 그런데 지금 필리핀은 소득이 100달러도 안 돼요. 그 사람들이 중동에 나가서 공사판에서 일하는데 그 땡볕 아래서 고생하고도 200달러 받습니다. 정치 지도자에 따라 나라의 운명이 좌우되는 거죠.

시민들의
액션 프로그램이 필요하다

지난 10년 동안 우리가 이룩한 성과는 누가 뭐라 해도 건국 이래 최고입니다. 민주화가 이뤄지고, 남북관계가 안정되었으며, 국민소득이 2만 달러, 외환보유액이 2500억 달러에 이르렀습니다. 그런 적이 언제 있었습니까?

앞으로 정당, 언론, 시민사회를 잘 육성하는 게 민주적으로 굉장히 중요하다고 봅니다. 더불어 사는 사회를 만들기 위해선 보육, 의료, 주거, 교육 등의 제도가 기본적으로 공공성을 갖추고 있어야 한다고 보고요. 여러 사람들이 사회에서 보호받을 수 있어야 사회가 안정되고 통합되니까요.

그런데 이걸 전부 민영화하려고 합니다. 전부 시장에 맡겨버리면 형편이 어려운 사람은 기본적인 인간의 품위조차 유지하기 어려워집니다. 미국 흑인들이 지금 그렇습니다. 뉴올리언스 사태를 보세요. 그 사람들이 정치적 힘이 없으니까 항의하지 못해서 그 어려움이나 인간적 모멸감이 드러나지 않을 뿐입니다. 실제로 미국의 하위 20퍼센트는 흑인이 채워주고 있습니다. 의료제도가 저렇게 엉망인데 오바마 대통령이 이번에 개혁한다고 하니 지켜볼 일입니다.

적어도 보육, 의료, 교육, 주거라는 기본적인 것을 보장하지 못하는 나라는 복지국가가 될 수 없습니다. 시장에 다 맡겨선 안 돼요. 시장만능주의로는 안 됩니다. 정당도 필요하고, 언론, 인터넷도 필요합니다. 그리고 국제 외교도 훨씬 더 원숙하게 펼쳐야죠. 일본이나 쫓아다니면 어떡합니까. 일본은 아시아에서 우리가 가장 못 믿을 세력 아닙니까? 그런데 가장 가까워지려고 합니다. 저는 아소, 아베 등을 다 만나봤습니다. 고이즈미, 아베, 아소, 후쿠다 그리고 고노, 그중에서 고노 전 중의원 의장이 가장 양식 있는 사람이고, 나머지는 극우주의자입니다. 쉽게 말해서 말귀가 잘 통하지 않는 사람들입니다. 그런데 공동으로 북한을 제재하자고 하면, 일본이야 북한에서 요도호 납치범을 내주지 않았으니까 좋다고 합니다. 하지만 그렇게 해서는 문제를 풀 수 없습니다. 문제를 잘 풀어가려면 국제관계에서도 연대를 잘 해나가야 하는데 노무현 대통령에 이어 김대중 대통령도 서거하시고……. 그렇다면 지금 이 상황을 어떻게 풀어야 할까요?

저는 우선 두 가지를 생각하고 있습니다. 하나는 노무현 대통령 추모기념사업회를 만들어서 노무현의 가치공동체를 키우는 겁니다. 기념사업회를 중심으로 노무현 대통령이 추구하던 정책을 더 개발하고 발전시키고 교육하고 알려나가려고 합니다.

또 하나는 시민정치활동입니다. 정치는 정당만 하는 게 아니거든요. 정당에서 활동할 사람은 정당에서, 시민단체에서 할 사람은 시민단체에서 하면 됩니다. 또 시민단체가 아니더라도 시민들이 정치적 발언과 활동을 펼칠 수 있는 액션 프로그램이 있어야 합니다. 그래서 지금 노무현 대통령과 함께했던 분들이 이런 모임을 만들려고 준비하고 있습니다. 좀 더 알아봐야 합니다만 시민정치활동 조직을 만들려고 해요. 정치적 목소리도 내고, 연대도 이루고, 주장도 펼치려 합니다. (2009년 9월 시민정치조직인 '시민주권'이 출범했다. ―편집자 주)

노무현과 함께했던 분들과 지지하는 분들이 한편으로는 기념사업회, 또 한편으로는 정치적 활동, 크게 보면 이렇게 두 가지를 준비하고 있습니다. 이렇게 시민들의 왕성한 활동이 이뤄져야만 정당과 언론, 지역주의의 한계를 극복할 수 있습니다. 수구 진영의 거대한 힘을 우리가 연대해서 이겨나가야 합니다. 계기 때마다 집회도 하고, 선거 때는 투표도 하면서 이겨야 합니다. 정말로 이겨야 합니다.

이제 보면, 2010년 지방선거에서 교육감 선거와 자치단체장 선거가 전국적으로 이뤄지죠. 그리고 또 보궐선거가 있습니다. 2012년에 19대 총선과 18대 대선을 치릅니다. 이들 계기 때마다 이겨나가는 연대활동을 펼치려면, 지금부터 서로 인식을 같이하면서 보완해주고 격려해주고 나눠야 합니다. 그러려면 시민의 조직된 힘이 반드시 필요합니다.

가치 공동체와
깨어 있는 조직의 힘

제가 오랫동안 정치에 몸담으면서 봤습니다만 정당만으로 모든 걸 할 수는 없습니다. 깨어 있는, 행동하는 시민들이 움직일 때 독재를 막을 수 있고, 파쇼를 막을 수 있는 겁니다. 그런 일들을 여러분이 꼭 함께해주십사 호소합니다.

이제는 옛날과 달리 인터넷이라는 굉장히 좋은 망이 있잖아요. 트위터도 있고, 문자메시지 보내기도 쉽고…… 연대와 활동을 위한 커뮤니케이션이 아주 쉬워졌어요. 아까 저보고 잘생겼다고 한 20대 여성 분들이 '대장부엉이' 카페를 만들어서 갑자기 9500명이 모였습니다. 정모(정기모임)도 하고 서로 격려도 하고 활동계획도 세우는데, 제가 보기엔 몸이 무척 빨라요. 2009년 6월 하순경에 만들었는데 두 달 만에 1800명에서 9500명이 됐어요. 김대중 대통령 장례식에서 자원봉사도 하고, 시청 앞에서 손수건을 만들어 나눠 갖기도 하고…… 그렇게 작은 활동이지만 열심히 합니다.

미국의 무브온(MoveOn.org)이 그런 활동을 규모 있게 펼치고 있어요. 지역 프로그램도 진행하고, 전국 단위의 실천활동 계획도 세웁니다. 이렇게 해서 지금은 오히려 민주당보다도 더 큰 영향력을 가진 조직이 돼버렸죠. 오바마 대통령 당선에도 무브온이 결정적 역할을 했습니다.

우리도 다양한 시민활동을 펼칠 수 있는 좋은 무기가 있으니 열심히 활용해서 우리의 정치적 연대활동과 생활정치를 실현해나가야죠. 깨어 있는 조직의 힘을 본때 있게 한번 보여줘야죠. 우리는 노무현 가치공동체의 구성원이다, 이렇게 생각하고 함께 해나갑시다. 저도 이제는 현실정치보다는 이런 시민정치활동에 전념하려고 해요. 국회의원 일도 20년이나 실컷 했으니까요. 시민들이 주체가 되어 활동할 수 있는 일을 여러분과 함께하고 싶단 말씀을 드립니다. 고맙습니다.

이해찬에게 묻는다

2009년 8월 25일 서울

청중 1 20대 젊은 청년들이 정치에 참여하려면 어떤 마음가짐으로 무엇을 준비해야 할까요?

이해찬 20대든 30대든 정치참여가 다를 건 없어요. 자기가 할 수 있는 다양한 방식을 찾아서 실천하면 됩니다. 투표에 참여하는 것도 정치이고, 본인이 출마하는 것도 정치이며, 주위 사람들과 함께 정치적인 모임을 만들고 참석하는 것도 넓은 의미의 정치입니다. 김영삼 대통령은 25세에 국회의원에 출마하셨어요. 그리고 당선돼서 대통령까지 지내셨죠. 실제로 외국에서는 그렇게 젊은 나이에 많이들 출마합니다. 일본에서도 20대 여성들이 지난 8·30 중의원 선거에 많이 출마했잖아요. 그래서 자민당의 거목들을 많이 떨어뜨렸습니다.

노무현 기념사업회와 한국미래발전연구원에서 정치에 참여하는 사람들을 교육하려고 준비하고 있습니다. 정책 내용도 알아야 하고, 이른바 공공 영역, 공적 영역을 이해하는 것이 필요하니까요.

청중 2 저는 아버지와 정치나 사회 이야기를 많이 나눠보고 싶은데 한 3분만 지나면 싸우게 돼요. ☺ 아버지의 생각을 좀 더 열리게 할 방법이 없을까요?

이해찬 연세가 드시면 생각이 좀처럼 바뀌지 않습니다. 우리처럼 지역주의가 극심한 데서는 참 바꾸기가 어렵죠. 물론 바꾸면 참 좋은데 그렇다고 아버지와 딸 사이에 의가 갈릴 순 없잖아요. 억지로 바꾸려 하진 마시고요. 아주 인간적으로 아버지한테 따뜻하게 잘해드리면 신념이 바뀌어서가 아니라 충정에 끌려서 바뀌는 수가 있어요. 견해가 다르다고 해서 아버지를 미워하지 말고 아버지가 좋아하시는 것들 좀 사다 드리면서 성공해서 보람 있었던 사례를 많이 말씀드리세요. 설득을 통해 바뀌는 경우도 있지만 마음을 통하는 게 완고한 분들한테는 더 효과적이죠.

청중 3 총리를 지내신 분이 지금 이렇게 시민운동에만 계시는 건 어찌 보면 직무유기가 아닐까 싶습니다. 다시 한 번 더 넓은 세상에서 좀 더 큰 그림을 보여주실 생각은 없으신지요?

이해찬 저는 정당정치보다는 시민정치가 훨씬 더 넓은 부분이라 생각합니다. 시민사회는 하나의 커다란 허브입니다. 정당이란 건 그 가운데 있는 하나의 작은 제도거든요. 시민사회가 훨씬 더 큰 영역이죠. 옛날엔 인터넷 같은 게 없었기 때문에 시민사회 전체의 여론을 만들고 함께 활동할 수 있는 수단이 별로 없었어요. 시민단체를 만들어서 그 단체에서만 활동했죠. 그런데 지금은 인터넷이란 굉장히 좋은 수단이 있기 때문에 어떤 이슈에 바로 문제를 제기하고 정보도 금방 나눌 수 있잖습니까. 그러니까 옛날 같은 경직된 조직이 아니고 이제는 유연한 시민활동을 이끌어낼 수 있습니다. 미국 무브온이 그런 사례고요.

우리가 앞으로 정당 개혁을 이뤄내려고 할 때 이런 시민정치 영역이 활발히 움직이지 않으면 정치인들만의 집단으로 끝나고 말 겁니다. 지금 정당이 마치 정치조합처럼 되지 않았습니까. 문호도 개방하지 않고, 민주적 절차도 갖추지 못했으며, 지역주의에 빠져 있습니다. 그런 정당정치는 더 이상 하지 않겠다는 겁니다. 제가 민주적 정당을 만들려고 20년을 노력해왔는데 결국은 실패했어요. 저는 실패를 인정합니다. 제가 참여정부에서 정부로 들어가지 않고 당에 있었다면 좀 낫지 않았을까 하는 아쉬움이 들긴 하지만요. 어쨌든 실패했기 때문에 지금 민주당이 스스로 혁신하길 기대하면서도 얼마나 할지 크게 기대하진 못하겠어요. 그러면 그 민주당을 붙잡고 늘어져봤자 뭘 하겠습니까. 시민정치 영역을 넓혀서 민주당에 혁신을 촉구할 수도 있고, 또 이 역량으로 더 활발히 연대활동을 펼칠 수도 있는 거죠. 민주당이 없으면 안 되지만 저는 민주당 중심으로 사고하지 않겠다는 말씀을 드립니다.

청중 4 우리가 승리하기 위해서는 이제 나눠지지 않고 집결하고 연대하는 게 가장 절실하다고 느낍니다. 신당 창당에 대해 좀 더 구체적인 말씀을 듣고 싶습니다.

이해찬 노무현의 가치공동체라는 말씀을 드렸는데 노무현 대통령을 사랑하고 존경하고 정책을 따르는 분들 중에는 지금 신당을 만들려는 사람들도 있고, 민주당에 속해 있는 사람들도 있죠. 민주당에 속해 있던 사람들은 총선에 많이 출마해서 당선된 사람도, 떨어진 사람도 있고요. 그리고 양쪽에 속하지 않고 시민정치활동을 하려는 사람들도 있고, 또 서거 이후에 노무현 대통령의 정신을 계승·발전시키려는 새로운 지지자들도 많이 생겼죠. '노무현'이라는 가치와 '친노파'는 노 대통령이 돌아가시기 전까지는 비난받는 낙인 같았는데, 지금은 거꾸로 브랜드 파워가 됐어요. 노무현, 친노파 하면 '아, 좋은 정치인, 좋은 사람', 이렇게 세상에 관점의 전환이 왔습니다. 온갖 언론이 음해를 가했어도 노 대통령 서거를 계기로 국민들이 그걸 깨달은 것 아닙니까?

이런 상황에서 아까 말씀드린 네 가지 부류의 사람들이 어느 한곳으로 모이기는 어려워 보입니다. 왜냐하면 지금 야당인 민주당이 신당을 추진하는 사람들이나 시민사회 영역에서 요구하는 수준으로 자기 개혁을 하면 참 좋은데 내부 역량이 거기까지 과연 미칠지는 자신하지 못하고 있으니까요. 그렇기 때문에 신당을 만들려는 사람들도 의도가 나쁜 건 아닙니다. 그러나 또 다른 당을 만들어서 보수·수구 진영과 경쟁하려면 이쪽하고 연대해야 하는데 분열되어버리면 오히려 역량을 약화시키는 셈입니다. 그래서 설령 당을 만든다 해도 연대의 정신을 살려가면서 만들어야 합니다. 신당 만드는 분들도 그걸 깨가면서 한다고는 주장하지 않습니다.

서로 어려움을 겪다 보니까 많이 성숙해졌습니다. 실제로 지난번에 경기도 교육감 선거나 울산 보궐선거에서 이겼던 경험을 통해 그런 성숙함이 생겼습니다. 그리고 이제 민주당도 스스로 개혁하려고 노력하고 있으니 그 개혁이 잘 이뤄지면 민주당에 들어가려는 사람들이 나오겠죠. 하나의 동질체는 아니기 때문에 화이부동(和而不同), 서로 다르지만 함께할 수 있는 연대의 정신을 가져야 합니다. 그리고 시민주권모임 같은 조직이 큰 틀을 유지하면서 연대를 촉진하기도 하고 분열을 막아주기도 하며 허브의 기능을 하리라 봅니다.

앞으로 당을 이끌면서 2010년 지방선거에서 이기는 게 가장 중요합니다. 지방선거에서 어느 정도 성과를 내지 못한다면 우리 진영의 힘이 굉장히 약해지고 실망도 생겨서 2012년 선거까지도 큰 영향을 미치리라 봅니다. 그렇기 때문에 신당에서 활동하든, 민주당과 결합하든, 시민정치활동을 펼치든, 서로 연대해서 이겨내는 흐름을 꼭 잡아나가야 합니다. 서로 차이점만 부각하는 게 아니고, 서로 연대할 수 있는 고리를 자꾸 찾아나가는 자세를 갖는 게 좋겠습니다.

청중 5 총리님에게 노 대통령은 어떤 분이었는지 궁금합니다.

이해찬 저는 노 대통령을 꼭 20년 동안 모시고 일했습니다. 부산 민통련(민주통일민중운동연합)에서 노 대통령이 일하셨고, 저는 민통련 본부에서 정책 일을 했는데 그때 알게 되었습니다. 1988년에 정치를 같이 시작했는데 저는 평민당, 노 대통령은 통일민주당으로 13대 국회 환경노동위원회에서 함께 활동했어요. 현대중공업 파업이 일어났을 때, 굉장히 긴 파업이었는데 그 현장에도 자주 함께 다녔습니다. 어떻게 보면 저하고 성격이 많이 달라요. 노 대통령은 파업장에 가면 꼭 강연을 한번 하셔야 해요. 저는 대중 앞에서 강연하는 걸 무서워하거든요. 그런데 이 양반은 꼭 해야 합니다. 그리고 저는 돌아와서 법률을 개정하는 데 좀 더 역점을 두려 했는데, 노 대통령은 법률가니까 그런 것도 하시지만 현장에 가서 강의하는 걸 좋아하셨어요.

성격은 다르지만 지향점은 같았죠. 그래서 제가 교육부 장관 지낼 적에 도와달라고 부탁을 드려서 교육위원회에서 활동하셨어요. 그때가 정년 단축할 때였죠. 상임위에서 통과시킬 때 노 대통령이 가장 앞장섰어요. 그런데 욕은 제가 먹었죠. ☺

저보다 여섯 살 많으신데, 저와는 거의 친구처럼 동지처럼 일해왔어요. 총리 시절에는 완전한 책임총리제를 실시해서 좋은 사례를 보여주고 싶었습니다. 우리나라는 대통령제의 한계가 있기 때문에 오히려 총리와 분담해서 국정과제는 대통령이 직접 챙기고 나머지 일상적인 국정운영은 총리가 맡는 성공적 사례를 남기려 했습니다. 그러면 새로운 정치제도의 모델을 만들 수 있겠다 싶어서 처음부터 그렇게 시작했고 권한을 총리한테 많이 넘겼죠. 실세총리라고 했는데, 실세는 아니고 책임총리였죠, 일만 많이 하는……. ☺

실제로 일주일에 두 번을 뵈었죠. 월요일에 오찬을 함께하고 금요일쯤 관저로 가서 뵙는데 그 두 번의 대화를 통해 대통령의 의도나 철학을 듣고 정책에 반영해서 풀어가죠. 제가 바라는 정책에 한 번도 제동을 거신 적이 없었어요. 당신은 의견만 내실 뿐 안 된다고 한 적은 없었어요. 딱 한 번 있었는데, 유시민 장관을 꼭 장관으로 임명해야겠다고 하신 겁니다. 저는 안 된다고 했거든요. 왜냐하면 그때 이상수 장관도 임명해야 했으니까요. 이상수 장관이 대선 정치자금 때문에 구속도 되고 부천에서 국회의원 출마해서 떨어졌잖습니까. 그래서 두 분을 같이 청문회에서 통과시키기가 만만찮겠다 싶어서 유 장관은 다음에 맡기고 이상수 장관을 먼저 내겠다고 했더니 안 된다는 겁니다. 그래서 제가 제청하지 말까 하다가, 그러면 제가 쫓겨날 거 아닙니까? ☺ 그래서 제청했죠.

그 한 번 말고는 서로 믿음을 갖고 잘했어요. 책임총리제가 비교적 성공한 사례였습니다. 제도화까지는 할 수 없어도 경험으로는 성공한 사례였는데 그 후에 새 정부가 들어와서 그 시스템이 다 깨져버렸어요. 국무조정실의 기능이 강해야 하는데 국무조정실을 축소하면서 그런 시스템이 돌아가지 않는 거죠.

청중 6 박근혜 의원이 대선 후보가 된다면, 진보 진영이 이길 수 있는 방법이 있을까요? ☺ 이명박 대통령의 지지율이 자꾸 오르고 있다는데, 그 이유가 무엇인지도 궁금합니다.

이해찬 이명박 대통령의 국정수행 지지율이 올라갔다는 보도가 나왔죠. 지지율은 올라갔다 내려갔다 할 수밖에 없습니다. 우리가 일희일비할 일은 아닙니다. 그쪽 진영에도 고정지지층이 있으니까요. 그 지지층이 유지되면서 다른 점이 더해지면 더 올라가기도 하고 내려가기도 합니다. 제가 보기엔 여론조사 시점이나 방식 등에 따라서 5~10퍼센트 정도 차이가 납니다. 지지율이 오르내리는 건 중요하지 않습니다. 정책이 우리에게 미치는 영향이 어떠할 것인가를 분석하고 대응해나가야 합니다. 가장 심각한 게 국가의 재정적자가 급속히 늘어난다는 점입니다. 지금 우리나라는 빚으로 운영하고 있는 셈입니다. 등록금 후불제도 1년에 7조 원 정도가 있어야 한다는 것 아닙니까? 4대강 살리기도 30조 원 정도 들어가죠. 이미 감세해놓은 것도 많아요. 감세는 해놓았는데 앞으로도 일을 더 많이 벌일 것 같습니다. 그러면 재정구조가 아주 나빠져서 다음 정부에 큰 짐이 되는 거죠. 정부부채가 100조 원이면 이자가 5조 원 나가지 않습니까. 5조

원이라는 써보지도 못한 돈이 이자로 나가야 하잖아요. 제가 보기엔 이런 나쁜 재정구조를 만드는 게 가장 큰 문제입니다.

남북문제도 이제 풀지 못하면 아주 심각한 위기가 올 겁니다. 김대중 대통령 조문을 계기로 좋은 기회가 왔는데 성의 있게 대하는 것 같지가 않아요. 북·미 간엔 잘 풀어가고 있는데, 우리는 민족공동체끼리 남남 국가처럼 되어버렸습니다. 그걸 두고 '패러다임의 전환'이라고 하니……. 앞으로 패러디가 많이 생길 것 같아요. ☺ 이런 사고방식은 '통일은 외교다', 이렇게 보는 것 아닙니까. 처음에 통일부를 없애려고 했던 사고방식이 이번에 그대로 적용된 거예요. 이건 민족의 통일이 아닙니다. 그럼 설령 북쪽이 어려워져서 스스로 붕괴되기라도 한다면, 그럴 때 남의 나라에 우리가 어떻게 가겠습니까? 앞뒤가 맞지 않는 말이죠. '비핵 개방 3000'은 또 어떻습니까? 남의 나라 경제를 우리가 어떻게 3000달러로 만든단 말입니까? 이런 정책이 미칠 영향에 대해 우리가 자꾸 토론하고 대응해나가야 한다는 말씀입니다.

박근혜 한나라당 전 대표가 이다음에 대선 후보가 될지 어떨지 모르겠습니다. 정치라는 건 굉장히 다양하게 변해가는 거니까요. 김대중, 노무현 대통령 선거 때 제가 두 번 다 선거기획본부장을 맡았는데, 둘 다 처음엔 도저히 이기기 어려운 선거였습니다. 그러나 역사적 과제이기 때문에 우리가 최선을 다했고, 국민들의 평가를 받는 게 최선의 과제이기 때문에 원칙을 가지고 충실히 노력했습니다. 그래서 결국은 이긴 것 아닙니까.

우리가 다음 선거에서 꼭 이긴다는 보장은 없습니다만, 아까 말한 정당, 인터넷, 언론, 시민정치활동 이런 걸 다 묶어서 원칙대로 노력하다 보면 계기가 만들어지고 국민들이 신뢰하게 될 겁니다. 우리가 질

거라고 지레 포기해버리면 그 나라는 파쇼가 돼버립니다. 지더라도 늘 끝까지 힘쓸 때 그 나라가 건강하게 발전하는 것이지, 포기하고 좌절하면 나라의 진로를 포기하는 겁니다. 김대중 대통령이 1971년 대선에 출마하여 돌아가실 때까지 남북관계를 풀면서 40년을 나랏일에 매달리신 것 아닙니까. 대통령이든 아니든 마찬가지입니다. 그렇기 때문에 우리가 지성을 다해 진지하게 연대해가면서 꾸준히 노력하면 국민들의 믿음을 얻어서 다시 일어날 수 있습니다. 아주 끈기 있게 해야 합니다. 포기하면 안 돼요. 김대중 대통령이 정 자신이 없으면 담벼락에다가 욕이라도 하라고 하셨잖아요. 얼마나 간절했으면 그런 말씀이 나오겠어요. 실제로 아주 작은 일이라도 우리가 정성을 들여 해나가는 성실한 자세를 가져야 합니다. ✋

노무현의 진보
유시민

02

유시민 국민참여당 주권당원, 전 보건복지부 장관
1959년 경북 경주에서 태어나 서울대 경제학과를 졸업했고 독일 마인츠대에서 경제학 석사 학위를 받았다. 1980년대 학생운동과 민주화운동에 참여하였으며, 시사칼럼니스트, MBC〈100분 토론〉진행자, 성공회대 겸임교수로 활동했다.
2002년 개혁국민정당 창당을 주도하여 당 대표를 지냈으며, 16·17대 국회의원과 44대 보건복지부 장관을 지냈다.
지은 책으로 《거꾸로 읽는 세계사》, 《광주민중항쟁》(공저), 《부자의 경제학 빈민의 경제학》, 《유시민의 경제학 카페》, 《후불제 민주주의》, 《청춘의 독서》 등이 있다.

유시민이 생각하는 '노무현 정신'은…

의로움과 이로움이 충돌할 때, 의로움을 위해 이로움을 버릴 수 있는 삶의 자세

반갑습니다. 유시민입니다. 한국미래발전연구원과 노무현 재단에서 하는 일이라서 '노무현 시민학교'에 나오긴 했는데 오늘 강의 주제가 제게는 무척 난감합니다. 제가 모시고 일했던 어른의 정신이 무엇이고 어떻게 계승해야 한다는 이야기를 하려면 그분에 대한 평가도 넣을 수밖에 없어서 몹시 부담스럽습니다. 제가 여러분이 모르시는 걸 말씀드리거나 무언가를 가르친다는 건 불가능할 것 같고, 이 주제에 관해서 제가 그냥 생각하는 바를 말씀드리겠습니다. 여러분도 각자 나름대로 이 주제에 관해 어떤 생각들을 하고 계실 겁니다. 한번 비교해보시고 맞춰보시면서, 노무현 대통령을 돌아보고 기억하고 또 앞으로 살아나가면서 부딪히는 여러 문제에 대처해나갈 때 그분이라면 어떻게 하셨을지 생각해보는 데 도움이 되는 강연이었으면 합니다.

사생취의,
의를 위해서 목숨도 버린다

이 주제를 맡고 나서 한참 동안 강의 원고를 쓰지 못하고 생각만 했습니다. 쓸 수가 없는 기분이어서요. 그러다가 제가 직접 무어라 말하기보다는 옛 성현의 말씀에 기대어보는 게 좋지 않을까 하는 생각이 들어서 제가 예전에 읽었고 근자에도 읽고 있는 책들 중에서 '노무현 정신'과 그것을 계승하는 방법을 이야기하는 데 원용할 만한 게 뭐가 있을까 찾아봤습니다. 노 대통령의 삶에 여러 측면이 있었기 때문에 노무현 정신을 하나로 규정하기는 무척 힘듭니다. 그리고 사람들마다 각자의 취향이나 세계관 또는 인생철학에 따라서 서로 다른 측면을 노무현 정신으로 규정할 수도 있습니다. 그래서 노무현 대통령의 삶 전체를 관통하는 것이 하나 있다면 뭘까 곰곰이 생각해봤습니다.

제가 서거 1주기 때 출간할 노무현 대통령 자서전을 준비하고 있는데, 말씀하셨던 것을 모은 자료, 비공개 구술자료, 직접 쓰신 자료, 노 대통령의 삶에 관한 여러 기록, 그분의 연고 등을 쭉 살펴보면서 생각한 것이 사생취의(捨生取義)입니다. "삶을 버리고 의를 취한다" 또는 "의를 위해서는 생명도 버릴 수 있다"는 말이죠. 조금 더 평이하게 말하면 사리취의(捨利取義), 의로움을 위해 이로움을 버릴 수 있다는 겁니다.

노 대통령도 이로움을 취할 때는 취하셨어요. 그러나 의로움과 이로움이 서로 갈등관계나 모순관계에 있어 불가피하게 어느 하나를 버려야 할 때에는 주저 없이 이를 버리고 의를 취하셨던 분, 노 대통령의 삶에서 우리가 배울 수 있는 걸 단 하나로 압축하면 바로 이 정신입니다. 사생취의는 《맹자》에 나오는 말입니다. 제가 《맹자》에서 좋아하는 구절이 많은데, 그중 하나가 대장부 호연지기(大丈夫 浩然之氣), 사생취의에 관한 문장입니다.

맹자는 잘 아시죠? 기원전 3세기경에 살았던 분입니다. 이분이 도를 펴기 위해서 여러 왕들을 만나러 세상으로 나간 것이 50세 때의 일입니다. 지금으로 치면 환갑, 진갑 다 지난 나이일 겁니다. 굉장히 용기 있는 분입니다. 나가서 20년 동안 떠돌면서 왕도정치를 설파했지만 어느 왕도 맹자의 말을 실천하지 않았습니다. 말을 들어주는 왕도 있긴 했지만 맹자가 말한 대로 하려고 한 군주는 아무도 없었죠. 20년 동안 그렇게 다닌 끝에 아무런 결실도 얻지 못한 채 정말 비참하게 실패하고 고향으로 돌아왔습니다. 공자의 고향과 가까운 추나라에 70세에 돌아와서 그후 10년 넘게 제자들을 양성하면서 학문을 연구했고, 그 대화의 기록을 제자들이 정리한 것이 우리가 알고 있는 《맹자》라는 책입니다. 맹자는 공자와 더불어 동양사상에서 가장 확고한 보수주의자입니다. 완고한 보수주의자임에도 불구하고 이분은 굉장히 매력적인 분입니다.

저는 20대 때부터 맹자를 좋아했어요. 이분이 용감한 사람이기 때문입니다. 이분이 인용해둔 대장부에 대한 구절, 그리고 "의도 삶도 내가 원하는 것이지만 의를 위해서 필요하다면 구차하게 삶을 얻으려 하지 않는다", 특히 "천하의 대도(大道)인 의를 실천하여 뜻을 얻으면 백성과 함께 그 길을 가고 그러지 못하면 홀로 그 길을 간다", 이 구절이 제 마음에 참 와 닿습니다.

노 대통령은 아주 진취적이고 진보적인 사상을 가졌던 분이지만, 인생관이나 생사관에서는 맹자와 가장 많이 통하는 분이라고 생각합니다. 호연지기, 사생취의의 정신으로 평생을 살았다고 말하진 않겠습니다. 이분이 1981년에 부림사건 변론을 맡기 전까지는 아주 세속적인 변호사였죠. 그렇기 때문에 더욱 훌륭해 보입니다. 한번 세속의 맛을 알고 나서 의를 위해 이를 버린다는 것은 이가 뭔지도 모르고 처음부터 저처럼 열아홉이나 스무 살에 "투쟁!" 이러면서 멋모르고 나서는 것과는 다릅니다. 돈, 출세, 지위가 주는 안온함을 먼저 맛본 사람이 그것을 떨치고 의를 위해 나선다는 건 곧바로 의를 위한 삶을 살아가는 경우보다 훨씬 드문 일이고 위대한 일이라고 생각합니다. 노 대통령의 서거에 여러 가지 해석이 있지만 저는 그것이 의를 구하기 위한 행동이었다고 생각합니다.

여기까지는 아마 여러분도 별 이의가 없으실 겁니다. 올바름을 위해 이로움을 버리고 목숨을 버리는 이는 훌륭한 사람이라고 진보나 보수를 불문하고 누구나 동의할 겁니다. 그런 점에서 맹자 같은 분은 지식인의 표상으로서 또는 지식인의 모범으로서 좌우, 진보와 보수를 불문하고 무릇 지식을 다루는 모든 자들의 귀감이 될 만한 분이죠. 그런데 그다음 단계에 들어가 의가 뭐냐고 물으면 맹자와 저의 생각이 다릅니다. 노무현 정신이 의를 위해서 이를 버리고 때론 목숨까지 버릴 수 있는 삶의 자세라면 그 의는 무엇인가, 우리 시대의 의는 무엇인가라는 질문이 곧바로 나오게 됩니다.

올바름 또는 의는 시대마다 조금씩 다릅니다. 굉장히 보편적인 것도 있죠. 그러나 올바름의 표현방식, 올바름을 구현하는 구체적인 방법은 그 시대의 상황과 그 시대의 과제 또는 그 시대를 살아가는 사람들의 소망이나 생각이 무엇이냐에 따라서 달라집니다. 그리고 동시대를 사는 사람들 사이에서도 많은 차이가 날 수 있는 문제라고 생각합니다. 최대한 폭넓게 올바름을 규정해본다면 저는 이렇게 정의를 내립니다. 의는 사람이 사회적 존재로서 추구해야 할 가장 폭넓은 사회적 공감과 합의를 반영하는 사회적 목표 또는 가치라고 말입니다. 매우 추상적인 표현이죠.

우리 시대가 추구해야 할 의와 올바름은 대한민국 헌법에 다 나와 있습니다. 우리 헌법은 아무런 이유나 근거를 제시할 필요 없이 우리들 각자에게 그리고 우리 모두에게 날 때부터 주어진 자유를 보장합니다. 여기에 반대할 사람은 없겠죠? 혹시 있을지 모르겠습니다, 어떤 기와집에 사는 분은요. ☺

그리고 우리는 누구나 풍요롭게 살고 싶어합니다. 맹자의 시대에도 "무항산(無恒産)이면 무항심(無恒心)이다" 이런 표현이 있죠. 궁핍에 시달리면서도 의를 추구할 수 있는 사람은 아주 소수에 불과하고 대부분의 사람들은 먹고살기가 풍요로워야 비로소 예와 의를 생각한다는 말입니다. 그래서 맹자가 그 당시 군주들에게 세금을 깎아주라고 권했습니다. 그땐 세금이 터무니없이 자의적이고 높았으니까요. 그리고 일하는 사람들을 자꾸 군대로 불러들이지 말고, 형벌은 너무 무겁게 하지 말며, 자식 먹이고 부모 모시는 데 부족함이 없도록 해줘야만 비로소 올바른 의, 예가 실현될 수 있다 말한 것 같습니다. 그래서 물질적인 복지가 중요합니다. 그리고 우리 헌법은 국가가 복지를 위해 노력하고 국민들에게 그것을 어느 정도 보장하도록 국가의 의무를 규정하고 있습니다.

그다음, 우리는 모두 똑같이 평등한 존재니까 사람을 차별하면 안 됩니다. 부당한 차별은 악입니다. 그러니까 의라는 것은 인간이 원하지 않는 것, 옳지 않은 것의 반대쪽에 있는 목표입니다. 인간은 누구나 속박에서 벗어나고 싶어하죠. 그래서 자유가 필요하고 모두 골고루 부당한 차별을 받지 않고 살아갈 수 있어야 합니다. 평등과 정의를 실현하고 죄지은 사람은 벌 받아야 합니다. 그렇죠? 좋은 일을 한 사람은 칭찬받고 상을 받아야 합니다.

우리 헌법은 대한민국이 추구해야 할 최고의 목표, 가치, 우리 국민 개개인이 누려야 할 권리, 우리가 살면서 소중히 여겨야 할 소망, 이런 것들을 다 규정하고 있습니다. 저는 이런 것들이 어느 하나 빠짐없이 골고루 실현되는 사회가 좋은 사회이고, 바로 이런 가치들을 골고루 추구해나가는 것이야말로 우리 시대의 의를 실현하는 것이라고 생각합니다.

노래 〈어머니〉와 사람 사는 세상

제가 기억하기에 노무현 대통령은 1988년에 처음 국회의원이 되셨을 때부터 '사람 사는 세상'이라는 사인을 하셨습니다. 저는 '함께 사는 세상'이라고 쓰는데, 마치 대통령 사인을 흉내 낸 꼴이 됐어요. ☺ 저는 '사람 사는 세상'이 어디서 나왔는지 최근에 비공개 자료를 통해서 알았습니다. 혹시 '사람 사는 세상'이 어디서 나온 말인지 아는 분 계십니까? 네, 〈어머니〉라는 노래입니다. "사람 사는 세상이 돌아와 너와 내가 부둥켜안을 때" 이렇게 시작하여 "어머니 해맑은

웃음의 그날 위해" 하면서 끝나는 노래입니다. 이 노래를 누가 작곡했고 누가 가사를 지었는진 모르겠으나 처음 들었을 때 막심 고리키의 《어머니》를 떠올렸어요. 전태일 열사의 어머니 이소선 여사를 떠올리기도 했고요.

노무현 대통령이 1988년에 처음 국회의원에 출마하면서 자신의 삶을 돌아보고 왜 국회의원에 도전하는지를 쭉 기록해놓은 글이 있습니다. 굉장히 과격해요. ☺ 여러분, 노 대통령이 초선의원 시절 대정부 질문하는 동영상 보셨죠? "국무위원 여러분, 저는 뭐 별로 성실한 대답을 기대 안 합니다. 왜냐하면 기대해봐야 똑같으니까요." ☺ 저는 그 대정부 질문 광경을 당시 이해찬 초선의원의 보좌관으로서 국회 본회의장에서 봤는데, 그야말로 온몸에 소름이 돋는 듯했습니다. 질문이라기보다는 거의 연설이었죠. 노 대통령의 연설에는 프랑스 대혁명 당시 로베스피에르나 프루동의 연설을 연상시키는 대목이 있었습니다. 프루동은 연설하면서 "정치가, 법관, 귀족 이런 사람들 몇 백 명이 다 물에 빠져 죽으면 무슨 일이 생기겠습니까? 프랑스에 아무 일도 생기지 않습니다. 그러나 기술자 등이 물에 빠져 죽으면 무슨 일이 생기겠습니까? 나라가 전혀 돌아가지 않습니다" 이렇게 논증합니다. 생산적 노동에 종사하는 사람들을 존중하자는 뜻이죠. '사람 사는 세상'은 우리 모두가 어떤 지배의 대상이나 객체로서가 아니라 민주공화국의 깨어 있는 시민으로서 이 시대의 가치, 올바름, 의를 각자 주체가 되어서 실현해나가는 사회를 표현하신 것으로 저는 이해합니다. 그래서 1988년부터 쓰시기 시작합니다. 이 역사학적인 발견을 제가 최근에 했습니다. ☺

다시 맹자를 인용하죠. 이러면 안전하더군요. ☺ 여러분, 《맹자》를 한번 읽어보십시오. 참 좋습니다. 맹자가 맨 처음 만난 왕이 양나라의 혜왕입니다. 〈양혜왕(梁惠王)〉편, 옛날식 번역으로는 〈양혜왕 장구 상하(梁惠王 章句 上下)〉라고 합니다. 〈양혜왕 장구 상 1〉이 양혜왕을 만나 대화를 나누는 장면입니다. "왕께서는 하필이면 이익을 말씀하십니까?" 맹자의 첫마디입니다. 그래서 〈양혜왕 장구 상 1〉의 제목이 일반적으로 '하필왈리(何必曰利)'로 알려져 있습니다. 양혜왕이 맹자에게 "어르신이 우리나라를 찾아주셨으니 나라에 큰 이익이 있겠습니다"라며 인사하자 맹자는 "하필왈리", 즉 "왕께서는 하필이면 이익을 말씀하십니까" 이렇게 되묻습니다. "왕이 이익을 말하면, 왕이 어떻게 내 나라를 이롭게 할까 생각하면 귀족들과 벼슬하는 사람들은 어떻게 내 집안을 이롭게 할까 생각하고 일반 선비와 서민들은 어떻게 내 한 몸 이롭게 할까 생각하여 위아래가 모두 이를 탐하게 되므로 위태롭지 않은 나라가 없습니다" 이렇게 이야기합니다. 거기까지도 그렇게 심하지 않아요.

그 뒤에 수레 승(乘) 자를 써서 "만승(萬乘)의 나라에서 군주를 시해하는 자는 반드시 천승(千乘)을 가진 대부요, 천승을 가진 나라에서 왕을 시해하는 자는 반드시 백승(百乘)을 가진 대부이니, 만승에서 천승을 가지고 천승에서 백승을 가지는 것이 적은 것이 아니나 이익을 추구하자면 다 빼앗지 않고는 만족하는 법이 없습니다" 말합니다. 양혜왕이 완전히 면박을 당한 거죠. 맹자는 정말로 도끼날 같은 논리를 가진 사람입니다. 어느 왕이 좋아하겠습니까. 그 외에도 《맹자》에는 왕에게 면박을 주는 이야기가 많습니다. 지금 대한민국은 대통령에서 저잣거리의 서민에 이르기까지 모두가 이(利)를 논하는 시대이기 때문에 이 말씀을 드리는 겁니다.

국가의 지도자는 가치와 도덕을 이야기해야 합니다. 여러분, 오바마 대통령의 연설을 들어보셨죠? 저도 영어가 짧아서 CNN은 자막을 달아줘야 보는데, 알아듣는 것은 오바마 대통령이 연설할 때 USA를 발음하는 것뿐입니다. 'United States', 숨쉬고 'of America' 꼭 이렇게 노래하듯이 이야기하더라고요. ☺ 5년 전 민주당 전당대회의 연설도 보면, 끊임없이 국가통합을 이야기하고 정의, 평등 같은 가치들을 이야기합니다.

노 대통령도 늘 가치를 이야기하셨죠. 국민들이 머리가 아팠어요. 어느 날 제가 퇴근해서 집에 들어가는데 아파트 경비 아저씨가 저를 붙들더니 뭐 하나 물어보자며 "우리 대통령은 왜 이렇게 우리를 괴롭혀요? 머리 아파 죽겠어요" 하더군요. 대연정이니 원포인트 개헌이니…… 노상 이야기 좀 합시다, 이러면서 국민들한테 이거 해야 합니다, 저거 해야 합니다, 어떻게 생각하십니까 하니까 국민들이 머리가 아픈 거예요. 뽑아놨으면 자기가 알아서 할 일이지 ☺ 왜 자꾸 물어보냐는 거예요. 우리 국민들이 가치를 말하는 대통령에 익숙하지가 않아요. 그저 '국민 여러분, 국민소득을 몇 퍼센트 올리고, 세계에서 몇 번째 부자나라로 만들겠습니다' 이런 이야기나 '747' 같은 말이 쉽죠.

대통령에서 평범한 서민에 이르기까지 모두가 이익을 논하는 사회는 건전하게 발전할 수 없습니다. 지금 대한민국은 사회적 퇴락의 길로 가고 있습니다. 나라가 망하진 않아요, 멍이 들지. 아주 망하진 않을 겁니다. 그래서 이럴 때일수록 사리취의, 사생취의 정신이 더욱 귀하게 다가온다고 저는 생각합니다. 그래서 돌아가신 분이 더욱 그립죠. 여기까지 동의하십니까?

'국민'에서
깨어 있는 '시민'으로

지금까지 제가 강의 주제의 절반을 소화했고 이제 어떻게 할 것인가로 넘어갈 텐데, 이게 더 골치 아픕니다. '어떻게'라는 문제로 가면 '무엇을'이라는 문제를 따질 때보다 더 심하게 의견이 나뉩니다. 여기서도 제가 스스로 답을 내지 못하기 때문에 노 대통령 말씀에 기대어 답을 구해보겠습니다. 노 대통령 묘의 비석 아래 철판에 새겨진 글이 "민주주의 최후의 보루는 깨어 있는 시민의 조직된 힘입니다"죠. 저는 이게 답이라고 생각해요. 기본적으로 우리 시대의 의 또는 올바름, 가치를 추구하기 위해서는 우선 그 가치를 인식하는 사람들이 있어야죠.

며칠 전에 조기숙 교수님의 발제를 듣는데 국민과 시민이 싸우고 있다는 표현이 있었어요. 여러분, 국민은 그냥 주어지는 거죠. 대한민국에 태어나면 여권 국적란에 '대한민국, Republic of Korea'라고 그냥 주어지는 겁니다. 자기가 아무것도 하지 않아도 국민이에요. 시민은 뭔가요? 자기의 권리가 무엇인지 알고 그 권리를 행사하려고 하는 각성된 국민이 시민이죠. 지금 벌어지는 이 모든 사회적 갈등을 보면 그 기저에는 우리가 보통 말하는 국민과 권리의 주체인 시민 사이의 갈등이 있습니다. 국민은 대개 한나라당 편, 시민은 우리 편이라고 볼 수도 있겠죠. ☺ 그러니까 깨어 있는 의식을 가진 시민이 많아지도록 하는 일이 노무현 정신을 계승하는 방법 중 첫 번째 단계 또는 늘 해야 하는 기본적인 일입니다.

이 대목에서 저는 현실을 직시하자고 말씀드립니다. 이익을 위해서는 올바름, 정의, 평등 이런 것은 쓰레기통에 던져도 좋다고 생각하는 사람들이 지금 하나로 똘똘 뭉쳐 있죠. 그러나 내 이익을 희생하더라도 올바름을 추구해야 한다고 생각하는 사람들은 갈라져 있잖아요. 그리고 서로 욕합니다.

어떤 당을 지지하려는 사람들은 그 당이 이익이 아니라 의를 추구하는 모습을 보고 싶어합니다. 그런데 민주당을 보면 그분들도 이익을 추구하고 있다는 생각이 강하게 듭니다. 의를 추구하는 모습은 별로 보이지 않고 이익만을 추구하는 듯한 모습이 보이기 때문에 지지해주고 싶은 마음이 없어지고 어찌 보면 더 미운 마음이 생기는 거예요. 그래서 저는 그분들이 말로만 노무현 정신을 계승한다고 하지 말았으면 합니다. 당사에 사진만 건다고 되는 게 아니거든요. 정말 올바름과 이로움이 충돌할 때 이로움을 버리고 올바름을 추구할 정신을 갖고 있는가, 그럴 준비가 돼 있는가, 이걸 한번 돌아보셨으면 합니다.

그리고 사람들과 토론할 때 사실 그대로 이야기해야 합니다. 예컨대, 모 당의 모 전 의원이 최근 강연에서 "노무현 대통령이 경제에 무능해서 이명박을 대통령으로 만들어줬다"고 했습니다. 아직도 이렇게 이야기합니다. '사의취리' 세력이 잘 써먹는 "진보는 무능하다"라는 선동 아닙니까? 지난 10년간 수도 없이 들어온 〈조선일보〉, 〈동아일보〉, 〈중앙일보〉의 논조입니다. 그걸 지금도 반복합니다. 자기 얼굴에 침 뱉는 꼴입니다. 진보세력이 무능하다는 고정관념과 그릇된 편견을 확산하고 증폭함으로써 자기 발에 족쇄를 채우는 행위에 지나지 않습니다. 이런 것은 사실에 기초한 이야기가 아닙니다. 시민들을 깨어 있도록 하기 위해 토론하는 것은 좋으나 오도하지는 말아야 합니다.

예컨대 원포인트 개헌, 대연정을 제안했을 때 지지율이 낮으니 접으라는 신문들이 있었죠. 옳고 그름을 제가 여기서 따지지 않겠습니다만, 모든 신문이 지극히 부정적으로 보도하면서 여론조사를 합니다. 그러면 여론이 부정적으로 나올 수밖에 없죠. 그러면 그 부정적 여론조사를 근거로 삼아 또 비판합니다. 그다음엔 "개헌론, 대연정론, 여론지지 없으니 접는 게 순리다" 이렇게 사설 제목을 뽑습니다. 그러면 가령 20년 된 H신문은 시장점유율이 5퍼센트도 안 되는데 구독률 낮고 시장점유율 낮으니 접는 게 순리라고 말하면 어떻겠습니까? 옳고 그름, 무엇이 의냐 불의냐는 숫자가 가려주는 게 아닙니다. 때로 우리가 의사결정을 내려야 하는 상황에 쫓겨서 불가피하게 다수결로 결정하지만 다수결이 곧 정의를 보증하는 것은 아니죠. 때로 다수결의 폐해를 감수하면서도 승복하고 받아들이겠다, 그러나 내 생각이 옳다는 것은 변함없다, 이렇게 말할 수 있는 게 민주주의 아닙니까? 어떤 정책도 여론조사 지지율이 절반을 넘는 일이 거의 없는 이명박 정부가 하는 일에 조중동 같은 신문들이 접으라고 한 적이 있습니까? 4대강 사업은 접으라 합디다만, 이렇게 해서는 안 됩니다.

그래서 저는 우선 언론·출판·학술연구·미디어 등에 종사하는 분들이 더 많은 노력을 기울여야 한다고 생각합니다. 그냥 국민이 아니라 시민이 되도록 말이죠. 사실에 의거해서 현실을 직시하면서 우리 시대가 추구해야 할 가치에 눈 뜨고 이것이 나의 권리라는 생각을 갖고서 이 일을 위해 내가 작은 참여라도 해야 한다는 생각을 가진 시민들이 많아지도록 전방위적으로 노력하는 것, 이것이 노무현 정신을 계승하는 첫 번째 방법이라고 봅니다.

두 번째로 깨어 있는 시민의 힘을 조직해야 합니다. 그냥 사람만 많으면 안 되겠죠. 구슬이 서 말이라도 꿰어야 보배니까요. 다양한 방식으로 조직해야 합니다. 우리 대한민국을 보면 요즘 사람들이 목소리를 제대로 내지 못합니다. 이것은 시민들이 조직되지 않았기 때문입니다. 현직 사회복지사 분들이 거의 10만 명입니다. 지난 10년 동안 정부가 엄청나게 노력해서 새로운 직업집단을 만들어놨죠. 장기요양보험 쪽에서 일하시는 분들, 장애인 도우미 서비스 쪽 분들도 넓은 의미의 사회복지사죠. 그런데 10만 명에 달하는 이런 분들이 결속해서 자기 목소리를 내는 걸 볼 수가 없어요. 모두가 각 시설 단위로 시설장의 지배를 받고 있어서 부당한 처우, 차별, 권리 박탈에 시달리면서도 자기들의 목소리를 내질 못합니다. 왜냐하면 문제를 인식하고 소망을 가진 분들은 많지만 서로 연결돼 있지 않기 때문입니다.

그래서 우리의 생활공간 안에서 아주 다양한 형태의 조직을 만들어 나가야 합니다. 아주 가깝게는 생협 같은 소비자단체부터 아파트부녀회, 동대표회의까지도요. 우리가 '아휴, 저 일은 고달프니까' 생각하면서 구경만 하다 보면 거기엔 계속 이익을 추구하는 사람들만 오게 됩니다. 정말 의를 추구하는 사람들이 우리 삶의 광범위한 영역에서 사람들을 조직하는 일 속으로 들어가야 합니다. 자기 혼자 바른 생각을 갖고 우리 눈앞에서 벌어지는 온갖 옳지 못한 일에 비분강개하고 비판하는 것만으론 부족합니다. 이것이 노무현 정신을 계승하고 사람 사는 세상을 만드는 두 번째 방법이라고 생각합니다.

세 번째로는 조직된 시민의 힘을 행사해야 합니다. 방법은 여러 가지가 있죠. 언소주(언론소비자주권국민캠페인) 같은 데 참여하는 것부터 시작해서 각종 기념사업회에 참여할 수도 있고 촛불집회를 열 수도 있죠. 살고 있는 지역의 여러 현안에 대한 주민감시운동도 펼칠 수 있고요. 좋은 교육감을 선출해서 우리 아이들을 잘 가르칠 수 있도록 하는 참여도 필요합니다. 각종 시민단체들도 있죠. 가장 좋은 형태는 정당입니다. 정당에 참여하는 겁니다. 백 마디 불평하지 말고 선거에서 이겨버리면 되잖습니까. 이명박 대통령 욕할 필요 있습니까? 다음 선거에서 이기면 됩니다. 가장 간단하잖아요. 그렇게 이길 수 있는 모든 절차가 헌법과 법률에 다 열려 있는데, 깨어 있는 시민을 많이 만들고, 여러 층위, 지역, 형식으로 그 시민들이 스스로 조직화하고 그 조직된 힘을 정치적으로 결속해서 우리들이 생각하는 좋은 가치를 추구하는 정부를 만들면 되는데 지금 그걸 못하고 있습니다. 그래서 저는 이 세 가지를 열심히 해나가는 것이 노무현 정신을 계승하는 길이라 봅니다.

노 대통령인들 비판받을 게 없겠는가

아까 제가 민주당도 비판하고 〈한겨레〉도 비판했습니다만 저라고 왜 비판받을 게 없겠어요. 노 대통령인들 비판받을 게 없겠습니까. 우리가 생각해야 할 것은 이런 겁니다. 여기 계신 분들 중엔 대장부엉이 좋아하는 분들도 있고, 요새 악역밖에 안 하던데 문성근 씨를 좋아하는 분들도 있잖아요. 〈실종〉이라는 영화를 봤는데, 어휴, 왜 그런 영화를 찍었는지⋯⋯. ☺ 다음에 영화를 찍으면 언론사주 역할을 하겠다니 기대해보겠습니다.

그러니까 "나는 문성근이 가장 좋은데 넌 왜 이해찬이 좋다고 우기는 거야" 하면서 주먹다짐하지는 않죠. 그리고 매일 친하게 지내다가 갑자기 "넌 이해찬 좋냐, 난 문성근 좋다" 이러면서 절교하진 않죠?

취향이 다 다르잖아요. 다양성을 인정해주잖아요.

그런데 정치로 오면 이렇게 되지 않습니다. 이것을 저는 '최대주의'라고 표현합니다. 어떤 교수님이 책에 쓰신 용어를 제가 배워서 가져온 겁니다. 최대주의(maximalism)는 너와 내가 동지가 되기 위해서는 하나부터 백까지 모두 똑같아야 한다는 겁니다. 그러니까 열 개의 중요한 쟁점이 있을 때 1번부터 갑니다. "우리 합의해" 하면서 1번 오케이, 2번 오케이, 3번 오케이…… 그렇게 가다가 7번에서 "나는 a, 너는 b" 이러면 "너는 적이야, 내부의 적이 더 무서워, 내부의 적부터 척결해야 해" 하면서 분파 투쟁에 들어가는 겁니다. 이익을 추구하는 저쪽 집단은 생각들이 모두 달라도 이익만 서로 맞으면 다 거래하고 단결하잖아요. 이쪽은 이익이 아니라 의를 중시하기 때문에 무엇이 의인가, 그 의를 어떻게 추구할 것인가를 둘러싸고 의견이 갈리면 적대 진영에 대한 투쟁보다 내부의 투쟁이 더 치열해집니다.

이런 일이 역사에서는 비일비재합니다. 스페인에서 1936년에 프랑코가 쿠데타를 일으켜서 민주정부를 뒤집고 무력으로 권력을 잡았을 때 최후까지 항전한 곳이 바르셀로나입니다. 아시겠지만 스페인의 북동부 지역에 있는 곳이죠. 카탈루냐 왕국의 수도이고 마드리드를 중심으로 한 당시 프랑코 세력과 대립했습니다. 카탈루냐 쪽은 해양 세력이고, 마드리드는 끊임없이 권력을 내륙으로 집중시키는 지역이라 연상하시면 됩니다. 대한민국의 어느 지역인지도 대략 연상하실 수 있겠죠. ☺ 그러니까 인종도 다르고 문화도 언어도 다릅니다. 최후까지 바르셀로나를 프랑코가 정복하지 못했습니다. 그런데 마침내 어느 날 무혈입성했죠. 어떻게요? 그 안에서 마르크시스트들과 아나키스트들 사이에 내전이 벌어져 서로 총질하는 바람에 총알도 다 떨어지고 서로 다 죽여서 결국 프랑코가 무혈입성합니다.

원래 진보 진영, 가치 추구를 중시하는 세력 쪽에서는 내부 다툼이 심합니다. 왜냐하면 현실을 추종하지 않고 이상을 추구하는 집단이기 때문이죠. "진보는 분열로 망한다." 이것은 매우 냉소적인 표현인데 좀 더 정확히 말하면 진보는 연대하는 기술이 부족해서 어려움을 겪는 경우가 많다고 생각합니다. 분열이 아닙니다. 서로 생각이 다르기 때문에 조직을 따로 하는 것이 당연합니다. 그러나 다름에도 불구하고 연대해야 할 경우가 많은데 잘 못합니다.

연대는 생각이 다르기 때문에 필요한 건데 연대를 막는 우리 사고 방식의 가장 큰 결함이 최대주의입니다. '네가 그럴 줄 몰랐어. 나 지금까지 너 되게 좋아했는데 이라크 파병연장 동의안에 찬성표를 던지다니 난 이제부터 너를 미워하기로 했어!', '지금까지 노무현 대통령을 지지했는데 한미 FTA를 추진하다니, 배신남!' 하면서 지지 철회하고 탈당하고 청와대 홈페이지에 와서는 "그럴 줄 몰랐다", "신자유주의자" 이렇게 비판합니다. ☺

참여정부에는 민주노동당, 진보신당 분들이 좋아할 만한 정책들이 많이 있었습니다. 그런데 늘 우리들 사이에서 토론하는 것은 이라크 파병, 대추리 문제, 한미 FTA밖에 없었습니다. 일곱 개는 똑같은데 나머지 세 개를 가지고 신자유주의자라고 하면서 싸우는 겁니다. 이것이 바로 우리 마음속에 있는 최대주의입니다.

오늘 신문에 정태춘, 박은옥 부부의 인터뷰가 실렸던데, 〈경향신문〉 맞죠? 〈한겨레〉인가요? 두 개밖에 안 보니까 가끔 헷갈립니다. 아침에 그 인터뷰 읽으면서 마음이 많이 아렸어요. 정태춘 씨가 요새 몇 년간 노래를 안 만들잖아요. 왜 노래를 안 만드는가 물어보니까 대답을 빙빙 돌려서 했는데, 한마디로 좋은 노래 만들어서 들려주기 싫다, 그런 뜻입니다. 오늘날 표출되고 있는 민심의 흐름, 국민들의 마음의 흐름에 너무 큰 좌절감을 느끼신 것 같아요. 읽으면서 참 공감이 가더군요. 저도 그래서 아무것도 하지 않겠다는 건 아니지만 그 마음을 공감합니다. 대추리 싸움이 벌어졌을 때 그분이 교보빌딩 뒤에서 노상 콘서트를 열었는데 사람들이 아무 관심 없이 지나가는 것을 보고 마음에 크게 상처를 입으셨던 것 같아요. 또 이명박 정부가 출범하고 온갖 과거회귀적인 권력행태가 벌어지고 있는데도 불구하고 아무도 이것을 바로잡을 수 없고 그것에 대한 국민의 여론이 우리가 기대하는 만큼 날카롭게 비판적이지 않은 데 좌절감을 느끼신 것 같아요.

여러분도 마음속에 이런 생각들이 있을 겁니다. '왜 해야 해? 나 혼자 잘 살면 되지. 나 혼자 생협에 가입해서 유기농 식품 먹고, 나 혼자 내 마음에 위안 주는 콘서트장 찾아가고, 마음 맞는 사람들과 커뮤니티 만들어서 책 읽고, 직장생활 잘하고 비즈니스하고 그러면서 나 혼자 건전한 시민으로서 행복하게 살면 되지, 나와 생각이 전혀 다른 많은 국민들이 뽑아놓은 권력을 무엇 때문에 비판하고 무엇 때문에 바로잡기 위해서 노력해야 해? 내 삶에 불편함을 줄 것도 별로 없는데, 뉴스만 안 보면.' ☺ 여러분, 이런 생각 안 하십니까? 하시죠? '도대체 무엇 때문에 내가 이 사회에 책임감을 느껴야 하지?' 그런 생각, 저도 하거든요.

그런데 저는 이런 생각을 말하면 절대 안 된대요. ☺ "당신은 책임 있는 사람인데 그런 말을 하면 돼?" 그러더라고요. 사실 마음속에 그런 생각이 조금은 있다는 걸 부인하기 어렵습니다. 그러니까 제가 정치를 안 하는 겁니다. 왜냐하면 제가 국민을 위해서 정말 책임지고 봉사할 자리에 나가야겠다는 마음이 있다면 이런 생각을 하면 안 되니까요. 김대중 대통령 말씀처럼 국민을 하늘같이 받들고, 노무현 대통령처럼 농부가 밭을 탓하랴 하는 마음으로 자기의 부족함을 질책하면서 공적인 책무에 나서야지, 마음에 누군가를 원망하는 느낌을 가지고 있는 상태에서 공직에 도전한다는 것은 올바른 태도가 아닙니다.

진보가 가능할까 하는 절망감과 회의

진보가 가능할까 하는 절망감, 회의 그리고 일반적으로 진보가 가능하다 할지라도 우리 대한민국이 그렇게 갈 수 있을까 하는 불안감과 회의가 우리 마음속에 있다고 생각합니다. 그런데 최근에 제가 많은 위로와 격려를 받은 글들이 있습니다. 읽으면 힘이 되는 이야기들인데 소스타인 베블런(Thorstein Veblen)의 이야기도 있고, 빈부격차가 확대된 사회에서 민주정이 가져오는 폐해에 대한 헨리 조지(Henry George)의 글도 있어요. 조지의 글은 거의 예언서 같죠. "정직성이나 애국심은 압박받고 비양심이 성공을 거둔다. 최선의 인물은 바닥에 가라앉고 최악의 인물이 정상에 떠오른다. 악한 자가 나가면 더 악한 자가 들어선다. 국민성은 권력을 장악하는 자, 그리하여 결국 존경도 받게 되는 자의 특성을 점차 닮게 마련이어서 국민의 도덕성이 타락한다. 이러한 과정은 기나긴 역사의 파노라마 속에서 수없이 되풀이되면서 자유롭던 민족이 노예 상태로 전락한다. 가장 미천한 지위의 인간이 부패를 통해 부와 권력에 올라서는 모습을 늘 보게 되는 곳에서는 부패를 묵인하다가 급기야 부패를 부러워하게 된다. 부패한 민주정부는 결국 국민을 부패시키며 국민이 부패한 나라는 개선할 길이 없다. 생명은 죽고 송장만 남으며 나라는 운명이라는 이름의 삽에 의해 땅에 묻혀 사라지고 만다." 위대한 신앙인인 헨리 조지가 토지사유제의 폐해를 고발했던 《진보와 빈곤》이라는 책에 나오는 글입니다.

소스타인 베블런은 굉장히 외롭게 살다 간 사람입니다. 많은 여인의 사랑을 받았으나 행복한 가정을 꾸리지 못했고, 위대한 책을 남겼지만 물질적으로 풍요를 누리지는 못했죠. 록펠러가 세운 시카고대학교의 학자였지만 록펠러 같은 억만장자를 야만인으로 조롱하는 책을 써서 시카고대를 유명하게 만들었죠. 이 위대한 책에는 단 한 개의 각주도 없습니다. 이른바 학술계에서 통용되던 논문의 형식을 모조리 무시하고 쓴 책입니다. 19세기에 나왔음에도 아직 많은 사람들이 읽고 있는 매우 보기 드문 책 중 하나인 《유한계급론》입니다.

이분은 캘리포니아에 있는 어느 시골마을의 오두막에서 혼자 죽었습니다. 죽기 전 마지막 몇 년 동안은 책을 읽지도 글을 쓰지도 친구를 만나지도 독자 편지에 답장을 하지도 않고, 가만히 흔들의자에 앉아 잡초가 우거진 마당을 바라보고 쥐가 들락날락하는 거실에 앉아 혼자 생각만 하면서 살았다고 하죠. 나중에 와본 제자들이 그가 죽은 것을 알게 됐을 때 유서를 보니, 자기를 기념하는 어떤 행사도 열지 말고, 자기를 회고하는 어떤 글도 쓰지 말며, 자기를 위한 기념비도 세우지 말고, 장례는 가장 값싼 방법으로 신속하게 화장해서 바다에 뿌려달라, 그리고 자기가 쓴 모든 미완성 원고는 다 불에 태워버리라고 했다더군요. 어느 별에서 오신 분인지 모르겠어요. ☺

그런데 왜 이분이 이렇게 살았을까 생각해보니, 이 사람은 인간 그 자체를 너무나 부정적으로 봤구나, 호모 사피엔스라는 종에 대해 너무나 부정적으로 생각했구나 싶더군요. 그런데 묘하게 이 사람의 글이 위로를 줍니다. 베블런은 "모든 인간은 보수적이다"라고 했습니다. 이 사람은 미국에서 발생한 이른바 제도주의 경제학파의 창시자에 해당합니다. 청와대 비서관을 했던 정태인 씨가 제도학파를 굉장히 많이 연구했습니다. 미국 경제학계에서 진보 쪽에 속하는 분들은 대부분 제도학파의 전통 위에 있습니다.

이 사람은 빈부나 지위 고하를 불문하고 모든 인간이 보수적이라고 했어요. 왜냐하면 인간은 제도 속에서 살아가는데, 제도라는 건 종국적으로 공인된 인습적 사고방식이라는 겁니다. 날 때부터 계급이 있다는 인습적 사고방식이 형식으로 만들어진 게 계급제도겠죠. 모든 시대의 제도는 해체해보면 종국적으로 그 시대를 살아가는 사람들의 공인된 인습적 사고방식이 구체화된 것입니다. 제도는 끊임없이 진화하죠. 사람들은 모두 현재의 제도 속에 살기 때문에 그 제도에 익숙해져 있습니다. 진보는 제도를 진화시키고 바꾸는 거죠. 제도가 만약 인습적 사고방식이라면 제도의 진화는 인습적 사고방식을 버리고 새로운 사고방식을 갖는 겁니다. 귀찮죠. 무엇인가를 바꾸는 데는 비용이 듭니다. 신경도 써야 하고 머리도 아프고 옛날에 하던 일도 못 하게 되죠. 인습적 사고방식을 바꾸는 데는 굉장히 불편하고 때로 고통스러운 정신적 적응 과정이 필요하기 때문에 사람은 누구나 진보를 싫어합니다. 그래서 인간은 모두가 보수적인데 생활환경의 변화 때문에 더 이상 인습적 사고방식을 고수하는 게 고통스러워지면 어쩔 수 없이 정신적 적응을 하는 게 진보라는 거죠. 그러니까 부자들이 기득권을 지키려는 욕심 때문에 보수적이 된다는 것은 매우 모욕적인 표현이라는 겁니다. 인간은 누구나 보수적인데, 노동하지 않는 유한계급은 생활환경의 변화에 덜 노출돼 있기 때문에 새로운 적응을 해야 할 강제를 덜 느껴서 보수적일 뿐 기득권을 지키려고 그러는 것이 아니라는 주장입니다. 유한계급은 본의 아니게 보수적이란 것입니다.

위안이 됩니까? 저는 위안이 됩니다. 이렇게 생각하면, 왜 자기 집도 없는 사람이 종부세 폐지에 찬성할까, 왜 강북에서 전셋집 살면서 종부세를 비판할까, 이런 게 다 이해됩니다. 종부세를 매긴다는 것, 보유세를 무겁게 매긴다는 것은 제도의 진화입니다. 지금까지 우리에게 없던 제도거든요. 그러니 오로지 부자만 이것에 반대하는 게 옳고 가난한 사람은 찬성해야 맞나요? 아니죠. 이른바 저소득, 저학력, 고령층이 한나라당의 핵심 지지기반 아닙니까. 저소득, 저학력, 고령층의 이익에 도움이 되는 정책이 하나라도 있습니까? 없잖아요. 그런데 왜 한나라당을 지지할까요? 인간이 원래 보수적이어서 그런 겁니다. 생활환경의 변화에 많이 노출될수록, 생활환경의 변화를 민감하게 느낄수록 사람들은 진보적이 됩니다. 그러니까 섭섭해하지 말라는 거죠. 보수가 기본이라는 겁니다. 진보는 그저 가끔씩 이기는 거예요. 이것이 진보의 처절한 운명이죠. 보수가 엉망으로 만들어서 완전히 아비규환이 됐을 때, 못 살겠다는 아우성이 터졌을 때 비로소 잠깐 진보가 승리하는 것이고, 그것이 진보의 슬픈 숙명입니다.

제가 열린우리당에 있을 때, "이번 선거 집시다, 까짓것. 지는 선거인데 품격 있게 멋지게 집시다. 그러면 다음번에 멋지게 재기할 수 있습니다" 했다가 패배주의로 몰려가지고 엄청 욕을 먹었죠. 지지율이 두 배 반 차이 나는데, 이길 방법도 없으면서 계속 이긴다고 하니 답답했습니다. 유도 경기에서 떨어질 때도 낙법을 쓰잖아요. 업어치기 당할 때 멋지게 떨어져야 안 다치거든요.

그러니까 10년을 집권했으면 무척 길게 한 겁니다. 욕심 부리지 말자는 거죠. 진보는 해결사입니다. 보수가 기본이기 때문에 그 기본들이 늘 집권하다가 IMF 사태 나서 국가가 부도위기에 처하면 한 번 집권해보는 거고, ☺ 저쪽 후보가 아들 줄줄이 군대도 안 보내고 돈도 안 내면서 고급빌라에 살고 하는 일들이 줄줄이 터질 때, 또 이상한 보수하고 플레이오프 거쳐 단일화해서 이겼을 때…… 아주 이상하게 두 번 이긴 거잖아요. 이것이 진보의 슬픈 운명이다, 슬프지만 어쩔 수 없는 운명이라고 베블런은 이야기하는 거예요. 이 이야기를 듣고 있으면 지난 대선 패배, 총선의 참혹한 패배가 덜 아프게 느껴져요. '그래, 이게 기본이야. 이제 또 새롭게 시작하면 돼.' ☺

이 이야기들이 왜 위로와 격려를 줄까요? 대통령에서 장바닥 서민에 이르기까지 방법도 없으면서 이익만을 탐하는 사회가 우리 시대에만 있는 것도 아니요, 우리나라에만 있는 것도 아니요, 인류사의 기본이다. 그리고 인류는 늘 이렇게 살아왔고 가끔씩 평소와 다른 총명한 정신을 가지게 될 때가 있는데 그때가 진보가 집권하는 시기이다. 이 이야기를 하기 위해서 인용한 겁니다. 그러니까 왜 우리나라만 이럴까 하는 자기비하, 왜 하필 이 시대에 태어났을까 하는 부당한 불행의식을 가질 필요가 없다는 거예요. 이것은 아주 정상적인 사회입니다. 감사합니다. ✋

유시민에게 묻는다

2009년 9월 29일 서울

청중 1 참여정부 인사들이 노무현 대통령과 찍은 사진을 보면 다들 눈에서 하트가 나오는 것 같거든요. ☺ 가까이서 지켜본 그분의 인간적인 매력이 무엇이었는지 궁금합니다.

유시민 여러 가지 매력이 있는 분이죠. 아주 개인적인 느낌인데 노 대통령은 굉장히 수줍은 분이세요. 영혼의 수줍음이 많은 분, 저는 이렇게 표현합니다. 여러분,《여보, 나 좀 도와줘》읽어보셨죠? 변호사로 부당하게 수임료를 받았던 이야기부터 시작합니다. 정치인이 자서전을 냈는데 자신이 정치에 몸담기 전에 했던 못된 짓 이야기부터 해요. 아주 이례적입니다. 이번에 나온《성공과 좌절》의 구술기록에서 어린 시절 이야기를 보시면 가장 먼저 무슨 이야기가 나옵니까? 필통 뺏은 이야기부터 나오죠. 공개 · 비공개 기록을 다 살펴봐도 어린 시절 자랑, 상 받은 일, 잘해서 칭찬받은 일은 없습니다.

노 대통령을 보면 수오지심(羞惡之心)이 압도적으로 강하세요. 자기가 한 잘못을 부끄럽게 여기는 마음이 굉장히 강하기 때문에 꼭 옳고 그름을 가리려고 합니다. 그래서 밖에서는 굉장히 시비지심이 강한 것처럼 보여요.

그런데 왜 이런 수오지심을 가지게 되셨을까 가만히 들여다보면 그 밑바닥에는 측은지심이 있죠. 국회의원 출마할 때도 기록을 보면 당시 구속되어 변호사 자격이 정지됐기 때문에 노동운동을 도울 수가 없었어요. 그래서 국회의원 배지를 달면 노동운동을 더 잘 도울 수 있겠다는 마음으로 출마하신 겁니다.

부끄러움이 많은 분이라 조금이라도 잘못한 걸 가리고 감추고 덮어놓질 못하세요. 당신 자신이 잘못한 것이라면 더욱 그러시죠. 돌아가신 것도 그것과 굉장히 관계가 깊다고 생각합니다. 이 점을 좀 더 이야기한다면 이명박 대통령이나 이명박 정권의 검찰이 노무현 대통령을 굉장히 불공평하고 불공정하게 다루었죠. 그렇더라도 우리도 그들을 불공정하게 다뤄서는 안 되겠죠. 이 모든 경제위기가 다 이명박 대통령 책임이라고 말하면 안 되죠. 우리는 공정하게 다뤄야 합니다. 저는 이명박 대통령이나 대검 중수부의 검사들이 자기들이 무슨 짓을 했는지를 지금이라도 돌아보고 자연적인 수명을 마치기 전에 스스로 자기의 영혼을 구원할 기회를 갖길 간절히 바랍니다.

청중 2 TV 프로그램이나 여러 토론회에서 광우병 사태나 미디어법을 둘러싸고 진보와 보수, 한나라당과 민주당 분들이 토론하는 걸 보면 상당히 답답하다고 느낍니다. 그분들은 자기네들 의견이 진짜 옳다고 생각해서 그렇게 주장하는지, 아니면 나쁜 줄 알지만 사생취리하기 위해 어쩔 수 없이 그러는 것인지, 장관님은 직접 정치판에 계셨으니까 알려주세요. ☺

유시민 한나라당은 자기 주장을 믿지도 않으면서 이익 때문에 그런다는 생각 역시 그분들을 불공정하게 다루는 거라고 생각합니다. 뉴라이트 토론회에 가면, "그 유시민 같은 사람은 자기 말이 정말 옳다고 생각해서 그러는 거예요? 아니면 다른 뭐가 있어서 그런 거예요?" 하고 물을지 모릅니다. 그들이 우리를 부당하게 다룰지라도 우리가 그들을 부당하게 다루면 안 되죠. 정말 거짓말이라고 생각하면서 이익 때문에 그렇게 말하지 않습니다. 그들도 나름대로 확신범이에요. ☺ 우리가 보기엔 말도 안 되는 것 같지만 그들은 진지하게 그걸 믿고 있죠.

그러지 않으면 이른바 인지부조화가 일어나요. 인지부조화란 자기의 말과 생각이 일치하지 않으면, 또는 자기의 실제 행동과 생각이 일치하지 않으면 누구라도 불편함을 느낀다는 겁니다. 인지부조화 현상에서 탈출하기 위한 길은 어느 한쪽을 확실히 믿는 것이죠. 심지어는 논리적으로 완전히 모순되는 것조차도 전혀 모순이 없다고 믿어야만 마음이 편해집니다. 미디어법이 정말 경제 살리기에 중요하다고 진짜로 믿고 있죠. 아까도 말씀드렸지만 그들이 우리를 부당하게 대우한다 해서 우리에게 그들을 부당하게 대우할 권리가 생기는 것은 아닙니다. 그리고 자기 자신을 구원하는 것은 각자의 몫이지 남이 해줄 수 없는 것이라고 생각합니다.

청중 3 요즘 많은 사람들이 시민주권모임의 성격을 궁금해합니다. 시민주권모임과 국민참여당이 잠재적 대립관계에 있다고 이야기하는 분들도 많습니다. 시민주권모임이 현실정치에서 하는 역할은 무엇이고, 참여당과의 관계는 어떤가요?

유시민 몹시 조심스러운 주제입니다. 노무현 정신을 사생취의, 사리취의의 정신이라 한다면 무릇 지금 정치하는 사람들은 이 낡은 정치의 문법, 구조, 풍토를 바꿔내는 게 임무이고, 손해를 볼 위험을 감수하면서도 도전해야 노무현 정신을 계승하는 것이라고 생각합니다. 여러분은 지금의 정치 구조, 풍토, 효율성에 만족하십니까? 만족하지 않는다면 도전해야겠죠. 그런데 모든 도전은 다 위험합니다.

전 지금의 정치 구조, 문화, 풍토가 썩은 문짝과 비슷하다, 여럿이서 하나 둘 셋 하고 발로 쾅 차면 그냥 자빠질 썩은 문짝이라고 생각합니다. 그런데 그렇게 생각하는 분들이 많지 않은가 봐요. 그러니까 그렇게 생각하는 몇 사람만 발로 막 차고 있죠. 이게 신당이라고 생각해요. 여럿이서 힘을 모아 쾅 차면 자빠질 문짝이지만 몇 명이서 차면 경첩에서 삐걱삐걱 소리 좀 나고 한쪽에 흠집이나 좀 생기고 좀 더 찌그러질 순 있겠지만 자빠지진 않겠죠. 그렇게 신당에선 몇 되지도 않고 힘도 없는 분들이 모여서 문짝을 발로 차고 있는 상황이고요. 이른바 친노 또는 시민주권모임에서 신당에 들어오지 않고 걱정하는 분들은 "느그 그렇게 차도 안 뿌사질 텐데, 여럿이서 함께 차야 뿌사지지 그냥 뿌사지나" 이렇게 이야기하는 셈이죠. "그럼 같이 차지 왜 안 찹니까" 하면 그분들은 아직 때가 아니라고 판단하시는 겁니다. 누구 판단이 맞는지 저는 잘 모르겠습니다.

그러나 시민주권모임은 이른바 노무현 대통령을 존경하고 사랑하고 그의 정신을 그대로 따라 하진 못해도 적어도 흉내라도 내야 한다는 도덕적 책임감을 지닌 분들이 '지금 어디로 가는 것이 옳은 것인지는 모르겠으나 우리들이라도 흩어지지 말고 손을 잡고 가야 한다' 하고 합의해서 모인 것이라고 생각합니다.

자기 마음속에 확신이 없는 사람은 누구도 설득하지 못하고, 자기 마음속에 감동을 느끼지 못하는 사람은 절대 타인을 감동시킬 수 없습니다. 최인훈 선생의 소설《광장》을 보면 '붉은 심장의 설렘'이라는 표현이 있는데 붉은 심장의 설렘이 있는 삶이 보이지 않아서 주인공이 바다에 빠져 자살하죠. 붉은 심장의 설렘이 있는 게 뭘까요? 문짝을 걷어차면 확실히 그런 설렘은 생길 것 같아요. 성공할 수 있다는 확신은 없죠. 그러나 설렘은 들죠. '쫄딱 망할 것 같아' 그러다가도 '혹시라도 잘될지 몰라' 하는 게 설렘이잖아요. 실패할지라도 스스로 느끼는 감동은 좀 생길 것 같다, 타인을 감동시킬 수 있을지는 모르겠지만…… 그러나 지금 다른 정당들이 하는 일에는 확신도 없을 뿐만 아니라 최소한의 설렘이나 감동도 없다, 이건 굉장히 확실합니다. 저에게 정치는 이상주의 운동의 한 형식인데 이상을 지향하는 조직은 반드시 향기가 나게 마련입니다. 이상의 향기가 뭔지 여러분 아시죠? 이상을 품은 사람은 얼굴에서 빛이 나요. 이상을 품은 조직은 그 조직 근처에만 가도 사람의 향기가 납니다. 그런데 기존 정당들에서는 전혀 그런 향기를 맡을 수가 없으니 지금 이렇게 신당으로 가야 하나 고민하는 겁니다.

청중 4 베블런을 말씀하시면서 진보는 보수가 엎어질 때 일어설 수 있다고 하셨는데요. 저희가 스스로 시작하고 일어서야 할 시점은 보수가 결정해주는 건가요?

유시민 보수가 결정한다는 뜻은 아니고 위로를 받으시라고 말씀드린 겁니다. 제가 최근에《청춘의 독서》라는 책을 하나 썼습니다. 50대가 되어서 20대 때 읽었던 책 열네 권을 뽑아서 다시 읽었거든요. 그런데 책을 다 쓰고 나서 딱 한 권의 책을 갖고 무인도에 가라고 하면 어떤 책을 가져갈까 생각하면서 고른 책이 E. H. 카의 《역사란 무엇인가》입니다. 제게 마음의 위안을 주고 역사에 대한 믿음을 새삼스레 깨우쳐준 책입니다. 1960년대에 나온 책인데, 진보에 대한 믿음이란 인간의 정신적, 지적, 사회적 능력이 계속 발전해나감을 믿는 것이라고 적혀 있습니다. 진보를 믿는다는 것은 어떤 특정한 가치를 믿거나 특정한 정책을 옹호하는 게 아닙니다. 진보를 믿는다는 것은 인간을 믿는다는 것이죠. 우리 뇌의 지하실인 뇌간에는 파충류 시대 이래 진화과정에서 항상 존재해온 탐욕과 공격성을 관장하는 부위들이 있습니다. 지하실 없이는 고층건물이 서지 않잖아요. 문명인의 모든 정보가 집적된 대뇌피질이 고층건물입니다. 이걸 세우기 위해서는 지하실이 있어야 하는데 그 지하실 속에 독점욕, 탐욕, 공격성 같은 것들이 다 들어 있습니다. 기본적으로 이걸 넘어설 수 없습니다. 그러나 문명이라는 빌딩은 자꾸자꾸 위로 올라갑니다. 인간의 개인적인 지적 능력뿐만 아니라 사회적, 도덕적 재능까지도 계속 발전함을 믿는 게 역사의 진보를 믿는 것이죠. 그래서 저한테 매우 큰 위안을 줍니다.

이러한 진보는 끝이 보이지 않는 것이고 특정한 단계가 없는 겁니다. 지금 잠시 역사의 진보가 지체된 듯 보이지만 우리가 겪는 모든 일들이 다 새로운 사회적, 도덕적, 지적, 정신적 능력의 확대를 준비하면서 일어나는 것이고 지금이 바로 그런 기간이라는 생각을 많이 하게 됩니다. 때로 역행도 있고 역류도 있지만 근본적으로 진보에 대한 믿음이라는 것은 인간 자신에 대한 믿음이기 때문에 진보란 참 좋은 것이라 생각합니다.

E. H. 카는 야금야금 개혁(piecemeal reform) 또는 아주 점진적이고 단계적인 개혁, 개선도 일어나긴 하지만 그것이 역사의 큰 진보를 가져오진 않는다고 봤습니다. 과학이든 역사든 사회든, 인간세상의 진보는 현존하는 제도를 조금씩 점진적으로 개선하는 데 머물지 않고 이성의 이름으로 그 제도와 그것을 떠받치는 공공연한 또는 은폐된 가설, 또는 베블런이 말한 인습적 사고방식에 근본적 도전을 감행한 인간의 대담한 결의를 통해 이뤄졌다고 했습니다. 결국 어느 시점엔가 보수가 세상을 망쳐놓고 그 무능력이 입증될 때 이성의 이름으로 현존하는 제도와 그것을 받치고 있는 공공연한 또는 은폐된 가설에 근본적 도전을 감행해온 사람들이 있기 때문에 커다란 진보가 이뤄진 것입니다.

진보가 지금 굉장히 고단하게 무엇인가를 하고 있지만 진전이 별로 보이지 않을 때가 많습니다. 그러나 그 도전을 계속 감행해야 합니다. "모사재인 성사재천(謀事在人 成事在天)"이라는 말이 《삼국지》에 나오는데, 일을 도모하는 것은 인간이 할 수 있지만 그 일이 되고 안 되고는 하늘이 결정한다는 말이죠. 진인사대천명(盡人事待天命)과 통하는 이야기입니다. 그러니까 보수가 권력을 휘두르다 망할 때까지 가만히 기다리지 않고 보수가 권력을 갖고 있는 동안에도 근본적인 도전을 감행하는 사람이 있어야 하는 것이죠.

예컨대 지금 이명박 정권이 하고 있는 표현의 자유에 대한 억압과 관련해서 여러분에게 책 한 권 소개할게요. 《다른 의견을 가질 권리》라는 책입니다. 슈테판 츠바이크(Stefan Zweig)라는 작가가 쓴 위대한 책이죠. 원래 제목은 직역하면 《카스텔리오 대 칼뱅 또는 양심 대 폭력》입니다. 종교개혁가로 알려진 칼뱅이라는 사람이 스위스 제네바에 구축한 체제는 스탈린 체제 또는 5호담당제를 시행한 북한의 김일성 체제, 히틀러 체제를 다 넘어서는 인류 역사상 가장 끔찍한 독재체제였습니다. 그리고 그 체제에 이성의 이름으로 근본적 도전을 감행한 사람이 카스텔리오라는 신학자입니다. 직장은 없고 자식은 많아 엄청 가난해서 교정·편집 일을 하며 생계를 유지하던 가난한 신학자가 쓴 책인데 출판도 못해보고 압수당했지만, 결국 칼뱅주의가 위세를 떨쳤던 그 제네바는 지금 카스텔리오 정신으로 충만한 자유의 도시가 돼 있습니다. 매우 역설적이죠. 칼뱅은 세르베투스라는 스페인 신학자를 이단으로 몰아 산 채로 쇠기둥에 묶어서 그 주변에 나무를 둘러치고 불을 질러 새까맣게 태우는 형벌을 집행했습니다. 개신교 최초의 이단자 화형식이었는데 이 사건을 계기로 카스텔리오라는 신학자가 다양성과 관용이란 무엇인가, 이단이란 무엇인가를 설명한 글을 썼습니다. 종국적으로 우리에게 관용이 얼마나 중요하고 다양성에 대한 존중이 얼마나 중요한가를 깨우쳐주는 책입니다. 우리나라에서 거의 알려져 있지 않죠. 유럽에서도 카스텔리오는 거의 알려져 있지 않았지만 슈테판 츠바이크가 그 책을 쓰면서 매우 유명한 신학자가 되었습니다.

묘하게도 결국 스위스 제네바는 헌법에 카스텔리오가 말했던 다양성에 대한 관용의 정신을 못 박은 나라가 되었습니다. 칼뱅주의가 16세기에 제네바를 집어삼켰는데 그로부터 약 200년이 지나고 나서 카스텔리오가 완벽히 부활하여 제네바는 지금 다양성을 존중하는 천국이 됐습니다. 이런 것이 사회의 진보입니다. 이성의 이름으로 지배자들의 고정관념과 획일주의, 폭력을 정당화하는 종교적 도그마에 근본적 도전을 감행한 카스텔리오와, 카스텔리오의 견해를 받아들인 수

많은 사람들이 이루어낸 진보의 이야기입니다.

지금 이명박 정부가 하고 있는 일은 사실 별것 아닙니다. 되돌릴 수 없는 역사의 수레바퀴를 되돌려보려고 하는 바람에 앞으로 가야 하는데 못 가고 그 자리에서 지척거리는 것이죠. 이명박 대통령이 갖고 있는 신앙, 그 종교가 숭상하는 성서, 제가 잘은 모르지만 예수를 죽인 건 이스라엘 백성들이죠. 군중이 그를 죽였습니다. 자기들이 하나님의 아들을 죽이는 줄 몰랐죠. 구약을 제외하고 신약에, 그 종교의 경전 어디에 정치적 경쟁자를 죽이라는 이야기가 있습니까? 끊임없이 사랑하라는 이야기를 하고 있지 않습니까? 예수님이 21세기에 태어나서 대한민국 대통령이 되었다면 노무현 대통령을 그렇게 죽였을까요? 제가 보기엔 그것은 자기와 다른 것을 참지 못하는 공격성의 발로입니다. 그리고 아무리 성전에 가서 하나님을 목 놓아 불러도 그런 일을 한 사람은 절대 영혼의 구원을 받을 수 없다고 생각해요. 저는 종교가 없는 사람이지만 이명박 대통령이 가진 종교의 교리에 비춰볼 때 뉘우치고 회개하는 것을 통해서만 구원받을 수 있습니다. 하지만 우리가 그에게 스스로 자기를 구원하라고 강요할 수 없죠. 저는 이명박 대통령도 몹시 마음이 불편하리라 생각해요. 저는 그분이 자기가 믿는 신에 의해 구원받는 일을 하기를 간절히 바랍니다.

청중 5 민주주의는 공기와 같아 평소에는 소중함을 잘 느끼지 못하는데요. 민주주의를 지키기 위해서 우리가 무엇을 어떻게 하면 좋을까요?

유시민 자기가 할 수 있는 일을 해야죠. 지금 시대가 모든 것을 다 버리고 오로지 반MB 투쟁에 이 한 몸 바치는 걸 요구하진 않는다고 생각해요. 생활인으로서 자기의 생활을 건실하게 해나가면서 다른 취미활동을 줄이고 다른 지출을 줄여서 그 여력으로 참여하고 후원하고 교류하고 소통하고…… 이런 시민들이 많아질수록 이성의 이름으로 근본적인 도전을 감행하는 사람들이 힘을 얻겠죠. 저는 우리 모두에게 그런 능력이 있다고 생각하고, 우리 눈에 잘 보이지 않지만 그 모든 일들이 지금도 진행 중이라고 생각합니다.

청중 6 연대라는 게 사실 쉽지 않은데, 연대의 방법을 한 가지 제시해주신다면 어떤 게 있을까요?

유시민 연대하려면 누군가가 주도를 해야겠죠. 그런데 거래처럼 "내가 이걸 해줄 테니 너는 저걸 해주며 연대하자" 이러면 참 힘들어요. 먼저 손을 내밀어 상대방한테 필요한 사람이 돼주면 저절로 친해지는 게 개인생활의 기본 이치 아니겠습니까? 사람들과 가장 빨리 가까워지는 방법은 많은 사람들에게 필요한 사람이 돼주는 겁니다. 아쉬울 때만 전화하고 연락도 안 하는 사람들을 보면 좀 괘씸하긴 하지만 그래도 그런 일이 많아야 결속하기가 쉬워요. 늘 주변 사람, 주변 모임에 필요한 존재가 돼주는 것이 연대의 출발이라고 생각합니다. 추상적이고 일반론적인 이야기밖에 지금은 드리지 못하겠습니다.

청중 7 인간적인 고민은 언제까지 하실 생각이세요? ☺ 그리고 지난 총선에서 대구 지역에 출마했다 낙선하셨는데 재도전하실 의향이 있는지, 앞으로 대구·경북을 위한 계획은 없는지 궁금합니다.

유시민 지금은 지방선거에 후보로 나설 생각이 없습니다. 나중에 좀 바뀔지는 모르지만 지금은 그렇습니다. 전 같으면 절대 없다고 할 텐데 제 멘토인 이해찬 전 총리가 어디 가서 이야기할 때 사람 일은 모르는 거니 '절대'는 절대 붙이지 말라고 하셔서 저도 매사에 조신하게 "현재로서는 그럴 계획이 없다"고 말씀드립니다. ☺

대구에서 재도전할 생각은 없습니다. 저는 지금 정치 자체를 다시 하느냐 마느냐에 대한 판단도 아직 확실히 내리지 못했습니다. 백지 상태에서 7년 전으로 돌아와서 강연하고 노 대통령 관련 책을 쓰는 것은 노무현 정신 계승을 위한 기념사업 가운데 제 몫을 하는 겁니다. 정치인으로서 다시 일을 찾을 것인가 하는 것이 제게 놓인 근본적인 선택의 문제라고 생각합니다. 어디서 출마하느냐, 어떤 선거에 나가느냐 하는 것은 그다음 문제에 해당합니다. 고민을 언제까지 할 거냐는 질문은 내면적 확신에 관한 문제입니다. 사람들이 하라고 해도 내면의 확신이 없으면 하기 어렵고, 사람들이 안 될 거라고 다 반대해도 내면의 확신이 있으면 합니다. 한 번 사는 인생인데 소신대로 살아야죠. 되면 하고 안 되면 안 하면서 살기는 조금 억울하다 생각합니다. 그런데 현재로서는 지금 이걸 해야겠다, 이렇게 해야겠다 하는 게 잡히지 않고, 당장은 또 책 쓰는 일이 급하니까 일단 그 일을 하면서 '노무현 대통령 같으면 어떻게 하셨을까' 생각하고, 김대중 대통령 영결식 때는 시청 앞 분향소에 종종 가서 새벽까지 뒤에 앉아 영정 사진을 보면서 '김대중 대통령이 내 나이 때 이런 상황에 직면했다면 어떤 선택을 했을까' 하는 상상을 꽤 많이 해봤습니다. 그런데 뚜렷한 답이 안 나오더군요. 저도 잘 모르겠어요. 저한테도 좋고 남들에게도 좋은 일을 해야겠죠. ✋

03
노무현의 분노
문성근

문성근 배우

1953년 문익환 목사의 셋째 아들로 태어나 1970, 1980년대 민주화운동의 격랑을 겪으며 자랐다. 서강대 무역학과 졸업 후 대기업에 근무하다가 뒤늦게 연기에 뜻을 두고 1985년 연우무대를 통해 배우의 길로 들어섰다.

연극 〈한씨 연대기〉, 〈칠수와 만수〉, 영화 〈그들도 우리처럼〉, 〈초록물고기〉, 〈오! 수정〉 등 수많은 작품에 출연했으며, 맡은 배역에 대해 치밀하게 연구하고 고민하는 배우라는 평가를 받고 있다. 〈경마장 가는 길〉, 〈너에게 나를 보낸다〉, 〈꽃잎〉으로 청룡영화제 남우주연상을 세 차례 수상했다. SBS 시사프로그램 〈그것이 알고 싶다〉 진행자로 활동하면서 지적이고 냉철한 이미지를 대중에게 널리 알렸다.

브라운관과 스크린, 연극 무대를 누비며 활동하다가 2001년부터 정치인 노무현을 후원하기 시작해 2002년 민주당 국민경선에서 '노풍'을 불러일으키는 데 기여했다. 2002년 10월 당시 낮은 지지율을 보이던 노무현 후보를 위해 사자후를 토한 연설은 강한 호소력을 발휘했고, 이때 눈물 흘리는 노 후보의 진솔한 모습이 TV 광고로 제작되어 화제를 낳기도 했다.

최근에는 한국전쟁 때 수백 명의 양민이 무참히 학살된 '노근리 사건'을 다룬 영화 〈작은 연못〉(2010년 4월 개봉) 제작에 참여하고 직접 출연했다.

문성근이 생각하는 '노무현 정신'은…

반칙, 위선, 모순에 분노하고
도그마까지 다시 살펴
우리 공동체를
사람이 살 만한 곳으로 만들기 위해
굴복하지 않고 싸운다

반갑습니다. 문성근입니다. 처음에 한국미래발전연구원에서 저더러 '노무현 시민학교'의 강좌 하나를 맡으라고 할 때 못한다고 하려 했습니다. 하지만 그 이유를 설명하기가 너무 길기도 하고 설명해봤자 맡기 싫다는 말로 들으실 것 같아 어쩔 수 없이 하겠다고 말씀드리고는 골머리를 많이 앓았습니다. 2002년 선거 때 제가 이런저런 활동을 했으니 왜 저더러 강의하라고 했는지는 이해합니다. 그런데 못하겠다고 말하려던 데는 이유가 있었습니다.

2001년 3월에 노무현 후보를 찾아뵈어 "돕고 싶습니다" 말씀드리고 2년 동안 활동했습니다. 제 인생에서 2년을 딱 떼어 민족사에 봉사한다고 생각하고, 정말 꿈에서도 노 후보가 보일 정도로 '왜 노무현이어야 하고, 왜 그를 뽑아야 하는가'를 어떻게 효과적으로 설득할 수 있을까만 생각하고 살았어요. 그리고 2년이 지난 뒤 본업으로 돌아가면 된다고 생각했죠. 그래서 2년 뒤에 본업으로 돌아갔는데 전혀 연기가 되지 않았습니다. 본업이 연기인데 그동안 연기자 심성이 다 날아갔더군요.

만약 노무현 대통령을 연기한다면

연기자는 어떤 사안이든 생각하는 게 아니라 느껴야 하거든요. 그런데 느끼진 않고 2년 동안 생각에만 집중하니까 느끼는 기능이 사라져버린 거죠. 그래서 고생을 많이 했습니다. 가요를 들으며 울기도 하고 술도 마시고 노래방에도 가고, 별짓을 다 해서 다시 감수성을 살려 배우를 하고 있습니다. 스스로 연기를 하기 위해 떠나기도 했지만, 참여정부가 시간이 가면서 워낙 고통을 받으니까 보고 있으면 너무나 속이 상해서 일부러 산으로 잠적한 셈이라고 할까요. 저 때문에 참여정부에 흠집 나는 일이 없었으면 했습니다. 제가 무슨 말을 해도 트집들을 잡으니까요.

  예를 들어 스크린 쿼터 문제로 예전엔 열심히 투쟁하더니 왜 갑자기 가만있느냐고 욕을 해요. 저는 제 나름의 논리에 따라 조용히 있었던 건데, 말을 하면 친노 인사까지 스크린 쿼터 축소에 반대한다고 뭐라 하고, 말을 안 하면 안 한다고 또 뭐라 합니다. 그래서 가급적 사람들 눈에 띄지 않는 게 참여정부를 돕는 일이다 싶어 잠적하고 있었죠. 2002년의 제 활동을 기억하는 분들이 계신데, 그런 능력은 2년 동안 집중적으로 그 생각만 하고 수도 없이 이야기하고 연설하면서 갈고닦은 거였습니다. ☺ 다시 배우로 돌아가 5년이 지나고 보니 이제는 이야기하기가 참 어렵습니다. 특히 저는 참여정부의 행정에 참여한 적도 없고 정치 쪽에 들어간 적도 없기 때문에 사실 참여정부가 무엇을 하고자 했고 무엇을 했는지 구체적으로는 모릅니다. 그래서 제가 이 자리에 나오는 게 적합하지 않다고 생각했습니다. 하지만 노 대통령 서거 이후 열리는 '노무현 시민학교' 1기인데, 2002년의 제 활동을 기억하는 분들은 '저 친구도 뭔가 이야기를 해야 할 것 아닌가' 생각하시는 게 당연하겠다는 판단이 들어, 맡지 못하는 이유를 차마 설명해드리지 못하고 나오겠다 말씀드렸습니다.

노 대통령이 서거하셨을 때 받은 충격은 여러분이나 저나 똑같을 겁니다. 그리고 시간이 지나면서 자연스레 노무현은 어떤 사람이었나 궁금해지고 참여정부는 뭘 했나, 그러면 우리는 앞으로 뭘 해야 하나, 이런 질문들이 또 자연스럽게 생겨났을 거라 생각합니다. 참여정부가 뭘 했는가는 제가 드릴 말씀이 아니기 때문에 앞에서 강연을 하신 분들이 하지 않은 이야기들을 중심으로 풀어보겠습니다.

〈오마이뉴스〉의 오연호 기자는 가장 인상 깊은 노 후보의 연설로 "조선 건국 이래로 600년 동안 우리는 권력에 맞서서 권력을 한 번도 바꿔보지 못했다. 아이들에게 '모난 돌이 정 맞는다'는 말을 하지 않고 정의를 말할 수 있었으면 좋겠다"고 했던 연설을 꼽았습니다. 저도 그 자리에 있었는데 그때는 그말이 그렇게 무서운 말인지 몰랐습니다. 서거 이후 다시 한 번 되돌아볼 수밖에 없었고 새삼 많은 걸 느꼈습니다.

제가 노 대통령을 처음 직접 만난 때는 1989년입니다. 문익환 목사가 평양을 방문하고 와서 구속되었을 때 변호인단을 구성했는데 당시에는 평민당과 통일민주당이 나뉘어 있었습니다. 문 목사가 DJ에게 비판적 지지를 보냈기 때문에 평민당 의원들만 변호인단에 잔뜩 붙었죠. 모양이 좋지 않아서 노무현 의원실을 찾아가 변호사를 맡아주겠냐고 물었는데 그 자리에서 하겠다고 말씀하시더라고요. "감사합니다" 했더니 조금 뒤 이해찬 의원이 들어왔어요. 그렇게 셋이 앉아 이런저런 이야기를 나눈 것이 첫 만남이었습니다.

대통령 후보 시절엔 여러 번 만났는데 제가 뭔가 제안하면 그야말로 존재를 던져서 질문하세요. 온몸으로 물어보시는 거죠. "왜 그렇게 생각합니까?" 되물으시는데, 제가 멈칫멈칫 놀랄 정도로 힘 있게 들어와요. 그다음부턴 정말 심사숙고해서 말씀드려야겠구나 하고 생각했죠.

참여정부에서 논란이 된 일들을 몇 가지 손꼽아보면 족벌신문과의 싸움, 지역대결 구도를 완화하는 선거제도 개편을 전제로 한 대연정 제안, FTA 추진이 있었죠. 이런 것들을 하나하나 생각하고 분석해보면, 저는 연기자이다 보니 그 내용을 알아갈수록 도리어 '제가 이분을 연기한다면 어떻게 할까' 하는 쪽으로 접근하게 돼요.

예전에 연기자의 자질이 없나 보다 생각하고 포기한 적이 있었는데 그때 연기 선생님과 독백 훈련을 했어요. 긴 독백을 외워 선생님 앞에서 연기하면서 토론하고 연기지도를 받는데, 그때 제가 준비한 독백이 신영복 선생님의 《감옥으로부터의 사색》이었습니다. 그 가운데 〈죄수의 이빨〉이라는 글이 있습니다. "오늘 치과에 가서 이빨 하나를 뽑아 커다란 포르말린 유리병에 넣었습니다. 얼마 동안이나 모았을까 두어 됫박은 됨 직한 그 많은 이빨들 속에 나의 이빨을 넣고 나면 마음 뒤끝이 답답해집니다"라는 편지글이죠. 연기 선생님이 "참 좋다, 누구 글이냐?" 물으셔서 "서울상대를 나와 통일혁명당 사건으로 감옥에서 20여 년을 산 분입니다"라고 설명했더니, 그러면 다 잊어버리고 '억울하다'는 느낌만 가지고 해보라고 하시더라고요. 연기이론을 만든 러시아의 스타니슬랍스키는 인물의 모든 것을 다 조사하고 그걸 육화해서 표현하라고 교과서에 썼어요. 그래서 신영복 선생님에 대해 과거부터 모두 조사해서 연기한다고 한 건데, 다 필요 없다는 거죠. '억울하다'는 느낌 하나…… 그럴 수 있겠다 싶었어요.

신영복의 '억울함'과 노무현의 '분노'

그분은 20대 후반에 평등한 사회를 만들어보자 생각하다 무기징역을 선고받고 감옥에서 청춘을 다 보냈는데, 교도소 식사는 영양이 불균형하기 때문에 이가 먼저 빠집니다. 문 목사도 식사하시다가 덜 익은 콩을 씹으면 어금니가 부러지고 그랬으니까요. 그래서 억울하다는 느낌만 갖고 편지글을 독백하기 시작하는데, 세 문장 만에 눈물이 흐르더군요. 신영복 선생님 글답게 조용히 담담하게 이야기하는데 눈물은 한없이 흘러요. 그러면서 신영복 선생님의 사색의 깊이나 폭은 내가 따라가질 못하니 같이 즐길 순 없을지 몰라도 이 글을 쓸 때의 그분 마음을 같이 느끼는 게 연기자가 할 수 있는 최선의 접근이라는 생각이 들었어요. 그 이후부터는 다른 책을 읽을 때도 저자의 정서가 어떨까를 느끼면서 읽는 버릇이 생겼죠. 그런 차원에서 제가 노무현 대통령을 어떻게 연기할 수 있을까, 핵심은 뭘까, 그런 생각을 해봤습니다.

이분은 법률가죠. 그러면서 대단히 학자적인 풍모가 있습니다. 법률가는 옳고 그름을 판단하고, 삼류 학자는 남의 것 베끼고 자기복제하고 표절하겠지만, 제대로 된 학자는 기존의 학설까지도 일단 한번 의심해보고 몽땅 뒤집어봐서 맞으면 따르고 아니면 다시 쓰지 않겠어요? 노 대통령은 이 두 가지 특징이 다 있으면서 이해되고 동의되고 옳은 것을 실천하려는 자세를 가졌던 사람이 아니었나 싶습니다. 또 그 과정에서 불의와 거짓과 위선에 대한 분노를 온몸으로 느꼈고, 절대 불의에 굴복하지 않겠다는 용맹성을 갖고 있었던 분이 아닌가 합니다. 이해나 동의는 이성적인 것이고, 용맹은 정서이긴 하지만 여전히 이성의 힘으로 받쳐진 겁니다. 신영복 선생님의 '억울함'과 같은 방식으로 노무현이라는 분을 생각해보면 그분의 핵심 정서는 '분노'가 아니었을까 하는 생각이 들더라고요. 그런데 바로 그렇기 때문에 '아, 내가 연기할 수 없는 분이구나' 생각했어요.

이승만 대통령 시절에는 제가 어렸기 때문에 그분은 어떤 사람이었는지 느낌이 없고, 박정희 대통령부터 한 분 한 분에 대한 인간적인 느낌을 가지고 있는데, 노무현이란 분은 정말 연기하기 어렵겠다는 생각이 들었어요. 잘못된 일에 '분노'를 느끼는 게 뭐 그리 어려운가라고 생각할 수 있는데 절대 그렇지 않습니다. 정말 어려운 일입니다.

연기자에게 연기훈련이란 짧게 이야기하면 "자연 그대로의 상태로 되돌아가는 것"이라고 할 수 있습니다. 예를 들면, 아이들이 유치원 들어가기 전 네다섯 살 때 응접실에서 노는 걸 한번 보세요. 남자애, 여자애가 구별되지 않습니다. 소파 같은 데 올라타고 놀 때 다리를 쫙쫙 벌리면서 여자애들도 남자애들하고 똑같이 놀아요. 그런데 초등학교 들어갈 때쯤 되면 여자애들한테는 다리를 오므리라고 부모님들이 가르칩니다. 그때부터 몸의 부자유가 오기 시작하죠. 남자애들은 울면 사내대장부가 운다고 야단치니 배우들 중에도 눈물 흘리지 못하는 남자배우가 상당히 많아요. 어려서부터 짓눌리는 거죠. 요새는 어떤지 모르겠는데 초등학교 들어가면 뛰어놀아야 할 아이들을 월요일에 조회한다고 땡볕에 30분, 1시간 세워놓죠. 아이들한테 주리를 트는 셈이죠. 이런 것들이 일종의 콤플렉스가 되어 사람을 틀에 가두기 시작합니다. 콤플렉스가 외모만이 아니라 심리적으로 자신을 방어하고 다치지 않게 막아내는 것 전체를 다 이른다면 말입니다.

옛날 배우 중에 '쌍라이트'란 별명을 가진 조춘 씨가 계셨는데, 머리를 빡빡 깎은 프로레슬러 같은 분이었어요. 코미디 프로그램에서 조춘 씨가 지나가는 김형곤 씨의 뒤통수를 때려요. 김형곤 씨가 화가 나서 확 돌아보고 "씨!" 하려는데 상대가 쌍라이트란 말예요. 엉겨봐야 더 맞는 거죠. ☺ 한 대 맞고 끝나는 게 낫지, 엉겨봐야 더 맞을 걸 오랜 경험으로 알기 때문에 저항을 못합니다. 그런데 외부에서 충격이나 자극이 왔을 때 보이는 반응이 얼마나 자연 상태에 도달하느냐가 연기자의 수준을 가늠하는 기준입니다. 이를테면 김대중 대통령이 표현했듯 '나쁜 신문'에서 말도 안 되게 욕을 해댑니다. 뒤통수 맞은 거죠. 그러면 화가 나서 싸워야 하는데 과거의 경험을 보면 저 신문한테 엉겼다가 국회의원 못 해먹고 떨어진 사람이 수도 없거든요. 그러니 하나 마나 한 싸움처럼 느껴 아예 말을 못하는 거죠.

우리나라 대학과는 달리, 미국에서는 학교마다 다르지만 연기학교가 4년제라면 1년은 기초훈련을 시킵니다. 1년 지나서 3학기째부터 가르치는데 발전하지 못하는 학생들은 학교에서 내보내기 시작합니다. 그래서 40명으로 시작하면 15명, 10명이 남죠. 그런데 가장 먼저 그만두는 학생들이 하버드대, 예일대 같은 곳 출신이랍니다. 느끼지 못하고 생각만 하는 거죠. '분노'를 느끼면서 여우같이 차갑게 생각해서 대응하는 게 최선의 방법인데, 반복적으로 생각하는 것에 익숙해지면 '아, 여기서 내가 화를 내야지'라고 생각하기 시작해요. '남이 나에게 이렇게 했으니까 나는 화가 날 것이다. 그러니 화를 내야지' 이렇게 연기를 한다는 거죠. 먹물의 한계입니다. 정치인들을 보면 그런 생각이 들 때가 많아요. '아, 저분은 생각만 하는구나.' 생각만 하다 보니까 자연스런 반응이 없어지고, 계산된 반응을 보이다가 나중에 잘못된 것으로 판명나면 반성하고 사과하면 되는데 그러긴 또 싫으니까 나중엔 억지로 자기를 합리화한 반응을 보이죠. 학벌 좋은 잘못된 정치인의 근본적인 비극이라고 생각합니다. 그런 면에서 노무현 대통령은 독특한 분이에요. 분노를 계산하지 않고 느꼈다는 것이죠. 노무현이란 인간에 접근하려면 '분노'가 가장 중요한 핵심이 아닐까 생각했습니다. 그리고 언제 노 대통령을 등장인물로 하는 작품을 만들지는 모르겠으나 저는 그 배역을 할 재간이 없겠다는 생각을 했죠. ☺

한나라당-족벌신문-재벌의 3자 동맹

노무현이란 인간에 접근하는 문고리를 그렇게 잡고 나서, 노 대통령이 우리 사회, 우리 정치현실을 어떻게 인식하셨기에 "각성된 시민의 조직된 힘"이라는 이야기도 하시고 "시민이 전진하는 만큼 나라가 발전한다"는 말씀을 하셨는지 한번 같이 생각해봅시다.

잊히지 않는 말들이 여럿 있지만 한두 개 뽑아보자면, 왜 언론과 싸우느냐는 질문에 "나는 언론과 조우했다"는 표현을 하셨고, 또 하나는 〈오마이뉴스〉 오연호 기자에게 한 이야기인데, "그렇다면 내가 민주주의를 하지 말았어야 하는가"라는 질문을 하셨죠. 그 두 말씀이 선명하게 남습니다.

최근에 미디어악법이 날치기 통과되는 걸 보면서 저런 데가 정당이 맞나 하는 생각이 듭니다. 유권자의 표를 받아야 하는 사람들이 국민의 60퍼센트 이상이 반대하는 법률을 그렇게 무리하게 꼭 처리하고 싶었는지······. 그런데 가만히 보면 족벌신문들이 거의 강요하다시피 했습니다. 박근혜 의원이 '본회의에 상정되면 반대표를 던지겠다'고 했다가 2, 3일 동안 족벌신문의 집중공격을 받더니 꼬랑지를 내리더군요. 족벌신문과 한나라당 그리고 일부 재벌들이 이심전심으로 움직이는지 또는 그분들이 따로 정례회담이나 원탁회의를 하는지는 모르겠지만 그런 동맹구조가 형성된 걸 보여줬다는 생각이 들었습니다.

다 아시는 이야기지만 족벌신문의 과거를 잠깐 되살펴보면 1987년 6월항쟁까지는 정권의 나팔수 역할을 했죠. 나중에는 YS 대통령 만들기에 힘을 쏟았고요. 김영삼 후보가 대통령에 당선하던 날 밤에 당선자가 신문사 회장 집에 찾아가서 축하연을 열었죠. 김영삼 대통령이 여러 문제가 있었다 하더라도 하나회 해체, 금융실명제 실시, 공직자 재산등록 같은 엄청난 일을 힘차게 해내셨잖아요. 공직자 재산등록 제도를 만들 때 사회의 중요한 공기(公器)인 언론사에도 적용해야 한다고 생각했는데 끝내 관철하지 못했어요. 당시 YS 비서진의 증언에 따르면, 신문사들이 청와대에 와서 압박을 가했다고 합니다. "정권이 센가, 언론이 센가 한번 보자" 해서 관철하지 못했고, 그후에 세무조사를 해놓고도 그 결과를 발표하지 못했습니다. 김대중 대통령도 당선 직후에 신문사 미술관 개관식에 가고 신문사 회장의 생일잔치에도 갔습니다. 국민의 정부가 출범하고 나서는 신문사의 주요 논설위원을 청와대에 초청해 두세 번 독대하면서 간곡히 협조를 요청했다고 해요. 아무 소용이 없었고 임기 후반에 세무조사 결과를 발표했죠.

저는 YS 대통령 시절 언론인의 재산등록을 관철하지 못했던 때가 정치권과 언론계 간 힘의 균형이 무너진 시점이 아니었나 생각합니다. 노 대통령이 당선한 이후에는 한결 심해지죠. 김대중 후보가 당선한 건 이인제 후보가 표를 갈랐기 때문이고 어차피 5년 지나면 정권을 찾아올 수 있다고 생각했는데 노무현 후보에게는 일대일 대결에서 졌단 말이죠. '안 되겠다. 대응을 달리해야겠다' 판단했겠죠. 그 이후에 강도가 훨씬 더 세지기 시작했어요. 거의 저주, 야유, 이러다 나중엔 조롱, 능멸 수준으로 간 거죠. 저는 족벌신문들을 읽지 않기 때문에 몰랐는데, 어느 날 식당에서 우연히 본 기사 제목이 "바보는 늘 언론 탓만"이더군요. "신문에 문제가 많다"는 말조차 하지 못하게 하는 논법이잖아요. 정말 대단하다는 생각이 들었습니다.

그런데 생각해보면 이건 유신독재, 전두환 독재의 나팔수 역할을 하다가 국민들이 피땀 흘리며 싸워 1987년 이후 제도적인 민주화가 이루어지면서 언론자유가 보장된 이후에 나타난 행태들이잖아요. 더욱이 참여정부 들어서는 국정원으로 하여금 국내 정치사찰을 하지 못하게 했습니다. 그렇게 되니까 국내에서는 신문사가 어느 조직체보다 정보를 풍부하게 얻고 조직적으로 요리할 수 있는 기관이 될 수밖에 없었습니다. 한나라당으로서는 족벌신문과 협의하고 그들의 정보에 기댈 필요가 있지 않았을까요.

제가 정말 답답하게 생각하는 일이 있는데, 국회의원실에 가보면 대한민국 국회가 맞나 싶습니다. 의원실 열 평, 보좌관실 열 평 정도 되는데 보좌관이 네다섯 명 앉아 있어요. 문화체육관광부만 하더라도 산하기관만 30여 개이고 다루는 분야가 예닐곱 가지나 되는데, 보좌관 몇 명이 뭘 하겠습니까. 정보의 한계가 뚜렷합니다. 신문사와 한나라당의 상호의존 내지는 공존이 이루어지면서 신문사도 집권을 추구하는 세력으로 변화했습니다. "관중석에 있어야 할 사람들이 운동장에 나와 뛰고 있다"는 노 대통령의 말씀이 그런 뜻이었겠죠.

제가 2003년 가을쯤 굉장히 친한 대학 시절 친구의 부인이랑 점심시간에 식당에서 우연히 마주쳤어요. 정말 막역한 사이이고 똑똑한 여성인데, 10미터 정도 거리에서 서로 얼굴을 봤고 제가 반가워서 인사하려는데 느낌이 이상해요. 오는데 눈이 파래요. 다가와선 분노와 저주에 파랗게 떨면서 저한테 삿대질하고 욕하는 거예요. "노무현이 이렇고 저렇고……." 무슨 말인지도 못 알아들을 정도였어요. 제가 그 신문들을 안 보니까요. 참여정부 5년 동안 족벌신문들이 정부를 어떻게 흔들어댔는지 몰라서 언론전문가들한테 최근에 요청을 드렸습니다. "책을 좀 써달라. 뭘 어떻게 했는지 국민들에게 알려드리자." 조만간 책이 나오길 기다립니다.

일부 재벌의 문제도 비슷하다고 생각합니다. 박정희 대통령이 1, 2차 경제개발 5개년 계획을 추진할 때 빨리 성장하기 위해서 국민의 희생을 바탕으로 일부러 재벌을 키워준 거잖아요. 실질적으로 정경유착을 하고 관치금융을 하면서 이 기업 밀어주고 저 기업 자르고 하면서 진행해왔죠. 전두환 대통령 때도 마찬가지였습니다. 국제그룹도 순식간에 공중분해했잖아요. 김대중 대통령 때는 IMF 체제 시대여서 '대기업의 구조조정'이라는 과정이 있었기 때문에 재벌이 정권의 말을 들었어요. 결국 참여정부부터 정경유착을 해소했습니다. 재벌들이 정권과 관계없이 자유를 만끽하기 시작한 거죠.

요약하자면, 국민이 노력해서 쟁취해준 자유를 가지고 지금 족벌신문과 일부 재벌들이 대한민국이라는 공동체를 운영하면서 서로 지켜야 할 자기의 위치, 직분, 본분을 깨뜨리고 그야말로 권력을 더 차지하기 위한 탐욕의 경연을 벌이는 형국이라는 생각이 듭니다. 간혹 도와준 신문도 있지만, 민주화 과정에 도움을 주기는커녕 끝없이 발목 잡았던 그들이 제도적 민주화로 얻은 자유로운 상황 속에서 이 자유를 가지고 대한민국이라는 공동체를 뿌리째 흔들어대고 있다는 거죠. 우리 속담에 "길 닦아놓으니까 뭐가 먼저 지나간다"는 이야기가 있는데, 자기네들이 성수대교 무너뜨리고 삼풍백화점 무너뜨리고 한 데에다 열심히 노력해서 다시 길 닦아놨더니 지금에 와서 왜 길이 왼쪽으로 비뚜름하게 만들어졌느냐면서 "이 무능한 것들" 이렇게 욕하는 형국입니다.

그런데 문제는 그 권력이 국민이 선출하지 않은, 선출할 방법이 전혀 없는, 더더군다나 세습권력이라는 겁니다. 지금 이명박 정권이 잘못하는 일을 비판하고 그렇게 가지 못하도록 해야겠지만 이명박 정권에 집중한들 뭐하겠느냐는 거죠. 이명박에게 레임덕 오면 슬며시 거리를 두고 차기 대통령 후보한테 또 붙어서 가겠죠. 곶감 빼먹는 행태를 그대로 유지할 겁니다.

그 족벌신문들은 자신들의 정치·경제적 이익을 위해서, 일부 재벌은 경제적 이익을 위해서, 한나라당이야 워낙 정권을 잡겠다고 노력하는 정당이니까 서로의 이익을 위해서 동맹체제를 구축했다고 볼 수 있지만, 국민 입장에서 보면 일부 특권층만의 권력이고 그들만의 이익에 지나지 않습니다. 그런데 어째서 국민의 지지를 받을까요? 그건 이익구조 위에 정서구조를 얹어놨기 때문에 가능한 게 아닌가 싶어요. 물론 첫 번째 수단은 '지역대결 구도'이고 두 번째는 '빨갱이' 공격입니다. 빨갱이란 말은 김대중 대통령을 공격하면서 쓰기 시작한 이야기이기도 하지만, 넓게 적용하면 남북관계 개선도 좌파정치이고, 분배를 조금만 이야기해도 좌파, 노동을 조금만 이야기해도 좌파이니 만병통치약인 셈이죠.

특히 지역대결 구도는 1971년 대선 때 김대중 후보가 너무 인기가 높으니까 당시 국회의장이던 이효상 씨가 대구에서 연설하면서 "전라도 사람들은 대구산 양말도 안 신는다"는 식으로 말해서 시작됐죠. 그때부터 40년 가까이 이어져오다 보니까 단순히 지역대결 구도를 넘어서는 단계까지 온 겁니다. 김대중 후보를 지지하는 호남 사람들에게 왜 지지하느냐고 물으면, 동향 사람이라 지지하고 싶은 마음이 조금 있다 하더라도 그렇게 대답하지 않습니다. 찝찝하니까요. 정책이 옳아서 지지한다고 합니다. 영남도 마찬가지에요. 왜 꼭 한나라당을 찍는가 물으면, 저것들은 빨갱이이기 때문에, 저것들은 정책이 옳지 않기 때문에, 한나라당 정책이 옳기 때문에…… 이렇게 말합니다. 이렇게 40년이 흐르다 보니 실질적으로 호남 분들은 진보적인 성향을, 영남 분들은 보수적인 성향을 많이 띠게 됐습니다.

이런 수단이 먹혀드는 환경도 같이 따져봐야 합니다. 첫째는 박정희 신화입니다. 분명한 사실은 박정희 대통령 때 춘궁기를 넘어섰다는 겁니다. 저도 지금 무말랭이를 먹지 않습니다. 초등학교 3학년 때부터 도시락을 싸 갔는데 고3 때까지 늘 무말랭이였어요. 지긋지긋해서 지금도 안 먹어요. 그런 과정을 겪었던 사람들이 보기엔, 지금 양극화가 심하고 취업이 힘들긴 하지만 절대적인 기준에서 춘궁기를 넘어섰고 세계에서 유례없는 경제성장을 이뤄낸 겁니다.

둘째는 부동산 신화입니다. 부동산이 폭발하는 동안에 천문학적으로 땅값이 올랐죠. 이정우 전 청와대 정책실장님이 2004년엔가 "남한을 팔면 캐나다를 여덟 번 살 수 있다"고 하셨죠. 지금은 더 올랐으니 열 번은 살 수 있을 거예요. 그런데 1960, 1970년대부터 부동산이 폭발해왔어도 그때나 지금이나 자가보유율은 50~60퍼센트 정도로 거의 비슷합니다. 그러니 국민의 50~60퍼센트는 부동산을 통해서 자산가치가 늘어난 경험을 했다는 겁니다.

셋째는 우리나라의 자영업자 비율이 굉장히 높다는 것입니다. 38퍼센트 정도라고 하는데 미국은 10퍼센트가 안 되고 일본은 20퍼센트 정도라고 합니다. 자영업자가 많을수록 사회는 보수화됩니다. 그분들에겐 지금 당장의 경기가 가장 중요하기도 하고, 스스로 사용자이면서 노동자인데 이왕이면 사용자로서 사업이 잘되는 방향으로 흘러가기를 희망하기 때문에 상당히 보수적일 수밖에 없다는 겁니다.

넷째는 우리 교육과정에 오랫동안 현대사 교육이 없었기 때문에 현실을 판단하기가 쉽지 않다는 것입니다. 제가 72학번인데 중·고등학교 시절 국사 교과서에 고조선부터 나왔습니다. 200쪽 정도 진도가 나간 다음 해방 이후의 내용은 한 5쪽뿐이에요. 2009년 현재의 한국을 규정하는 요소 가운데 95퍼센트 정도는 짧게는 과거 50년에서 길게는 100년 사이에 일어난 일이거든요. 나머지 5퍼센트는 조선왕조의 유교겠죠. 유교가 우리 정신세계에 미친 영향 말고는 지난 100년간의 일이 한국 사회의 95퍼센트를 규정해주는데, 그것을 거의 교육하지 않았습니다. 이승만 대통령이 현대사를 교육했다면 국민이 그분을 지지했겠어요? 박 대통령도 과거가 굉장히 복잡한 분이기 때문에 현대사를 굳이 국민에게 알릴 필요가 없었겠죠. 국사 안에서 현대사가 처음으로 독립한 것이 국민의 정부 시절의 일인데, 그래도 현대사는 아직 필수가 아니라 선택입니다. 그러니 현대사에 대한 국민들의 인식이 상당히 부족할 수밖에 없습니다. 그래서 386이 참 특이한 세대입니다. 386은 1980년대에 학교 안에서 집단학습을 했기 때문에 현대사에 대한 이해가 굉장히 높죠. 조갑제 씨가 끝없이 386을 공격하는 이유이기도 합니다.

이렇게 묵시적이든 명시적이든 공개적이든 한나라당, 족벌신문, 일부 재벌이 3자 동맹을 맺고 감성구조까지 얻어 우리 사회를 말아먹고 있는 상황에서 이른바 진보 진영…… 음, 이 이야기를 하려면 시간이 오래 걸리니 넘어가죠. ☺

인터넷에 기반한 정당은 불가능한가

노무현 대통령 입장에서 생각해볼까요. 처음에는 굉장히 안락한 생활을 누리는 전문가였죠. 그러다가 시민운동을 시작했고, 시민운동보다 정치가 좀 더 효과적이겠다 싶어 정치를 시작했고, 정치를 하다보니 집권하는 게 가장 빠른 길이겠다 생각해서 집권까지 갔죠. 그런데 임기 4년이 지나면서부터 반복적으로 "시민이 전진하는 만큼 나라가 발전한다. 각성된 시민의 조직된 힘만이 나라를 바꿀 수 있다, 지도자 한두 사람이 할 수 있는 일이 아니다"라고 이야기했던 것은 바로 우리나라 현실을 이렇게 이해했기 때문이 아닌가 생각합니다.

그렇다면 "우리는 이제 뭘 해야 하는가"라는 과제가 남습니다. 시민주권모임의 취지는 노 대통령의 유업을 이어받아 일하겠다는 것이니 그 활동을 지켜보고 함께 활동해가시면 되겠죠. 저는 시민주권운동이 해야 할 일에는 크게 시민운동 차원과 정치운동 차원의 일이 있다고 생각합니다. 지금부터 드리는 말씀은 시민주권모임 운영위원의 입장도 아니고 객관적 사실도 아닐 수 있는 순전히 개인적인 생각입니다.

'촛불' 이후, '그렇게 많은 사람들이 매일같이 시위를 했는데도 바뀐 게 아무것도 없다'고 느끼는 분들이 많습니다. 절차적 민주주의에 따라 대통령 선거에서 이겼고 다수당을 차지했으니 밀고 가겠다는데 대책이 없었던 거잖아요. 그러면 결국 대의민주주의 제도 안에서 민주진영 쪽 정당을 강화하는 수밖에 없을 겁니다. 촛불집회에서 거리토론회를 하면 결론은 늘 대의민주제 강화였죠. 그렇다면 대의민주주의를 어떻게 강화해나갈 것인가 하는 문제가 남습니다.

민주당이 현재 가장 큰 야당인데 참 어려운 문제들이 있죠. 예전에 김대중 총재가 계실 때는 총재가 공천을 완전히 장악했습니다. 4년 일하는 것 봐서 시원찮고 돈 먹는 것 같으면 자르고 다른 사람으로 바꿔서 끼워 넣었거든요. 위기에 처할 때마다 시민사회로부터 새로운 인사를 영입해 변화를 추구했습니다. 그런데 지금 민주당에는 김대중 총재가 보여주었던 카리스마가 없습니다. 참여정부 때 당정분리를 하기도 했고, 그후에 '도토리 키 재기' 형국이 되었기 때문에 지금은 공천에서 물갈이가 일어날 수 없습니다. "모든 권력은 국민으로부터 나온다"라고 하면 당원이 정당의 주인인 것이 당연한데 지금은 당원명부가 거의 없다시피 한 정당이죠. 그러니 현재 구조에선 물갈이가 되지 않습니다. 민주당은 정당을 굳이 개혁하지 않아도 지금 상태로만 가면 2012년 총선 때 수도권에서 상당히 이길 겁니다. 아마 20~40석 정도 더 늘어나겠죠. 그러니 별다른 개혁 없이도 의석을 확충하는 게 가능하기 때문에 개혁이 쉽지 않은 거죠.

그러면 어떻게 할까요? 여러 논의가 나올 수 있습니다. 신당 이야기도 나오고 있는데 사실 국민들의 입장에선 당의 개혁이 어떻게 되든지 관심이 없습니다. '그건 너희 문제고 너희가 알아서 해. 잘하면 표를 줄게' 하고 바라보고 있는 겁니다. 그러니 '당 개혁이 되지 않기 때문에 다른 방법을 찾아야겠습니다'라고 이야기하면 '아니, 그것조차 못하는 사람들이 어떻게 집권을 하겠다는 건가'라는 반응을 보입니다. 그러니 참 난감합니다.

앞으로 민주당을 비롯한 범민주평화세력이 국민의 뜻을 받들어 새로운 정당으로 거듭나려면 어떤 정당이 되어야 하는지 생각해보겠습니다. 우선 '족벌신문은 신문이 아니라 경쟁자'라는 인식을 가져야 하고, 또 한편으로 지역대결 구도 완화를 추구해야 합니다. 노무현 대통령은 지역대결 구도를 깨는 것이 정치적 목표였는데 이를 위해서 "지역대결 구도를 완화하는 선거제도 개편에 동의해준다면 권력을 통째로 다 주겠다"고 했죠. 이게 대연정입니다. 어차피 개헌을 하긴 해야 할 테니까 노 대통령이 그렇게 노력했는데도 되지 않았던 지역대결 구도를 완화하는 선거법 개정과 개헌을 묶어서 같이 추진해야 할 겁니다. 물론 가장 중요한 건 당원이 주인인 정당을 만드는 일이죠.

다음으로 민주정부 10년의 공과를 다 승계해야 합니다. 특히 자기 당 출신 대통령을 임기 말에 축출했던 배신에 대해 납득할 수준의 공개사과라든지 반성을 해야 합니다. 그리고 국민의 정부, 참여정부에서 열심히 노력했지만 국민들이 만족할 정도로 풀지 못한 일자리, 주거, 복지, 양극화 같은 문제를 해결하기 위해 집중적으로 노력하는 정당이 되어야 합니다. 정치사의 흐름으로 보자면 분명히 민주 대 반민주 구도는 맞는 것 같은데 국민들은 딱히 그렇게만 받아들이진 않고 있어요. 실제로 경제에 대한 관심이 높고 그것이 중요하기 때문에 막연히 '중산층과 서민을 위한 정당'이라고만 이야기할 것이 아니라 아예 구체적으로, 예를 들어 100대 정책과제를 만들어 충분히 당내 협의를 거쳐 하나하나 발표하면서 국민과 소통해나가는 정당이 돼야 한다고 생각합니다.

그런데 그런 정당을 만들기가 참 쉽지 않죠. 열린우리당이 딱히 그 이유 때문만은 아니지만 실패했습니다. 노사모라는 정치조직체에서 그 조직의 특성과 논리를 그대로 가져간 게 개혁당이었고, 개혁당과 당시의 민주당이 중간에서 만난 게 열린우리당이었거든요. "당원이 주인인 정당이며 상향식 공천을 한다" 이런 원칙으로 시작했는데 잘 이뤄지지 않은 이유는 무엇일까요? 여러 이유가 있겠지만 가장 중요한 것 중 하나가 당원의 성향이 너무 달랐다는 점이 아닐까 싶습니다. 단번에 하나로 묶어서 화학적 결합을 시도했기 때문에 충돌하지 않았나 하는 생각이 들어요.

이 이야기를 하면 주변에선 "오죽하면 그런 생각을 했겠느냐?" 하며 웃으시는데, 기존의 정당구조를 50으로 하고 인터넷 정당을 만들어서 여기에 50의 권한과 의무를 주는, 각각 50 대 50으로 나누는 방 두 칸짜리 집을 만들자고 제안해봅니다. 오른쪽에는 바닥에 이불 깔고 텔레비전 놓는 온돌방을 두고 왼쪽에는 침대하고 컴퓨터 놓는 방을 두자는 거죠. 이런 제안을 하는 것은 열린우리당 시절에 각기 성향이 다른 당원들을 섞어놓고 화학적 결합을 시도했던 데서 갈등이 생겼기 때문입니다.

민주화 과정을 봐도 시대별로 특성이 다릅니다. 최근에 출범한 '민주통합시민행동'은 1970, 1980년대 민주화운동을 했던 분들이 도저히 지금 상황을 그냥 보고 있을 수 없어 만든 조직인데, 1970년대는 선도자들이 자기희생적인 투쟁을 벌이던 시기였죠. 1980년대에는 그 선도자들의 자기희생적 투쟁에 학생 대중이 결합했고 그다음 최종적으로 시민이 합세해주면서 6월 항쟁이 성공했습니다. 그 이후에는 새로운 활동가들이 시민사회운동 쪽으로 옮겨갔고요. 그런데 1970, 1980년대 민주화운동했던 분들이 국민의 정부에 많이 참여했고, 그 정부 때 시민사회단체에서 활동했던 분들도 국민의 정부가 끝나가면서 낙담을 하기 시작했어요. '아, 이렇게 망가지나' 하고 말이죠. 이때 나온 세력이 2000년대의 개미시민들입니다. 대표적으로 노사모 사람들을 들 수 있는데, 구성원에 386이 제일 많았지만 이들은 학생운동 지도부가 아니라 일반 학생 출신이었습니다. "희망이 보이는데 왜 낙담하고 있는가" 하면서 움직이기 시작했죠.

다음으로 2008년 '촛불'을 보면, 이 세대가 9시뉴스의 내용을 이해할 나이가 되면서 본 대통령이 김대중, 노무현 대통령입니다. 예를 들면 그 당시 사학법을 개정했죠. 이들은 학교 다니면서 사학법에 대해 많은 이야기를 들었기 때문에 개정하는 것이 옳다는 걸 알죠. 그런데 이명박 서울시장, 박근혜 한나라당 대표 같은 분들이 사학법 개정 반대 촛불시위를 하니까 '놀고 있네' 했겠죠. ☺ 이명박 정권 들어 광우병 위험이 있는 미국 쇠고기를 수입한다니까 윗세대는 낙담해 한숨만 쉬고 있는데, '이건 아니다. 길거리에 나가 촛불 들고 놀자!' 하면서 나온 사람들이라고 할 수 있죠. 그러니까 1970년대부터 촛불까지 세대차가 굉장히 많이 납니다. 운동 방향도 각기 달랐던 이 모든 세대가 같이 움직여나가기는 너무 어렵습니다.

우리나라에 각성된 시민은 몇 명일까

정당체제를 지금처럼 당원명부조차 없는 엉터리가 아니라 정확한 정당명부를 가진 정당, 그러니까 열린우리당 정도의 구조로 바꿔가야겠지만, 또 한편에서 이런 정당구조에 포함되지 않는 시민도 생각해야 한다는 이야기입니다. 그동안 독재자들이 "정치는 더러운 것, 정치는 우리가 알아서 할 테니 너희는 가만있어라!" 하는 식으로 세뇌해서 정치에 대한 무관심이 만연하고, 그래서 시민들이 쉽게 참여하지 못하는 분위기잖아요.

그런데 정보기술이 발전하면서 노사모나 시민광장 같은 인터넷 모임들이 많이 생겨났습니다. 이런 조직의 특성은 '노는 곳'인데 그 특성은 살리되 정당에 접목해보자는 것입니다. 지금 '시민광장'도 굉장히 많은 소단위로 쪼개고 있는데 노사모도 초기 지도부가 단위를 쪼갤 수 있는 만큼 쪼개라고 했어요. 대개 지구당 네다섯 개가 한 개로 뭉치는 정도의 규모입니다. 네티즌들은 노무현 같은 정치인을 제외하고 불특정 다수의 정치인 중 어떤 한 사람만을 놓고 모이지 않기 때문에, 예컨대 서울은 네다섯 개 지구당을 한 묶음으로 예닐곱 권역으로 나누고 인터넷 지구당을 만들면서 전국적인 인터넷 정당을 만듭니다. 인터넷 당원들은 그 네다섯 개 지구당 모두에서 투표권을 행사하는 대신 일반 오프라인 당원에 비해 4~5분의 1의 비중을 갖게 하면 됩니다. 인터넷 당원은 자기 실명을 공개하지 않아도 되도록 하면 부담이 없어 참여율이 높아지겠죠.

그래서 인터넷에서 재미있게 놀듯이 생활정치를 하는 구조를 만들어서 기존 정당과 양쪽이 함께 가는 형태로 꾸려가는 게 어떨까 합니다. 이런 정당구조는 전 세계 어디에도 없었어요. 우리가 이런 생각을 할 수 있는 건 인터넷 환경이 워낙 좋고 인터넷 환경 안에서 생활정치 참여운동이 그동안 상당히 많이 이뤄졌기 때문이죠. 충분히 실험해볼 수 있는 정당구조가 아닐까 생각합니다.

그렇게 하면 장점이 또 하나 있습니다. 노사모 때 회원가입 자격과 투표권을 13세부터 줬습니다. 20세나 19세가 아니라 중학교 1학년이면 의견을 가지고 의사를 표현할 수 있는 단계에 왔다고 본 거죠. 지금 투표권을 19세부터 주는데 투표권을 아직 갖지 못한 13세에서 18세의 사람들도 인터넷 정당 안에서는 소중한 개인으로 활동할 수 있게 됩니다. 인터넷 정당 안의 학생당이랄까요. 그래서 민주주의 훈련을 해나갈 수 있도록 하는 거죠.

또 국회의원 피선거권이 있는 25세부터 35세 정도까지의 사람들에게는, 지역구에 출마해서 당선하기에는 아직 경험이 부족하더라도 굉장히 넓은 유권자층을 대변할 수 있는 연령층의 사람들이니 인구비율에 적절히 비례해 의회활동을 할 수 있게 하는 겁니다. 독일 녹색당의 경우 20대 의원들이 많이 있고 그들의 활동이 굉장히 뚜렷하고 좋거든요. 그런 시도를 한번 해보면 어떨까 제안합니다.

마지막으로, 열린우리당이 제대로 운영되지 못했던 데는 화학적 결합이 되지 않았던 탓도 있지만 당에서 힘이 센 사람들이 자기 편의를 위해 당원의 권리를 자꾸 후퇴시킨 문제도 있습니다. 따라서 전 당원

투표가 아니면 당의 구조를 바꿀 수 없는, 헌법보다 더 개정하기 어려운 새로운 정당을 만들면 젊은층을 더 많이 끌어안고 국민들과 밀착할 수 있지 않을까 생각합니다.

그런데 아까 말씀드렸듯 민주당이 개혁할 이유가 어디 있겠습니까. 왜 하겠습니까. 지금 힘 있는 사람 옆에 잘 서 있으면 다음에 공천을 받을 텐데 왜 굳이 '당원이 주인인 정당'으로 바꿔서 당원으로부터 선출되겠느냐는 거죠. 지금은 지구당 위원장이 대의원을 지명하고 그 대의원이 지구당 위원장을 다시 뽑거든요. 이 구조면 얼마든지 다음에도 할 수 있고 지난 총선보다 훨씬 환경이 좋아져 많이 당선할 텐데 굳이 바꾸려 하겠습니까.

그러면 어떻게 해야 바뀌나갈 수 있겠는가 하는 고민이 들 수밖에 없죠. 시민주권모임을 강화하는 수밖에 없다고 생각합니다. 저희가 개혁당을 만들 때 10만 명만 모이면 이길 수 있다고 생각했습니다. 지구당이 전국에 200개 남짓 되니까 10만 명이면 지구당별로 500명입니다. 자기 돈 내는 진성당원이 한 지역당 500명 있고 그중 50명이라도 열성적으로 자원봉사하면 웬만한 선거는 다 이길 수 있다고 전문가들이 이야기하더군요. 그래서 10만 명을 목표로 뛰었는데 3만 5000명에서 그쳤습니다. 그때 민노당이 2만 3000명인가 했습니다. 우리나라에 각성된 시민, 적극적으로 활동하는 이의 숫자가 얼마나 될까요? 시민주권모임이 열심히 활동해서 10만 명 넘고 30만 명 넘어가면 그 힘으로 민주당을 압박할 수 있을 거라는 생각이 듭니다. 그렇게 해서 당원이 주인인 정당을 기반으로 일반 시민들이 풀뿌리 지자체에서부터 직접 활동하기 시작해야죠.

그리고 희망을 걸어보는 것은 노 대통령 서거 이후에 시민운동단체

활동가들 중에서 '이제 정말 현실정치를 해야 하는 것이 아닌가'라고 생각하는 분들이 많이 늘어났다는 겁니다. 그분들도 지금 같은 구조의 민주당에는 아무도 들어가지 않을 겁니다. 들어갈 이유가 없잖습니까? 큰 틀을 세우고 그 안에서 선거에 나설 수 있는 분들을 많이 확보하면서 시민주권모임의 조직적 힘을 키워가야 하지 않을까요. 시민활동가든 교수든 이미 사회활동을 하면서 검증된 사람들…… 사실 가장 기대하는 데가 민변(민주사회를 위한 변호사모임)입니다. 국회의원은 법을 만드는 사람들이기 때문에 법률전문가가 참 좋거든요.

제가 대학에서 강의하는 사람도 아니고, 여러분 앞에서 이야기해본 지가 5년이 넘어서 충분히 말씀을 못 전해드린 것 같고 맥락이 깨끗하지 못했는데 널리 이해해주시면 좋겠습니다. 감사합니다.

문성근에게 묻는다

2009년 9월 22일 서울

청중 1 강연을 들어보니 시민주권모임을 시민운동과 함께 정치세력화하는 것도 생각하시는 듯한데, 정당정치로 나아가실 생각이 있는지 궁금합니다. 그리고 제가 알기론 시민주권모임의 주축 세력 중에 저희와 가치관은 비슷하지만 1970년대의 효율을 중시하는 분들이 있는 걸로 아는데 그런 분들이 열린우리당 때와 마찬가지로 민주적 운영에 반대한다면 어떻게 하실지도 궁금합니다.

문성근 시민주권모임이 정당정치로 갈 것인가에 대한 제 이야기는 개인적 의견이고 제안이라고 말씀드렸습니다. 시민주권모임의 운영위원들이 협의해서 결정하겠죠. 간혹 이해찬 전 총리가 설명회에서 기자들에게 말씀하시는 걸 보면 미국의 무브온을 생각하고 있다고 하더군요. 시민주권모임을 통해 시민운동이라는 측면과 대의민주주의 제도 안에서 정당의 강화라는 측면이 같이 발전해야 한다는 게 제 의견입니다. 시민주권모임이 정당을 추구하는가는 제가 답할 수 있는 문제도 아니고 지금은 그렇지도 않다고 생각합니다. 대신 민주당의 개혁이 정말 어렵기 때문에 민주당의 개혁을 추동할 만한 세력이 있어야 하고 그 세력을 만드는 데 시민주권모임 같은 형태의 조직체가 어떤 역할을 할 수 있지 않겠는가 생각합니다. 시민주권모임의 주축 세력 가운데 지향하는 바는 같으나 상향식 방식을 원하지 않는 사람을 저는 아직 본 적이 없습니다. ☺ 그런데 걱정은 합니다. 민주당이 진심으로 개혁할 의사가 있는지 회의를 품은 분들은 몇 분 봤죠.

청중 2 오늘 〈실종〉이란 영화에서 뵙고 또 뵙습니다. ☺ 앞으로 시민운동을 하신다면 배우로서 또 손해를 입을 수밖에 없는데, 이를 감수하고 다시 시민운동에 집중하실 생각이 있으신지요?

문성근 제가 2002년 대선 때 활동을 시작하면서 상업배우로서 치명적 타격이 올 거란 건 알고 있었습니다. 각오도 했는데 예상보다 더 컸죠. 사실 2001년 3월에 노 후보를 뵙고서 돕고 싶다 해놓고도 제가 뭘 해야 할지 몰랐어요. 비서진에서 저한테 뭘 부탁하지도 않았고요. 그래서 저 혼자 다녔죠. 재야 원로 분들과 노 후보를 만나게 하는 게 제가 할 일이 아닐까 싶어서 혼자서 일흔, 여든 넘은 원로 분들 다 찾아다니면서 간곡히 말씀드려봤는데 잘되지 않더군요. 그분들께는 아들뻘인 제가 찾아가 말씀드리니 '애가 갑자기 왜 이러나. 좀 더 지켜보자' 이런 반응들이었죠. 그러다 어느 순간에 강연이나 연설을 하기 시작했는데 노 후보가 눈물을 흘리는 바람에 그 동영상이 너무 돌아다녔고⋯⋯. 각오했던 것이라 상관없는데, 문제는 제 심성이 없어졌다는 거예요.

중구난방으로 말씀드렸지만, 사실 오늘 무슨 이야기를 해야 할지 정말 오랫동안 고민했거든요. 강의를 부탁받고 노무현이라는 인물과 참여정부 5년에 대해서 전부 새롭게 다시 공부하려니 보통 일이 아닌 거예요. 이를테면, 저더러 연기자로서 미국 쇠고기 수입에 대해 어떻게 생각하느냐고 물으면 5초면 충분하겠죠. "미국 쇠고기 나빠요" 하면 되니까요. 그런데 정치라는 것은 모든 분야가 다 연관돼 있고, 한국통사에 대해, 지금의 정치현실에 대해 저 나름의 판단이 서 있어야 하니 워낙 방대한 공부가 필요하더군요. 또 다시 할 수는 없을 것 같습니다. 그러니까 오늘 처음 말씀드리기 시작할 때 "여러분 앞에서 이야기하는 건 이번이 처음이자 마지막이 될 것 같습니다"라고 했어야 하는데 제가 잊어버렸어요. ☺ 이젠 정말 여력이 없습니다. 직업을 바꾸지 않는 한 불가능하거든요. 직업을 바꾸지 않는 선에서 짤막짤막한 봉사활동처럼 일개 시민으로 할 일은 해야 한다고 생각합니다.

청중3   노무현 대통령을 주인공으로 영화를 만든다면 어떤 배역을 맡고 싶으세요? 노 대통령 역할은 누가 하면 좋을까요? ☺ 그리고 노 대통령이 서거했을 때 영화인들이 조문하거나 애도를 표현하는 데 소극적이었던 이유가 스크린 쿼터 문제에 대한 앙금이 남아 있었기 때문이라는 기사를 봤는데 사실인가요?

문성근   악역에 어떻게 접근하면 되는지를 알기 때문에 노 대통령을 주제로 한 영화를 만들면 족벌신문 쪽 사람은 제가 가장 실감나게 연기하지 않을까 하고…… ☺ 노 후보 역은 정말 어려운 일이라 지금 떠오르는 배우는 없고 오디션을 해서 찾아봐야겠죠.
스크린 쿼터 문제 때문에 애도 표현이 소극적이었다는 기사는 제가 본 적이 없는데, 많이들 애도하지 않았나요? 지금도 문화예술계 상황이 나쁜데 1970, 1980년대에도 그랬습니다. 그때 문화예술계의 다른 분야는 조용한데 왜 문단에서 많이 움직였을까요? 문단에선 자기만 결단을 내리면 되거든요. 혼자만의 결단이면 충분합니다. 연극은 한 열 명이 관련됩니다. 영화는 돈이 있어야 할 수 있는 일이라 개인이 움직이기 어렵습니다. 그래서 1970, 1980년대 영화인들이 민주화운동을 하기가 굉장히 어려웠죠. 그럼에도 많은 분들이 조문을 했고, 봉하에도 가고 덕수궁에도 많이 갔어요.

스크린 쿼터 문제에 대한 앙금은 당연히 있죠. 그런데 사실은 참여정부에서 스크린 쿼터에 대해 영화계와 협의하면서 꾸준히 노력했습니다. 문화부에서 영화인들과 협상테이블도 마련했고요. 영화인들이 "재경부와 기획예산처가 동의하는 정부안을 만들어달라. 문화부의 이야기만을 어떻게 믿나"라고 해서 이해찬 총리 주재로 관계 장관 모임을 열고 정부안을 만들어 영화계에 제안했습니다. 저는 그때 그 안을 받아들였더라면 훨씬 더 좋았을 거라고 생각합니다. 그때 제가 주장했던 건 정부안이 실제로 쿼터를 별로 줄이지 않는 것이고 국가경제를 위해 꼭 필요하다고 하니, 영화인들이 동의는 하지 않지만 굉장히 많이 양보하는 것처럼 할리우드 액션을 취하고 그다음에 치명적 영향을 줄 때는 다시 사생결단의 자세로 투쟁을 해야 국민들의 지지를 받는다는 거였습니다. 한국영화 점유율이 50~60퍼센트가 넘고 있는데 계속 '하루도 못 줄이겠다' 주장하면 집단이기주의로 여겨질 가능성이 있으니 그러지 말자고요. 그랬는데 제 주장이 받아들여지지 않았고, 그래서 투쟁에 들어가니 저는 걱정했죠. 역작용을 부르면 어떡하나, 그래서 저는 입을 다물고 있었습니다. 마음속으로야 축소하지 않으면 좋겠지만 그렇게 정부가 협상안을 제안하고 노력했는데, 팬찮은 안이었는데 그걸 거부하고 나서 투쟁하는 게 과연 효과적인가 해서 발언을 하지 않았습니다. 그런데 정부와 영화계의 협상과정을 영화인 대부분이 모릅니다. 그러니 제가 "아니, 협상안이 있었는데 왜 받지 않고 지금 사생결단하는가?" 하고 말해버리면 열심히 투쟁하는 분들 뒤통수 때리는 거고, 반대하기도 그렇고…… 그래서 아무 말 않고 있는 게 제일 낫겠다 싶어 말을 안 했는데, 많은 영화인들은 저를 배신자라 욕했죠. 굉장히 가슴 아프게 남아 있는 일입니다. 잘될 때는 괜찮습니다. 지금 〈해운대〉처럼 잘될 때는 괜찮은데, 좀 나빠지기 시작할 때 스크린 쿼터가 없으면 치고 올라갈 바닥이 없어서 완전히 고꾸라져버릴 위험성이 있으니까 다들 안 좋아하죠. 2008년 가을인가, 한때 투자자들이 투자를 기피하는 등 굉장히 분위기가 나빠진 적이 있었어요. 그때는 정말 걱정이 들더군요. 이렇게 투자자들이 다 빠져나가면 영화계가 심대한 타격을 받고 그 모든 책임을 노대통령이 질 것 같아 불안했던 것도 사실입니다.

청중 4 검찰, 경찰, 정보기관 등 모든 권력을 손에서 놓은 걸 노 대통령의 최대 공적으로 보는 시각이 있습니다. 그런데 노 대통령을 좌절시킨 게 바로 이 공적이 아닌가 생각합니다.

문성근 어떤 검사가 "우린 물라면 무는 사람들이다"라고 했잖아요. 아까 말했던 3각 동맹 형성이라는 측면에서 보면 그 안에서 검찰은 하수인이죠. 그래서 굳이 별도로 떨어뜨려 생각할 필요는 없을 것 같습니다. 참여정부의 4대 권력기관 문제에 대해 여러 의견들이 있는데, 너무 순진했던 것 아닌가, 이런 상태에서 왜 풀어놔서 말썽인가 하는 이야기도 있습니다.

1980년대에 문 목사가 방북을 마치고 귀국 기자회견을 하면서 "서울에 돌아가면 국가보안법으로 구속될 텐데 어떻게 할 작정인가?"라는 질문을 받은 적이 있습니다. 문 목사는 "나는 그동안 악법에 당하면서 악법을 깨왔다. 악법에 두드려 맞음으로써 그것이 악법이라는 걸 입증하고 그 힘으로 헤쳐나갔다"라는 취지의 답변을 하셨어요. 족벌신문에 호되게 당한 것도 당시를 되돌아보면 다른 선택이 없었습니다. 어떠한 합법적인 대응방법도 갖고 있지 않았다는 거죠. 그렇게 당함으로써 국민께 보여드리는 것 말고 다른 방법이 있었을까요? 4대 권력기관의 경우도 그렇게 독립시켰는데 지금 와서 보니 완전히 되돌아갔더라. 그러니까 4대 권력기관이 중립화돼야 할 필요성이 더 있는 거구나 하고 역으로 깨닫게 해드리는 수밖에 없지 않을까 합니다. 그런 점에서 순진했다는 비판을 받더라도 그것이 옳은 선택이고 원칙이지 않았을까 생각합니다.

청중 5 "신문을 경쟁자로 봐야 한다"는 말씀을 하셨는데 좀 더 구체적으로 설명해주시면 좋겠습니다.

문성근 신문을 경쟁자로 봐야 한다는 건 신문을 언론이 아니라 집권을 추구하는 정치세력으로 이해해야 한다는 뜻입니다. 정치권력이나 시장권력이 못된 일을 하지 못하도록 감시하고 시민들과 같이 고민하는 게 언론 본연의 자세인데 관중석에서 내려와 운동장에서 선수로 직접 뛰고 있죠. 미디어법 통과를 강요한다든지 행정수도에 대한 열린우리당과 한나라당의 합의를 뒤집어버리는 식으로 본연의 역할을 넘어서서 정치세력으로 활동하고 있습니다. 결국 정권을 놓고 경쟁하는 존재로 봐야 그들에 대응할 대책이 나올 것이 아닌가라는 말입니다.

청중 6 좋은 정당의 필요성과 대안을 말씀해주셨는데, 저는 지금 진보언론이라고 하는 〈한겨레〉, 〈경향신문〉, 〈오마이뉴스〉를 그전의 행동을 봐서 크게 신뢰하지는 않습니다. 노무현 대통령이 좌절하신 데는 이른바 진보언론들의 책임도 어느 정도 있다고 생각하는데요. 좋은 정당도 중요하고 필요하지만, 족벌신문의 견제와 감시 외에 좋은 언론의 필요성도 크다고 생각합니다. 언제까지나 조중동 탓만 할 게 아니라 새로운 문화를 이끌어내야 합니다. 〈경향신문〉이나 〈한겨레〉, 〈오마이뉴스〉 등을 견인하는 것으로 가능할 것인가, 저는 개인적으로 새로운 언론이 필요한 게 아닌가 생각하는데 이 점에 대한 생각이나 대안이 있으면 말씀해주세요.

문성근 조중동 탓만 하는 게 아니라 참여정부가 고통스럽게 5년을 보낸 가장 큰 이유였다는 원인 분석을 했습니다. 사실 10년 사이에 가구당 신문구독률이 70퍼센트에서 40퍼센트로 떨어졌으니까 위기의식을 느끼고 종합편성채널로 진출하기 위해 미디어법을 강압한 것 아니겠습니까? 그게 앞으로 어떻게 진행될지는 시민들의 역할에 달린 것 같습니다.

〈한겨레〉를 만들 때 정확히 기억은 나지 않지만 500억 원 이상 시민들이 모아줬을 거예요. 창사 때 100억 원인가 모았고 이영희 고문이 방북 취재하려다 구속되면서 몇백 억, 그래서 500억 이상 시민이 모아췄는데 지금 저 모양입니다. 저 매체를 믿을 수 없으니 다른 매체를 만드는 건 종이 신문으로는 불가능한 일이고, 가능하다면 인터넷에서 다른 형태의 언론들을 강화하는 것밖에 현재로선 방법이 없는 것 같습니다. 그나저나 〈경향신문〉과 〈한겨레〉가 이 정권 끝나기 전에 문 닫는 건 아닌지 도리어 그게 더 걱정입니다. 여기 계신 분들, 이미 여기저기서 애쓰고 계실 텐데 언론 쪽에서 애쓰고 있는 시민사회단체든 대안언론이든 열심히 돕는 것이 당장 해야 할 일이 아닌가 생각합니다.

청중 7 이명박 정권에서 유인촌 장관이 하는 여러 일들을 보니 문화부 장관의 역할이 이렇게 큰 줄 미처 몰랐습니다. ☺ 왜 참여정부에서 정치를 안 하셨는지 궁금합니다.

문성근 문화부 장관이 정부 내에서 몇 번째 서열인지는 잘 모르겠고, 부처의 힘도 있겠지만 사람에 따라 다르지 않나 생각합니다. 2001년에 처음 노 후보를 뵙고 활동하면서부터 '저는 직업을 행정, 정치로 바꾸지 않겠습니다' 약속하고 시작했습니다. 아버지를 생각해서였습니다. 문 목사는 삶에 시빗거리가 거의 없는 분이거든요. 한 가지 있다면 1987년 양김의 분열입니다. 그때 절차는 꼬박꼬박 거쳤죠. 단체들 모으고 양김 다 불러서 정책을 질의하고 자체 투표를 해서 비판적 지지를 결정했는데 어쨌거나 결과적으로 정권교체를 해내지 못한 면에서 비판받을 여지가 있습니다. 그러니 양김시대가 끝나면서 노 후보가 1987년 분열 이후에 어떤 상징성을 보여준 셈입니다. 문 목사가 1987년 대선 이후에 길게 단식을 하시면서 대국민 사과 성명도 발표하셨지만, 2002년에 문 목사는 세상에 안 계셔도 제가 문 목사 아들로서 한 번 더 국민 여러분께 사죄드리고 싶었어요. 비교할 수 없는 미약한 존재이지만, 문 목사가 안 계신데 나라도 한 번, 내가 할 수 있는 일은 다 해보자는 게 가장 큰 동기였습니다. 그래놓고 그 활동의 결과로 어떤 덕을 보고 도움을 받는다면 제 동기가 처음부터 성립하지 않는 거겠죠. 그래서 처음부터 그런 약속을 하고 시작한 거고요. 집권하고 나서 여러 제안이 들어왔는데 다 사양했습니다. 시민으로서 봉사활동을 한 거지만 분명히 나한테 치명적 타격이 올 것을 알고 한 거잖아요. 시민으로서 자원봉사만 하고 본업으로 돌아가겠다고 약속한 걸 지켜서, 지키는 예가 쌓이면 앞으로는 연기자든 가수든 자기의 정치적 의견을 표현하고 본업에 복귀할 때 어떠한 불이익도 받지 않는 쪽으로 점점 더 발전해나갈 수 있지 않겠나 생각했어요. 노 후보에게서 덕을 본다는 것은 제 동기에 어긋나면서 예를 없애는 일까지 돼버리기 때문에 그 약속을 지키는 게 이중삼중으로 좋겠다고 생각했습니다.

물론 처음엔 아무도 안 믿어줬죠. ☺ 김정환이라는 시인 친구가 있는데, 그 친구가 인사동에서 문인들하고 술을 마시면서 자기들끼리 내기를 걸었다고 하더군요. "문성근 쟤 뭐 할 거다, 안 할 거다" 이거 놓고서 말이죠. 저와 그렇게 가깝고, 1970, 1980년대 민주화운동을 그렇게 열심히 했던 문인들까지도 저를 두고 내기하셨다고 하니 아무도 안 믿었던 게 너무나 당연했죠. 그렇지만 앞으로 자유롭게 자기의 의사를 밝힐 수 있는 사회가 빨리 왔으면 좋겠다는 생각을 합니다. 🖐

04
노무현의 소통
정연주

정연주가 생각하는 '노무현 정신'은…

권위주의가 지배하는 한국 사회에서 탈권위, 자율의 가치와 정신을 실천하는 것

정연주 언론인, 전 KBS 사장

1946년 경북 경주에서 태어나 서울대 경제학과를 졸업하고 미국 휴스턴대에서 경제학 박사 학위를 받았다. 1970년 〈동아일보〉 기자를 시작으로 〈한겨레〉 워싱턴특파원과 논설주간으로 일했으며 2003년부터 2008년까지 KBS 사장으로 일했다.

〈동아일보〉 기자 시절, 언론자유를 외치다 1975년 3월 동료 140여 명과 함께 해직되었으며, 1978년 10월 긴급조치 9호 위반으로 구속되었다. 1989년부터 〈한겨레〉 워싱턴특파원, 논설주간으로 일하면서 한국 언론, 미국, 남북 문제를 주제로 날카로운 글을 써왔다.

2003년 시민·언론단체의 추천 공모를 거쳐 KBS 사장에 임명되었고 2006년 두 번째 임기에 들어갔지만, 2008년 8월 이명박 대통령에 의해 강제 해임되었다.

2009년 9월부터 〈오마이뉴스〉에 KBS 사장 시절 겪었던 사건을 중심으로 '정연주 증언'을 연재하고 있다. 요즘 가장 관심을 갖고 주목하고 있는 것은 시민주권, 시민언론이다. 1997년 통일언론상과 1999년 신문칼럼상을 받았다.

지은 책으로 《기자인 것이 부끄럽다》, 《서울-워싱턴-평양》이 있으며, 옮긴 책으로 《말콤 엑스》(공역), 《자본주의의 전개와 이데올로기》, 《경제학사 입문》 등이 있다.

반갑습니다. 정연주입니다. 요즘 여기저기서 불러주셔서 강연을 좀 하러 다녔는데 텔레비전 화면에서보다 훨씬 젊어 보인다는 이야기를 많이 듣습니다. 그래서 "아부 고만 하세요" 그럽니다. ☺

민주운동의 성지인 빛고을 광주에 와서 여러분을 뵈니 감회가 새롭습니다. 최근 여러 일들이 우리에게 많은 희망을 주고 있습니다. 이 고장과 관련해서는 기아 타이거즈가 우승했죠. 미디어악법이 통과되면서 우리나라에서 법률 공부한다는 사람들이 자기가 얼마나 뛰어난 상상력을 가진 코미디언인가도 보여줬습니다. ☺ 모두 역사의 좋은 거름이 됩니다. 두고 보십시오. 이번 보선 결과도 그렇고 앞으로 다가올 선거도 준비하면 이길 수 있습니다. 준비합시다.

오늘은 언론 이야기를 주로 하려고 합니다. 그전에 우선 우리 사회와 인류의 역사에서 언론이 태어난 과정을 제 나름대로 한번 정리해보겠습니다.

닫힌 광장, 권력 집중, 타율의 시대로

저는 역사 발전을 몇 가지 키워드를 중심으로 이해하고 있습니다. 그래서 그 키워드를 중심으로 지금 한국에서 일어나는 일들과 우리 최근세사, 현대사를 보면 역사를 분명히 인식할 수 있다고 봅니다. 인류 역사의 발전은 닫힌 사회에서 열린 사회로 진행돼왔고, 획일적 사회에서 다양한 것이 꽃피는 사회로 진화해왔습니다. 하나의 이념, 하나의 가치가 지배하던 경직된 사회에서 많은 가치들이 공존하는 유연한 사회, 타율이 지배하던 사회에서 자율성이 확대되는 사회, 집중돼 있던 권한이나 권력이 분산되는 사회로 발전해왔습니다. 그리고 권력이 집중되는 독점 형태에서 지금은 과점 또는 시민권력이 확대되는 형태로 인류 역사가 발전해왔습니다.

지난 1년 8개월을 이런 키워드로 한번 되돌아보십시오. '우리 사회가 발전하고 있는가? 민주주의가 성숙하고 있는가?' 광화문이 다시 폐쇄됐고 '명박산성'이 들어섰고 서울시청 앞 광장이 다시 닫혔습니다. 다시 닫힌 사회로 우리 사회가 가고 있습니다. 다양한 견해들이 공존하는 사회로 가야 하는데, 자기와 생각이 좀 다르다고 해서 그냥 잘라버립니다. 김제동 씨도 잘라버렸잖아요. 프로그램에서 김제동 씨가 자기네들한테 기분 나쁜 소리 한 적 없습니다. 김제동 씨는 "코

미디언이 웃기는 데 좌우가 어딨는가?"라고 했어요. 그냥 웃겼을 뿐입니다. 프로그램 밖에서는 시민으로서 몇 가지 참여를 했습니다. 노무현 전 대통령 노제에서 사회를 봤고, 쌍용자동차 사건에 대해 자기 견해를 밝혔죠. 민주시민으로서 누구나 할 수 있는 일 아닙니까?

김구라 씨도 자르라고 합니다. 하지만 그건 시청자들이 선택할 일이죠. 김구라 씨가 막말해온 것은 그 사람의 캐릭터이고 세일즈 포인트입니다. 그걸 국민, 시청자가 싫어해서 시청률이 떨어지면 저절로 퇴출당하게 마련입니다. 그런 자율의 시스템에 스스로 고치는 자정의 기능이 있습니다. 그러니 시청자들이 좋아하면 계속 갑니다. 또 김구라 씨보다 더 막말하는 사람들이 얼마나 많습니까. 다양한 견해를 인정하지 않는 사회로 거꾸로 가는 겁니다.

아무튼 이런 역사 발전 과정의 바닥에는 도도하게 흐르면서 구체적으로 구현되는 가치들이 있습니다. 인류가 보편적으로 지향하는 가치들입니다. 자유, 인권, 평등, 평화, 생명과 같은 가치들입니다. 그리고 이 모든 것의 바탕을 이루는 것은 인본주의, 휴머니즘입니다. 저는 으뜸가는 가르침인 종교의 가르침도 그 핵심은 휴머니즘이라고 봅니다. 부처님 탄생 설화를 보면, 붓다가 태어나자마자 일곱 발짝 옮긴 뒤 "천상천하 유아독존(天上天下 唯我獨尊)"이라고 외쳤죠. 그 뜻은, 하늘과 땅에서 나, 즉 사람이 가장 존귀한 존재라는 것입니다. 사람이 가장 존귀한 존재이기에 깨치면 부처가 될 수 있는 거죠. 동학, 천도교의 가르침도 마찬가지입니다. 인내천(人乃天), 사람이 곧 하늘이라 했어요.

기독교, 특히 예수의 삶을 보면 율법이 지배하던 시대에 철저하게 사람이 중심이었습니다. 대표적 이야기가 〈마르코복음〉 2장에 나옵니다. 예수가 제자들과 함께 안식일에 밀밭을 지나갈 때 제자들이 배가 고파 밀을 훑어서 먹습니다. 당시 예수를 비판하고 반대하던 바리새파 사람들이 그것을 보고 "당신 제자들은 왜 안식일을 어기는가?"라고 비판합니다. 그때 예수가 한 말은 당시 율법주의 사회에서 보면 폭탄선언입니다. "사람이 안식일을 위해 있는 게 아니고, 안식일이 사람을 위해 있다." 사람 중심입니다. 율법, 교리가 중심이 아니라 사람이 먼저인 겁니다. 요새 우리나라의 큰 교회들에는 예수의 가르침은 없고 오로지 교리와 장사만 있는 것 같습니다. 아무튼 종교의 가르침도 역사 발전 과정과 마찬가지로 인본주의가 바탕에 깔려 있고, 그다음에 이런 것이 역사에서 구체적인 제도와 정책으로 나타납니다.

아까 다양성을 말씀드렸죠. 정치적인 의견을 다양하게 나타내다가 같은 생각을 가진 사람들끼리 모여 정당이 생기고 발전합니다. 그리고 그전엔 왕이나 봉건영주들에게 집중되었던 권한이 부르주아 계급으로 확대되었고, 나중에 일반 시민들에게 확대되었습니다. 투표권과 참정권의 확대는 곧 권력의 분산이죠.

1960년대 미국 사회에서 베트남 전쟁 반전운동이 일어나면서 진보적 가치가 확대되었습니다. 그때 나온 중요한 정책 중 하나, 특히 평등이라는 것을 매우 적극적으로 해석한 것이 '어퍼머티브 액션(affirmative action)'입니다. '어퍼머티브'는 직역하면 '긍정'입니다. '예스(yes)'와 같은 뜻이에요. 미국 영화를 보면 말을 주고받을 때 '예스'라는 말 대신에 '어퍼머티브'라는 표현을 쓰는 장면들이 있습니다. 그러니까 '어퍼머티브 액션'은 긍정적인 조치입니다. 그 사회가 더 평등해질 수 있도록 적극적으로 긍정조치를 취하는 겁니다. 우리말로 그 뜻이 잘 전달되지 않으니까 언론에서는 흔히 약자보호정책이라 합니다.

예를 들면 사회적 약자에 대한 할당제를 시행하는 겁니다. 대학교수를 채용할 때 여성, 유색인종, 장애인에게 가산점을 주거나 몇 퍼센트 할당하여 뽑는 식인데, 이것이 적극적인 평등입니다. 같은 출발선에 키가 180센티미터인 사람과 저처럼 165센티미터인 사람을 나란히 세워놓으면 누가 이깁니까? 제가 지죠. 사회·경제적인 조건이 좋지 않은 사람과 좋은 사람을 동일선상에 두고 경쟁시키면 결과는 뻔하지 않습니까. 그러니 힘없는 약자한테 가산점을 주는 겁니다. 그것이 '어퍼머티브 액션'입니다. 바둑에 비유하면 몇 점 접어두고 들어가는 접바둑인 셈이죠.

미국 대학에서 신입생 선발할 때, 슬럼가의 엄청나게 어려운 조건 속에서, 사방에서 마약 팔고 총소리 나고 막 죽는 어려운 환경에서 간신히 고등학교 다니면서 SAT 성적 1200점 받은 흑인 학생과, 부잣집에서 태어나 명문 사립학교 다니면서 과외수업도 받아서 1500점 받은 학생이 있다면 실제로 누가 더 잠재력이 있고 우수하다고 봐야 할까요? 점수만 놓고 산술적이고 기계적으로 보면 1500점 얻은 사람이 더 우수하다고 할 수 있지만 진정한 의미의 평등은 더 적극적으로 생각하는 겁니다. 사회적 약자에게 가산점을 주는 겁니다. 그래서 SAT에서 1200점 받은 흑인이 하버드대에 입학할 수 있는 거예요.

제가 KBS에서 5년 4개월 일하면서 가장 보람을 느꼈던 일이 하나 있습니다. KBS 사원을 뽑을 때 지역할당제를 시행한 겁니다. 본사 인력을 뽑을 땐 적용하지 못했습니다만 지역 기자, PD, 아나운서를 뽑을 때는 절반을 그 지역의 대학 졸업자로 채웠습니다. 그리고 사내에서 인사평가하는 과정에서 대학, 출신지, 가족관계, 이름도 다 지워버렸습니다. 완전한 백지상태에서 인터뷰했습니다. 그리고 영어

성적도 토익 점수가 1단계를 넘으면 그다음부터는 무시하라고 했죠. 그랬더니 놀라운 결과가 나왔습니다. 과거에는 이른바 명문이라는 세 대학이 압도했습니다. 지역할당제도 전체가 아니라 부분적으로 적용했고 100퍼센트 블라인드 면접으로 진행했는데 전국 마흔몇 개 대학에서 합격자가 나왔습니다. 100명을 뽑으면 이른바 명문이란 세 대학에서 합격한 인원이 25명을 넘질 않았어요. 4분의 1이 안 된 거죠. 5년 동안 그렇게 했더니 엄청나게 다양한 인재들이 전국에서 모여들었습니다. 다양성이 확보됐습니다. 어느 해에는 전남대에서 가장 많은 합격자를 냈어요. 그리고 5년 동안 10명 넘는 합격자를 낸 대학이 한 군데도 없었습니다. 적극적으로 배려하니까 다양해지더군요. 그래서 저는 우리 사회에서도 '어퍼머티브 액션'을 여러 방면에 더 적극적이고 구체적으로 도입해야 한다고 생각합니다. KBS에서 실제 해보니 효과가 컸습니다.

사회적 흉기가 된 소통 불능 언론

복지정책도 국민의 정부와 참여정부 때 기초를 닦고 크게 확대했죠. 국민의 정부가 출범할 때 복지 예산이 20퍼센트 언저리였는데, 참여정부 시절에는 거의 28~29퍼센트까지 올라갔습니다. 그런데 이명박 정권 들어와서 4대강 사업 등에 돈을 쏟아 부으면서 복지정책이 크게 위축되고 있습니다. 복지정책은 평등을 실현하는 정책인데 1970년대식 개발정책으로 피해를 입고 뒷걸음치니 역사의 후퇴가 아닐 수 없습니다.

그리고 다양화를 이야기하면서 빼놓을 수 없는 것이 사회적으로 다양한 견해들을 공론화하는 기능을 맡는 언론입니다. 언론은 바로 다양한 견해들을 담는 그릇입니다. 지금부터 언론 이야기를 하겠습니다. 언론에는 아주 중요한 두 가지 기본 기능이 있습니다. 하나는 일어난 사실을 그대로 보도하는 사실보도 기능이고, 다른 하나는 모든 권력에 대한 비판 기능입니다. 있는 그대로 전하는 사실보도가 언론의 1차적 기능입니다. 우리 사회에서 일어나는 각종 일들을 그대로 전해주면 다양한 의견들이 공존하는 사회가 되는 겁니다. 내 입맛에 맞는 기사만 쏙 뽑아서 쓰고, 내 입맛에 맞지 않는 기사는 쏙 빼버리면 언론이 아니죠.

제가 1970년에 동아일보사에 입사하니 선배들이 후배 들어왔다고 술 사주고 그랬어요. 그런데 선배들이 술 사주면서 후배들에게 앞으로 훌륭한 기자가 되라는 덕담이나 좋은 이야기를 하는 게 아니라 그냥 울분을 토하면서 "야 병신들아, 뭐하려고 기자 하러 왔냐"라고 했습니다. 선배들은 깊은 절망, 체념, 좌절에 빠져 있었습니다. 아무것도 할 수 없었으니까요. 제가 1970년 12월에 입사했으니까 유신을 선포하기 2년 전이었죠. 그리고 유신체제에서 2년 반의 암흑시대를 거친 뒤에 해임되었습니다. 당시 대학가에서는 데모를 많이 벌였고, 동일방직, 원풍모방 등 노동현장에서도 처절하게 저항했어요. 교회, 성당, 지식인 사회에서도 저항을 했는데, 그와 관련된 기사가 거의 나가지 못했습니다.

1973년의 일인데 제 모교에서 데모가 일어났다고 해서 갔습니다. 기사를 쓰기 위한 취재가 아니라 그냥 보고하기 위한 취재였죠. 현장에 도착해보니 이미 데모는 끝났고 학생들은 도서관에서 농성하고 있었습니다. 성명서도 한 장 얻고, 몇 가지 물어보려고 농성장인 도서관 쪽으로 갔더니 입구에 의자들로 바리케이드를 쳐놓았습니다. 그러고는 그 앞에 이런 팻말을 붙여놓았습니다. '개와 기자는 접근 금지.' ☺ 언론의 가장 1차적인 기능인 사실보도조차 하지 못하는 언론을 언론이 아니라 개로 본 것이죠. 당시 그랬습니다. 특히 유신 이후에는 심했습니다. 당시 야당 지도자였던 김대중 전 대통령의 경우 '김대중'이라는 이름 석자를 못 썼습니다. '어느 재야인사'라고 썼습니다. '물가 인상'이라고 쓰지 못하고 '물가 현실화'라고 써야 했습니다. 대학가의 '데모', '시위' 같은 표현도 금지되었습니다. '학원사태'라고 불렀어요. 암흑시대였죠. 언론이 1차적인 기능조차 수행하지 못하던 시대입니다.

그럼 요즘 언론은 사실보도를 하고 있나요? '국경 없는 기자회'에서 해마다 각 나라의 언론자유지수를 발표하는데 우리나라가 2009년에 69등 했습니다. 2008년에 비해 22단계 떨어졌고, 2006년에 비해서는 무려 38단계나 추락했죠. 이 건을 조중동이 보도했나요? 안 했죠. 참여정부 때는 몇 단계 떨어졌다고 아우성쳤죠. 그런데 22단계 떨어졌는데도 안 씁니다. 일어난 사실 자체도 보도하지 않는 게 신문입니까? 이게 언론입니까? 기무사(국군기무사령부)에서 민간인을 사찰했죠. 그것도 보도 안 했습니다.

기득권, 수구를 대표하는 언론을 두고 제가 예전에 '조폭언론'이라고 했는데 이젠 조폭도 아니고 사회적 흉기라는 생각을 절실하게 합니다. 이따가 미디어법을 이야기할 때 자세히 설명드리겠지만 만약 '조중동 방송'까지 생길 경우 우리 사회에 다양성이 자리 잡을 공간이 요만큼이라도 있겠는가 하는 절박한 생각이 듭니다. 방송은 말할 필요도 없고 신문까지 통틀어 언론의 90퍼센트를 정권이 직접 또는 정권 친화적 세력이 장악하고 있죠. 〈한겨레〉, 〈경향신문〉 등 극히 일부 신문과 〈오마이뉴스〉, 〈프레시안〉, 〈미디어오늘〉 등 인터넷 매체만이 지금 한쪽 영역을 간신히 지키고 있습니다.

우리 언론의 역사를 잠시 봅시다. 일제강점기 당시 신문의 젊은 기자들은 지사였습니다. 우리 선배 기자들은 지사였어요. 그러나 사주들은 친일했습니다. 유명한 사례가 있죠. 손기정 선수가 일장기 달고 마라톤에서 우승했을 때 〈동아일보〉의 젊은 기자가 그 우승한 사진에서 일장기를 지워버리고 냈습니다. 민족적 자존심 때문에요. 그런데 당시 〈동아일보〉 사주는 그 기자를 처벌했습니다.

1932년에 이봉창 의사가 도쿄에서 일본 왕한테 수류탄을 던진 사건이 일어났습니다. 암살엔 성공하지 못했죠. 〈동아일보〉 보도는 이랬습니다. "대불경 사건 돌발, 폐하께옵서는 무사어환행(無事御還幸)." 기사에 어(御) 자가 수없이 들어갑니다. 최상존칭입니다. 1943년 일제강점기 말에 일제가 우리 조선의 젊은이들을 전쟁터에 끌고 갔잖아요. 장준하 선생도 일본군 안 하려고 만주로 가셨죠. 그때 〈동아일보〉 사주 김성수가 〈매일신보〉에 이런 글을 기고했습니다. "학도여, 성전에 나서라. 대의를 위해서 죽을 때다." 사주들은 이랬습니다. 1940년 1월 1일자 〈조선일보〉 신년호, 특집호 신문을 보면 제호 위에 일장기가 있어요. "천황폐하의 어위덕(御威德)"이라는 말도 있습니다.

그런데 해방 이후에 이 친일파들이 국민들한테 단 한 번이라도 사죄한 적 있습니까? "생존을 위해서 어쩔 수 없이 일제에 협조했다"라고 사죄한 적 있습니까? 단 한 번이라도? 그 뒤로 지금까지 친일파들은 기득권의 한복판에 서 있습니다. 자유당 시절 진보언론을 많이 죽였고, 박정희의 5·16 군사쿠데타 이후 또 거의 다 없애버렸어요. 그

나마 비판적인 언론의 기능을 하던 것은 진보매체라기보다는 당시 정권을 비판한 야당지였죠. 〈동아일보〉도 야당지였습니다. 1973년 가을 자유언론실천선언 이후 비판적인 역할을 잘했습니다. 박정희 유신독재 때 저희는 열심히 싸웠습니다. 그러다가 쫓겨났습니다. 저도 그때 쫓겨났고요. KBS 사장으로 있다가 2008년에 또 쫓겨났죠. ☺

전두환 시절에는 강제적인 언론사 통폐합으로 무지막지하게 다 쳐버렸죠. 방송사들 없앤 뒤 KBS에 통폐합했습니다. 지역에 있는 신문들도 다 없애고 도별로 하나씩만 남겨놓았습니다. 깡패였죠. 그러다 우리 사회에 그나마 숨 쉴 공간이 생긴 계기가 1987년 6월 항쟁 아닙니까. 6월 항쟁 이후에 우리 사회의 시민적 자유가 크게 넓어졌고 그 속에 언론은 무임승차했습니다. 시민적 자유가 넓어진 공간에서 언론은 아무런 정치권력의 압박도 받지 않고 마음대로 썼습니다. 이때부터는 대자본을 가진 매체들이 영향력을 갖기 시작합니다. 대표적인 게 〈조선일보〉죠. 제가 〈동아일보〉에 있을 당시 조간은 〈조선일보〉와 〈한국일보〉 두 개였습니다. 그때는 〈한국일보〉가 오히려 젊은 신문이고 영향력이 있었습니다. 6월 항쟁 이후 거대한 자본을 배경으로 한 신문들이 상업적 경쟁을 벌이면서 엄청난 영향력을 갖게 됩니다. 고급 인쇄기 사고 자전거 공짜로 주면서 온갖 공격적인 판촉활동을 했죠.

그런데 그렇게 해서 권력을 갖게 된 언론이 단순한 언론으로 머물지 않고 직접 선수로 뛰어들어 권력을 행사하는 집단이 됐습니다. 언론의 1차적 기능은 아까 말씀드렸듯 사실보도입니다. 기아와 SK의 경기가 열리면 옆에서 중계만 하면 됩니다. 그런데 엄청나게 넓어진 자유의 공간에서 영향력을 확대한 언론이 자기가 직접 들어와서 투수도 하고 타자도 하고 어떨 때는 심판까지 합니다. 그게 우리나라

언론입니다. 대통령 선거 때만 되면 대통령 만들기에 앞장섭니다. 자기 입맛에 맞는 기사만 쓰고 입맛에 맞지 않는 기사는 안 씁니다.

'조중동 방송'과
99대 1의 언론 지형

지난봄에 노무현 전 대통령을 검찰에서 수사했잖아요. 세상에 그런 수사가 도대체 어디 있습니까. 제 경우도 KBS 사장 자리에서 날리려고 검찰, 국세청, 감사원 등 모든 권력을 총동원해서 다 들추고 들쑤셨잖아요. 그 과정에서 특히 1800억 원 배임죄에 대해서는 검찰에서 자기들이 조사한 일방적인 내용만 전부 브리핑했습니다. 언론들, 조중동이 그대로 주워 담아서 저를 중죄인으로 단정 지었습니다. 기사 한번 보여드릴까요? 2008년 7월 17일 〈조선일보〉 사설입니다. "KBS 정연주 씨, 사장 더 하려 국민들에게 1500억 손해 끼쳤나." 대전제는 "너 1500억 원 손해 끼쳤지? 이 나쁜 놈, 나가"라는 거죠. 〈중앙일보〉 2008년 8월 6일 "언론자유 욕보이지 말고 퇴진하라", 〈동아일보〉 8월 14일 "배임액수 너무 커 사기업 사장이면 구속감". 검찰에서 일방적인 내용만 브리핑하거나 흘리고, 그걸 조중동이 그대로 받아쓰면서 저는 이미 인격파탄자, 파렴치범이 돼버렸습니다. 〈뉴욕타임스〉에는 이런 경우에 적어도 네 명에게 크로스체킹을 받으라는 가이드라인이 있습니다. 우리나라는 형사법에 분명히 피의사실을 사전에 공표하지 못하도록 규정돼 있는데 사문화됐죠.

제 경우는 노무현 전 대통령 사건에 비하면 눈곱만합니다. 그때 검찰은 형사법 무시하고 매일 브리핑했습니다. 그리고 조중동을 비롯한 거의 대부분의 신문과 방송은 그대로 중계했습니다. 그것도 더 튀

겨서 말입니다. 그때 그 제목이나 기사들은 언론보도가 아니라 저주이고 증오였습니다. 그걸 어떻게 정상적인 언론이라고 볼 수 있습니까. 사회적 흉기가 돼버린 거죠. 언론의 기능이 사실보도라 하는데 그걸 제대로 못하고 있어요.

언론의 중요한 두 번째 기능은 모든 종류의 권력을 비판하는 겁니다. 비판 기능이 없다면 반쪽 언론입니다. 감시자 역할을 해야 합니다. 국민을 대표해서 워치독(watchdog), 즉 감시견이 되는 겁니다. 자기가 직접 주전선수로 들어가 쫓아다니면서 권력을 창조하지 말고 경기장 밖에서 지켜보면서 정치권력뿐 아니라 자본권력, 언론권력, 종교권력 다 비판해야죠. 요새 조중동을 보면 대한민국이 태평성대입니다. 그 속에 무슨 문제가 있습니까. 감시견이 아니고 애완견 같아요.

그런데 이 두 가지 기능을 가진 언론을 억압하고 왜곡하는 요인이 몇 가지 있습니다. 첫 번째는 앞서 말씀드렸듯 정치권력입니다. 유신 시절이나 전두환 시절, 6월 항쟁 이전엔 정치권력이 구체적으로 언론자유를 억압했죠. 사실보도한 것만 가지고도 잡혀갔습니다. 박정희 시절에 외상을 안 남기려고 주로 발바닥을 때렸어요. 상처 나면 고문당했다는 게 드러나버리니까요. 제 선배들은 발바닥을 무지하게 맞고 나왔습니다. 한 선배는 월간〈신동아〉에 '차관(借款)'이라는 제목의 기사를 썼다가 들어가서 치도곤 당하고 나왔어요. 제가〈신동아〉에 있을 때 통일벼가 처음 나왔는데 첫해와 둘째 해에 문제가 많았습니다. 그거 취재해서 한 200매 썼는데 못 나갔습니다. 정부를 너무 비판하는 기사라고 위에서 빼버렸습니다. 아마 나갔으면 저도 발바닥 많이 맞았을 거예요. ☺ 환경오염 이야기도 못했습니다. 그렇게 이것저것 빼고 나니 기사로 쓸 게 없었습니다. 그때는 신문을 8면으로 만들었는데 다 채울 수 없을 지경이었습니다. 그래서 김중배 선배가 〈동아일보〉 사회부장 할 때 기동취재반이란 걸 만들었습니다. 그리고 지역뉴스를 본격적으로 다루자고 해서 영남 기동취재반을 만들었고, 저는 호남 기동취재반이었는데 만경평야에서 제 아내를 만났습니다. ☺
그 시대, 특히 유신 암흑시대에 정치권력이 어떻게 언론과 언론인을 압살했는지는 여러분도 생생하게 아실 겁니다.

다음으로 언론자유를 억압하고 언론의 정상적인 흐름을 왜곡하는 권력이 바로 자본권력입니다. 광고주의 압박이 상상 이상으로 큽니다. 특히 신문과 방송의 광고 경쟁이 더 치열해지면서 광고주들의 힘이 엄청나게 세졌습니다. 제가 KBS 사장일 때 경력기자를 뽑았습니다. 어느 해에 〈조선일보〉 현역 기자들이 몇 명 최종면접에 올라왔어요. 그래서 물어봤습니다. "〈조선일보〉에도 어떤 의미를 두고 들어갔을 텐데 월급 많이 주는 회사 관두고 왜 굳이 KBS에 오려고 합니까?" 그랬더니 "KBS는 공영방송이기 때문에 아무래도 광고의존도가 낮아서 광고주들에게서 받는 압박에서 자유로울 것 같아 왔습니다"라고 답해요. 그래서 "〈조선일보〉도 광고주 압박이 심해요?" 물었더니 장난이 아니라고 합니다. 지방은 특히 경제적 바탕이 얕아서 광고주들 압박이 더 심할 겁니다. 심지어 기자들이 광고 수주하러 다니잖아요. 올바른 기사를 쓸 수 없습니다.

이 자본권력이 보통 문제가 아닙니다. 이 문제만 갖고도 많은 이야기를 들려드릴 수 있습니다. 미국뿐 아니라 전 세계적으로 지금 신문들이 다 망해가고 있습니다. 신문이 다 죽어가고 있어요. 미국의 메이저 신문 중 〈LA타임스〉, 〈볼티모어선〉, 〈시카고트리뷴〉 등 세 신문을 소유하고 있는 트리뷴 그룹이 2008년 12월 법원에 파산보호를 신청했습니다. 신문이 망해가요. 이제 시간이 지나면 살아갈 수 없어요. 운명적으로 망하게 돼 있습니다. 광고에 의존해야 하는데 신문광고 시장이 줄어들고 구독자 수도 해마다 줄어드니까요. 게다가 고정 제작비는 엄청 많이 듭니다. 인건비도 줘야 하고 신문용지 사서 인쇄하는 데도 비용이 듭니다. 그런데 뉴스를 접할 수 있는 통로가 과거에는 거의 신문이었지만, 지금은 무료 대체재가 많이 있습니다. 요새 젊은 사람들은 대부분 인터넷으로 뉴스를 접하잖아요. 공짜로 뉴스를 접할 수 있는 대체물이 있으니까 신문 구독자 수는 계속 떨어지고 광고에 의존하는 신문산업은 계속 위협을 받는 겁니다. 그러니까 광고주의 힘은 더 세지는 거죠. 그래서 미국에서는 신문을 비영리 기업체로 만들어서 세제 혜택도 받고 재단의 지원도 받는 쪽으로 가야만 살 수 있지 않겠느냐는 이야기까지 나오고 있어요. 그 정도로 고민이 심각합니다. 왜 미디어법을 바꿔서 신문·방송 겸영을 허락했겠습니까. 가만 놔두면 조중동이 사라지게 되거든요. 자기편인데 살려놔야죠.

세 번째로 언론자유나 여론의 정상적인 흐름을 억압하고 왜곡하는 건 상업적 센세이셔널리즘입니다. 선정주의, 이 문제도 상당히 심각합니다. 특히 인터넷이 심합니다. 낚시질을 하잖습니까. 제목도 희한하게 뽑고 말이죠.

네 번째는 언론인이 이념적 혹은 정치적 경향성을 갖는다는 겁니다. 냉전사고라는 이념의 틀에 갇혀서 경직되어 있다 보니 신문을 만날 그런 식으로 만드는 거죠. 정치적 견해가 꽉 박혀서 그런 쪽으로 가는 겁니다. 미국의 FOX가 대표적입니다. 우리나라 신문은 고전적인 예죠. 제가 2006년 봄에 뉴욕에 출장을 갔다가 미국 NBC의 뉴스 담당 사장과 부사장을 만나서 이야기한 적이 있습니다. 두 분 다 방송기자 출신인데 제가 물어봤어요. "당신들 FOX를 어떻게 생각합니까?" 그랬더니 NBC 사장이 저한테 오히려 되물었어요. "당신은 미국에 오래 있었는데 다시 와서 보니 FOX가 어떻습니까?" 그래서 제가 "저건 프로파간다 머신(propaganda machine)이지 브로드캐스팅 저널리즘(broadcasting journalism)이 아닙니다"라고 했더니 자기도 똑같이 생각한대요. 기대하십시오. 앞으로 조중동이 방송을 시작하면 우리나라에도 그런 방송 서너 개 나옵니다. FOX의 이념적 편향은 정말 심합니다. 〈조선일보〉 방송이라 보면 됩니다. 부시 대통령 때는 FOX가 부시 만세를 부르고 다녔습니다.

그래도 미국이라는 나라가 우리보다는 다양성이 있어요. 특히 언론지형, 사회적 여론을 보면 공화당 쪽과 민주당 쪽 숫자가 비슷합니다. 신문의 경우도 보수적 빛깔을 띤 신문과 진보적인, 진보라기보다는 조금 자유로운, 리버럴한 신문의 비율이 비슷합니다. 방송도 비슷합니다. 그러니까 견제세력이 있는 겁니다. FOX를 비판하고 견제하는 세력이 있습니다. 우리한텐 없잖아요. 아까 제가 지금의 언론지형이 90 대 10이라 했는데 조중동 방송이 생기면 수구 기득권 세력 99 대 나머지 1이 됩니다.

〈조선일보〉 독립 막는 원흉을 물었더니

이명박 정권 들어 특히 언론의 자유, 표현의 자유, 양심의 자유와 관련해서 정말 별의별 희한한 사건들이 다 생기지 않았습니까? 지금도 생기고 있습니다. 미네르바 사건도 그렇죠. 경제·금융정책에 대해 몇 마디 했다고 집어넣어버리잖아요. MBC 〈PD수첩〉 제작진을 검찰에서 기소했는데, 언론이 정부정책을 비판할 수 있는 것 아닙니까? 언론 본래의 기능이잖아요. 멀쩡한 김제동 씨, 윤도현 씨를 왜 자릅니까? 촛불시위에 참가한 시민들에게 법적으로 박해를 가하고, 전교조(전국교직원노동조합) 선생님들을 시국선언했다고 해직하고 기소하고…… 민주주의 사회에서 정치적 견해를 밝혔다고 잡아가는 판국입니다. 저를 자르기 위해서도 온갖 권력을 다 동원했습니다.

여러분이 혹시 '정연주 저거, 제가 하도 당해가지고 모가지 뎅강 날아가고 나니 개인적 한이 맺혀서 이명박 정권에 언론의 자유가 없네, 표현의 자유, 양심의 자유가 없네, 이런 소리 하는 것 아닌가' 생각할 수 있습니다. 실제로 저는 이명박 정권에 있는 사람에게 그런 이야기를 들었습니다. "당신이 쫓겨났다고 그렇게 한이 맺혀서 MB정부를 씹어대면 됩니까, 지금 우리한테 언론자유가 얼마나 많이 있는데" 하더군요. 하지만 지금 개인적으로 한이 맺혀서 하는 소리가 아닙니다. 아까 말씀드렸듯이 '국경 없는 기자회'에서 객관적, 국제적으로 공인해버렸습니다. 대한민국의 언론자유가 지금 무진장 뒷걸음질하고 있다고 말입니다. 제 개인적 평가가 아닙니다. 그리고 한국언론재단에서 2009년 9월에 실시한 조사에서 언론자유를 제한하는 원흉이 뭐냐고 질문했더니 거의 30퍼센트의 기자들이 1등을 '정부나 정치권력'이라고 했습니다. 6월 항쟁 이후 이런 수치가 나온 적이 단 한 번도 없었습니다. 아까도 말씀드렸지만 6월 항쟁 때 시민들이 희생을 치르고 그 많은 분들이 고난을 겪어서 우리 민주주의를 이만큼 넓혀놨습니다. 언론은 그 안에 무임승차해서 자기들 권력을 만들고는 마음껏 언론자유를 누렸잖아요. 특히 국민의 정부, 참여정부 10년 동안 언론자유는 그 이상 누릴 수 없을 정도였습니다. 그랬는데 불과 1년 8개월 만에 69등으로 곤두박질치고, 현역 기자들 중 30퍼센트가 언론자유를 제약하는 1차 원흉으로 '정부나 정치권력'을 지목했습니다.

〈한겨레〉에서 2009년 2월 말에 이명박 정권 1년에 대한 여론조사를 했습니다. "언론자유가 더 나빠졌다고 생각합니까, 더 좋아졌다고 생각합니까?" 국민들한테 물어봤어요. 국민들의 44.4퍼센트는 '더 나빠졌다'고 했어요. '더 좋아졌다'는 12퍼센트, '그전과 비슷하다'는 34퍼센트였습니다. '더 나빠졌다'고 생각하는 국민이 다수이지 않습니까? 언론의 자유, 표현의 자유, 양심의 자유가 심각하게 침해되고 있다는 말은 정연주 개인이 KBS 사장 자리에서 쫓겨났다고 한 맺혀서 하는 소리가 아닙니다. 국민들도 그렇게 생각하고, 현역 기자들도 그렇게 생각하고, '국경 없는 기자회'에서도 그렇게 이야기합니다. 매일매일 우리가 목격하지 않습니까?

아주 재미있는 자료가 저한테 있습니다. 〈조선일보〉 노동조합에서 300호 특집으로 만든 노보입니다. 1995년 3월에 만든 노보니까 6월 항쟁이 일어난 지 8년 뒤인데 그때 어느 정도로 언론이 정치권력에서 자유로웠는가를 생생하게 보여주는 통계가 있습니다. 〈조선일보〉 노동조합에서 자기네 기자들을 상대로 여론조사를 했습니다. 〈조선일보〉 편집국이 독립돼 있다고 생각하는가, 독립돼 있지 않다고 생각하는가 물었더니, 결과가 '매우 독립돼 있다' 0퍼센트, '독립돼 있다' 11.7퍼센트, '보통이다' 33퍼센트, '독립돼 있지 못하다' 4.5퍼센트, '매우 독립돼 있지 못하다' 49.4퍼센트로 나왔습니다. 그러니까 1995년에 〈조선일보〉 기자 중 54퍼센트가 〈조선일보〉 편집국이 독립돼 있지 못하다고 한 겁니다. 그러면 〈조선일보〉 편집국을 독립되지 못하게 만든 원흉이 뭐냐고 물었더니 답이 가관입니다. 경영진, 사주라는 답이 61.4퍼센트입니다. 편집국장과 데스크 등 중간간부 22.4퍼센트, 광고주 6.9퍼센트, 정치권력 2.9퍼센트입니다. 6월 항쟁이 일어난 지 8년 뒤인 1995년은 이미 정치권력이 언론자유 문제와 거의 관계없던 시절이었습니다. 그러면 국민의 정부, 참여정부 땐 어떠했겠습니까. 하지만 지금 무려 30퍼센트나 되는 현역 기자들이 언론자유를 제한하는 원흉으로 정부와 정치권력을 지목한 것 아닙니까?

그런데 미디어악법은 더 교묘하게 정치권력을 통해 언론의 판 자체를 바꿔버리는 도구입니다. 무섭습니다. 끔찍합니다. 지금 종합편성을 하는 곳은 KBS, MBC, SBS 세 군데입니다. 종합편성채널은 뉴스도 내보내고, 드라마, 시사교양, 오락 등 모든 프로그램을 종합해서 방송할 수 있는 데고, 보도채널은 보도만 할 수 있는 YTN 같은 데죠. 미디어악법으로 정권 친화적인 조중동에 종합편성채널을 주면 조선일보TV, 중앙일보TV, 동아일보TV가 더 생겨나는 겁니다.

게다가 KBS를 무색무취하게 만들겠다고 공언하는데, 그 말은 언론의 비판 기능을 제거한 일본 NHK처럼 만들겠다는 겁니다. MBC에게는 '정명(正名)'을 찾아주겠다는데, 그 말은 돈벌이나 하는 상업방송이 되라는 이야기죠. 이 정권이 미디어법을 통해 추구하는 모델이 바로 일본 모델입니다. NHK라는 공영방송이 있고, 주요 신문 다섯 개가 민방 다섯 개를 거느리고 있어요. 〈아사히신문〉이 아사히TV, 〈산케이신문〉이 후지TV를 갖고 있는 식으로 주요 신문이 민방 다섯 개를 갖고 있습니다.

제가 KBS 사장이 되어 가보니 KBS의 여러 임원과 직원이 NHK 이야기만 합디다. 꼭 우리 형님 이야기하듯 했어요. 그래서 제가

NHK를 열심히 공부하고, 직접 여러 번 가봤습니다. 프로그램도 보고 회장도 여러 차례 만나 이야기를 나눴습니다. 그쪽 주요 인사들을 만나 이야기해본 결론은 NHK 따라가면 큰일 나겠다는 것이었습니다. 왜일까요? NHK의 가장 치명적 약점은 예산을 국회에서 승인받는 겁니다. 독립되어야 할 공영방송의 예산을 국회에서 승인합니다. NHK 회장을 만났더니 저한테 자랑처럼 이야기했습니다. "나는 새해가 오면 3월 말까지 석 달 동안 국회의원들 다 만나서 예산 승인받는 작업을 합니다." 부끄러운 이야기죠. 그게 어떻게 자랑스럽습니까. 공영방송 사장이 국회의원 만나서 예산 승인해달라고 하고 그 과정에서 정치적인 타협을 합니다. 그래서 NHK에는 사회적이거나 역사적인 비판의식을 보여주는 프로그램이 거의 없습니다. 제가 보기에는 비판 기능이 거세된 조직입니다. 〈실크로드〉 같은 교양프로그램은 잘 만듭니다. 그러나 언론의 비판 기능이 거세되다 보니 무색무취합니다. 최근에 2차 대전에 관한 다큐멘터리 하나 잘 만들었다는 것이 뉴스거리가 되는 방송사입니다. 제가 KBS에 있을 때 한나라당에서 KBS 예산을 국회에서 승인하도록 하자고 여러 번 법을 바꾸려 했습니다. 그렇게 되면 언론으로서 KBS의 생명은 끝납니다. NHK는 절대로 따라가면 안 될 모델입니다.

민방은 어떻습니까? 일본 민방은 아까 말씀드린 대로 대형 신문사들이 다 하나씩 갖고 있습니다. 신문은 망해간다고 아까 말씀드렸잖아요. 방송은 돈을 잘 벌거든요. 일본 민방에는 철저하게 오락 기능만 있습니다. 저널리즘 기능은 2차적이에요. 시청률을 높여서 돈을 잘 버는 게 최고 미덕입니다. 뉴스까지도 연예인들이 진행하는 경우가 많습니다. 센세이셔널리즘은 또 어떻고요. 일본 민방만큼 상업적

선정주의가 많이 들어간 언론도 세계에서 찾아보기 쉽지 않습니다. 여러분, 인터넷 기사 보셨죠. 태풍이 불면 어떤 화면을 내보냅니까? 바람이 세게 불어서 여고생들 치맛자락이 확 올라가는 장면을 쓰잖아요. 어떤 우리나라 젊은이가 원두막에서 찍은 사진이 북한 김정일 위원장의 셋째 아들 김정은하고 비슷하다고 해서 그걸 그대로 김정은 사진이라고 내걸고 보도했습니다. 일본 어느 민방에서 인기가 좋았던 저녁 9시 메인뉴스 진행자가 〈엽기적인 그녀〉 홍보차 일본에 간 배우 전지현 씨의 머리를 툭툭 치면서 인터뷰했습니다. 선정주의죠. 눈길을 끌려는 겁니다. 일본 민방의 밤 프로그램은 낯 뜨거워서 못 봅니다. 철저하게 오락 기능만 있습니다.

그러니까 일본 공영방송은 비판 기능이 거세된 무색무취한 방송이고, 민간 상업방송 5개는 시청률 경쟁을 벌이면서 저널리즘보다는 연예오락 기능, 선정주의가 판을 칩니다. 그나마 저널리즘 기능을 하는 게 주로 신문인데 일본 신문의 90퍼센트는 보수죠. 그런 언론환경이 바로 자민당이 54년간 장기집권한 토양이 됐습니다. 그래서 이 정권이 그런 일본 모델을 따라가려는 겁니다. KBS를 무색무취하게 만들고, 조중동 방송을 비롯한 상업방송은 일본 민방처럼 오락 기능만 해서 국민들 정신에 모르핀 주사를 놓고, 신문은 지금처럼 수구기득권 발언을 계속 하고…… 일본 자민당처럼 언론환경을 장기집권의 토양으로 만들자는 것이죠. 이미 90 대 10인데, 조중동 방송까지 생기면 99 대 1이 되는 것 아닌가요? 그렇게 되면 여론의 다양성은 사라집니다. 사회의 목소리가 하나밖에 남지 않게 되겠죠. 캄캄합니다.

좋은 소식도 있어요. 종합편성채널이 세 군데 생기면 그중 두 군데는 결국 망합니다. ☺ 절대 모두 살아나지 못합니다. 광고시장이 빤

하지 않습니까. 프로그램 하나 만드는 데 돈이 많이 듭니다. 제가 5년 동안 KBS를 운영해봐서 아는데, 월화·수목·주말 드라마 한 편 제작하는 데 외주사한테 1억 원 이상 줍니다. 직접비만 1억 원 이상입니다. 그럼 외주사는 작가비하고 A급 스타 몇 명 출연료 주고 나면 돈이 없습니다. 그러니까 조연들을 엉터리로 쓰고 사람들 많이 나오는 장면도 안 찍고 해서 엉망으로 만들었던 겁니다. 그런데 요새 광고시장이 무섭습니다. 3, 4년 전만 해도 시청률 2등만 하면 광고들이 어느 정도 들어왔는데 요새는 1등이 독식해버립니다. 〈선덕여왕〉이 다 끌어들입니다. 앞으로 KBS, MBC, SBS, 조선방송, 중앙방송, 동아방송 여섯 곳이 만약 드라마로 경쟁하면 한 곳만 돈 버는 겁니다. 많아야 두 곳입니다. 2등은 아마 제작비 절반 정도나 건지겠죠. 나머지 네 곳은 다 손해 봅니다. 그게 희망입니다. ☺

당신의 시간과 재능과 물질을 내놓으라

저는 민주주의의 꽃은 다양성이라고 생각합니다. 언론은 원래 공론장으로서 다양한 견해를 담는 그릇인데, 지금 언론 판도는 그런 다양성이 거의 사라진 일방적인 구도입니다. 조중동 방송이 생기면 더 심해질 겁니다. 이명박 정권은 언론의 판도를 바꿔놓으려고 자기네들과 다른 생각을 가진 사람들을 죄다 쫓아내버립니다. 그것도 아주 치졸하고 야비한 방법으로 말입니다. 박정희 시절에는 무지막지했지만 지저분하진 않았던 것 같아요. 기분 나쁘면 그냥 긴급조치 9호 발표해서 감옥에 집어넣어버렸잖아요. 그런데 지금 정권은 뒤를 캐서 뭐 나오는 것 없는지 뒤져보죠. 자기들이 하도 그런 짓들을 많이 했으니까 보통 사람들도 다 그렇게 해먹는다고 생각하는 모양입니다. 뒤를 캐고 뒤져서 인격파탄자를 만들고 그러잖습니까. 참 야비한 사람들입니다. 지저분해요.

광고도 그렇습니다. 요즘 정부 광고가 조중동에 집중되고 〈한겨레〉, 〈경향신문〉은 광고 수가 쑥 떨어지고 있어요. 조중동과 〈문화일보〉의 공기업 광고는 1년 동안 97퍼센트 늘었습니다. 곱빼기로 늘어난 셈인데 공기업 광고가 차지하는 몫이 큽니다. 〈한겨레〉, 〈경향신문〉은 오히려 12퍼센트 줄어들었습니다. 야비합니다. 박원순 변호사가 시민사회단체 돈줄이 다 막혔다고 하는 것도 모두 같은 현상입니다. 대기업들도 요새 〈한겨레〉, 〈경향신문〉에 광고를 잘 주지 않습니다. 그러니 크게는 미디어법이라는 제도를 통해서 언론지형을 완전히 바꿔놓으려 하고, 가깝게는 광고를 통해 매우 교묘하게 목줄을 죄며, 직접적으로는 미운털 박힌 사람은 그냥 목을 날려버리는 겁니다.

그러면 우리는 어떻게 해야 할까요? 절망 속에서 살아야 할까요? 아닙니다. 저는 요새 희망을 꽤 많이 봅니다. 미국에 무브온이라는 시민단체가 있습니다. 이 단체는 1998년에 클린턴 대통령이 르윈스키하고 바람피웠다고 탄핵될 때 보수세력이 클린턴을 무너뜨리려 하니 클린턴을 지켜주자고 해서 생긴 단체입니다. 온·오프라인 활동을 아주 열심히 하는데 지금 회원이 약 500만 명 됩니다. 미국에서는 시민사회단체가 선거모금법에 따라 공식적, 합법적으로 선거자금을 모을 수 있습니다. 정치활동위원회(PAC, Political Action Committee)를 만들어서 돈을 모읍니다. 500만 명의 회원을 바탕으로 1998년부터 열심히 사람과 돈과 재능을 모아서 부시를 깨고 오바마를 당선시킨 일등공신이 무브온입니다.

저는 '노무현 시민학교'에 오신 여러분들처럼 우리 사회의 많은 시민들이 깨어 있는 시민이 되고 행동하는 양심이 되어서 힘을 모으면 충분히 미국의 무브온처럼 할 수 있다고 봅니다. 제가 며칠 전에 부산 '노무현 시민학교'에서 같은 강연을 했는데 아홉 조를 짜서 조별 미팅을 따로 합니다. 그리고 그 조별 미팅을 시민학교 끝나고도 계속 하겠답니다. 저는 참 좋은 모델이라고 봤습니다. 자꾸 새끼를 쳐야 죠. 다단계 판매를 거기서 해야 합니다. ☺ 아홉 조가 각자 새끼 아홉 조를 만들고 또 그 밑으로 계속 만들면 피라미드가 되는 것 아닙니까. 충분히 할 수 있습니다. 김대중, 노무현 대통령이 석 달 만에 세상을 떠나면서 남기신 유언이 "깨어 있어라", "행동하는 양심이 되어라" 이 두 가지 아닙니까. 그 이상 절절한 유언이 세상에 어디 있겠어요. 하면 됩니다.

그리고 요즘 여기저기 다녀보면 20, 30대 여성들이 굉장히 적극적으로 참여합니다. 자기 의사도 굉장히 적극적으로 밝히죠. 요새 우리나라 프로야구가 왜 그렇게 잘됩니까? 20, 30대 여성들이 열렬한 팬이 되어서 즐기잖아요. 2008년 촛불집회를 보십시오. 얼마나 생기발랄하게 저항했습니까. 젊은 사람들의 그 생기발랄함, 신명, 유연함, 그리고 정치적인 깨우침…… 20, 30대 젊은 세대가 희망의 근거입니다. 젊은이들이 전부 투표장에 가면 그냥 바뀝니다. 그들을 어떻게 투표장으로 가게 해서 정치적 축제를 이끌어낼 수 있을지 앞으로 생각해야 합니다. 이해찬 전 총리의 팬카페 '대장부엉이' 아시죠? '소울드레서', '쌍코', '화장발', 이 세 단체의 주인공도 20, 30대 여성들 아닙니까. 이 20, 30대의 생기발랄함, 깨우침, 적극적인 참여가 분명히 우리나라 역사를 바꾼다고 저는 확신합니다.

그래서 이 자리에 오신 20, 30대 분들에게 특별히 드리고 싶은 이야기가 있습니다. 이 정권 아래서 여러분의 현재와 미래가 매우 심각합니다. 지금 우리 사회의 정치적 조건, 그러니까 표현의 자유, 양심의 자유, 언론의 자유 같은 젊은 세대가 꿈을 피우는 데 필요한 조건이 무너지고 있습니다. 그냥 공기처럼 있는 듯 없는 듯 자연스럽게 있어야 할 그 자유, 토양이 지금 망가져버렸습니다. 그래서 두려움과 공포감이 연탄가스처럼 사방에서 스며들고 있어요. 그뿐만 아니라 20, 30대의 경제적 미래가 심각합니다. 지금 이명박 정권이 '카드깡 경제'를 하고 있거든요. 빚잔치를 하고 있습니다. 부자들 세금 다 깎아주고, 4대강에 돈 퍼붓고, 남북 간 긴장은 막 돋우고…… 부시 때와 똑같습니다.

레이건 이후 승승장구하던 미국의 보수주의가 왜 부시 때 망한 줄 아십니까? 나라 경제를 말아먹어버렸습니다. 레이건이 처음 들어와서 대규모 감세를 했죠. 그런데 국방비는 엄청나게 늘렸습니다. 아버지 부시가 들어와서 또 그렇게 했죠. 그다음에 클린턴이 간신히 막아놨는데 아들 부시가 와서 엉망으로 망가뜨렸어요. 미국의 연방재정 적자와 국가부채 추이를 보면, 1980년은 레이건이 대통령이 된 해인데 연방재정 적자가 700억 달러밖에 안 됐고, 나라 부채도 1조 달러가 안 됐습니다. 그런데 레이건이 대량으로 감세하고 국방비를 마구 늘려서 8년 뒤에 연방재정 적자가 거의 2000억 달러, 국가부채가 2조 6000억 달러가 됐습니다. 아버지 부시가 재임할 때 연방재정 적자와 국가부채는 계속 늘어났습니다. 클린턴이 대통령에 당선한 1992년에 연방재정 적자는 3400억 달러였고 국가부채는 4조 달러가 넘었습니다.

당시 미국은 쌍둥이 적자, 그러니까 연방재정 적자에 무역 적자까지 겹쳐 경제가 곤두박질쳤습니다. 클린턴이 당선한 가장 큰 요인이었죠. 클린턴 행정부가 출범한 뒤 이른바 '재정규율(fiscal discipline)'이라 해서 재정을 굉장히 긴축적으로 운영했습니다. 8년이 지나 2000년에 연방재정 적자를 없애고 흑자로 돌아섰습니다. 그리고 국가부채가 5조 달러 선에 머물렀습니다. 그런데 아들 부시가 들어오자 연방재정 적자가 순식간에 해마다 4000억~5000억 달러씩 발생했습니다. 감세에다, 이라크 가서 전쟁 치르느라 국방비도 엄청나게 늘어났거든요. 정신 나간 사람입니다. ☺ 국가부채도 오바마한테 넘겨줄 때 10조 달러에 이르렀습니다. 10조 달러면 이자만 1년에 5000억 달러입니다.

우리나라는 어떻습니까? 최근에 기획재정부가 내놓은 자료를 보면 참여정부가 출범한 2003년에 국가부채가 165조 원이었습니다. GNP 대비 21퍼센트였고요. 그런데 2008년 MB 정부가 들어설 때 벌써 300조 원이 넘었습니다. 내년이면 400조 원이 넘습니다. 2013년 MB가 떠날 때쯤에는 493조 원이 될 거라고 하는데 이것도 제가 보기엔 숫자로 장난치는 겁니다. 500조 원을 안 넘기려고 억지로 맞춘 것 같아요. 493조 원이라는 예상은 세수증가율을 연평균 10.6퍼센트로 잡을 때 나오는 것이거든요. 아니, 부자들 세금을 다 깎아버리는데 어떻게 세수증가율이 10.6퍼센트가 됩니까. 지금까지 이야기한 국가부채는 국가직접부채입니다. 공기업, 정부 부문의 민간투자사업의 채무는 제외한 것이죠. 그런데 공기업 부채, 연금 등을 다 합친 '사실상의 국가부채'는 2008년 말 현재 무려 1439조 원에 달합니다. 한나라당 이한구 의원이 이 문제의 심각성을 여러 번 제기했죠.

그런데 국가부채가 400조 원이 되면 1년 이자만 20조 원입니다. 한 가정의 아버지가 단기적으로 인기를 끌려고 자식들 미래는 생각하지 않고 막 카드깡을 하는 셈입니다. 미래를 담보로 해서 지금 경제 빚잔치를 벌이는 겁니다. 일시적으로 주가나 부동산은 괜찮아지겠죠. 자산을 많이 가진 분들이 좋아할 겁니다. 하지만 일본을 봐도 그렇고 미국을 봐도 그렇고, 자산가치가 비정상적으로 풍선같이 부풀면 언젠간 터집니다. 이 빚잔치는 특히 20, 30대의 미래를 담보로 한 것입니다. 그러니까 20, 30대에게는 지금 정치적, 시민적 자유의 공간이 좁아질 뿐만 아니라 경제적인 미래도 이대로 가다가는 암울할 수밖에 없습니다.

경제위기가 닥쳐왔을 때 재정을 운영하려면 돈이 좀 여유가 있어야 합니다. 나라 빚이 적어야 합니다. 미국을 보면 레이건, 아버지 부시, 아들 부시 정부 때 워낙 재정을 엉망으로 운영해서 국가부채가 너무 많으니까, 오바마가 금융위기가 왔을 때 쓸 수 있는 돈이 넉넉하지 않았습니다. 그래도 매일 금융기관이 넘어지니까 할 수 없이 돈을 막 가져다 썼습니다. 2009년 9월 말에 마감된 미국의 2008년 회계연도 국가부채를 보면 연방재정 적자가 1조 5000억 달러였습니다. 미국 역사상 이런 기록이 없습니다.

그러니까 앞에서 개판을 쳐놓으면 뒤에 온 사람이 뒤치다꺼리하느라 힘듭니다. 지금 바로잡아야죠. 3년 뒤에 바로잡으면 덜 고생하고, 8년 뒤에 가서도 만약 제대로 잡지 못하면, 이런 표현을 써서 죄송합니다만, 진짜 우리 국민들 개고생하게 됩니다. 그러니까 저는 요새 20, 30대가 적극적으로 의사를 표현하는 데에서 희망을 봅니다. 우리 국민들이 지금 주식, 부동산 값 때문에 모르핀 맞은 것 같은 증상을 보이고 있는데, 이런 효과가 절대 오래가지 못할 겁니다.

미국 무브온에는 거대담론이나 추상적이고 원론적인 담론 따위가 없습니다. 무브온에서 제시하는 강령들을 보면 참으로 구체적입니다. 투표장에 가서 찍어라, 너 혼자 하지 말고 네 애인과 같이 찍어라, 직장동료들과 같이 투표장 가서 찍어라, 당신의 시간을 내놔라……. 요약하면 당신의 시간과 재능과 물질을 내놓으라는 겁니다. 적극적으로 참여하라는 겁니다.

그리고 저는 이 글을 읽을 때마다 가슴이 멍해오는데, 김대중 전 대통령이 노무현 전 대통령이 돌아가시고 시민적 자각과 각성을 요구하면서 이런 말씀을 하셨습니다. "이기는 길은 모든 사람이 공개적으로 정부에 옳은 소리로 비판을 하는 것이다." 그러면 세상이 바뀝니다. "그렇지만 그렇게 못하는 사람은 투표를 해서 나쁜 정당에 투표하지 않으면 된다. 그리고 많은 사람들이 나쁜 신문을 보지 않고 집회에 나가고 하면 힘이 더 커진다. 작게는 인터넷에 글을 올리면 된다. 하려고 하면 너무 할 일이 많다. 하다못해 담벼락을 쳐다보고 욕을 할 수도 있다." 우리가 하다못해 담벼락 보고 고함지르고 욕하는 것을 비롯해서 작게는 인터넷에 열심히 댓글도 써야 합니다. 그리고 무엇보다 투표를 열심히 하면 세상을 금방 바꿀 수 있습니다. 희망을 가지십시오. 감사합니다.

정연주에게 묻는다

2009년 10월 30일 광주

청중 1 KBS에 계실 때 언론보도나 김제동 씨 같은 방송인의 고용과 퇴출을 두고 외부의 압력을 받아본 적이 있으셨는지 궁금합니다.

정연주 한 번도 없습니다. 해마다 5월인가 6월에 KBS에서 해외동포상을 수여합니다. 해외에서 많은 업적을 남기신 다섯 분을 뽑아 서울에 초청해서 상을 드리고 그분들의 삶을 다큐멘터리로 만들어서 방송에 내보냅니다. 2003년에 제가 KBS 사장이 되었는데 그해 봄에 해외동포상을 받으신 분들 내외와 함께 청와대를 방문해서 대통령 내외분과 점심을 함께했습니다. 그때 현직의 노무현 대통령을 청와대에서 처음 뵈었습니다. 점심식사가 끝나고 노 대통령과 제가 나란히 한 4분쯤 같이 걸어나왔을 겁니다. 그때 노 대통령이 제게 이런 말씀을 하셨어요. "정 사장님, 저는 대한민국에서 두 분한테 전화를 못 겁니다. 앞으로도 안 할 겁니다." 그래서 "누굽니까?" 했더니 "KBS 사장과 검찰총장입니다" 하셨어요. 그 약속을 끝까지 지키셨어요. 저한테 단 한 차례도 전화하지 않으셨습니다. 그런데 참 역설적이게도 나중에 노 대통령을 수사할 때, 자율권을 최대한 주었던 그 두 조직, 검찰과 KBS로 상징되는 언론이 가장 잔인하게 물어뜯었죠.

어쨌거나 재임기간 동안 누구를 출연시켜라 마라 하는 강요를 받은 적은 한 번도 없습니다. 저도 제작진에게 누구를 써라 잘라라 하는 소릴 하지 않았습니다.

심지어는 이런 일도 있었습니다. 이덕화 씨가 옛날에 김대중 전 대통령의 신체적인 문제를 가지고 야유한 적이 있잖아요. 그런데 제가 사장으로 간 뒤에 이덕화 씨가 KBS 2TV 〈대조영〉에도 나오고 시트콤에도 나왔어요. 여러 군데에서 저를 많이 비판했어요. "옛날에 DJ를 욕하고 그랬는데 왜 그 사람을 자르지 않는가" 했는데, 제가 "그 사람의 행실은 부적절했어도 연예인을 사장이 써라 마라 해선 안 된다"고 했죠. 마치 대통령이 대한민국에서 두 사람한테 전화 못 한다는 것과 마찬가지로 말입니다. 저는 그 문제도 결국 시청자들이 결정할 문제이며 제작진들이 자율적으로 해결해야 할 문제라고 봤습니다. 저는 오히려 이른바 '친노'라고 규정된 연예인들이 역차별을 받지 않았나 하는 생각을 가끔 합니다. 명계남 씨 같은 분은 출연을 잘 못하셨죠. 어쨌든 퇴출과 관련해서 외부 압력을 받아본 적은 없습니다.

청중 2 KBS나 MBC의 시사프로그램 가운데 상당수가 과거에 비해 정권을 비판하는 소재를 회피하거나 다루는 강도와 빈도가 다소 약해졌다고 생각합니다. 어떻게 생각하시는지요?

정연주 사실입니다. 저는 KBS가 제 재임기간 동안 신뢰도 1위에 오른 걸 굉장히 중요한 업적으로 생각합니다. 영향력 1위일 뿐만 아니라 신뢰도 1위였어요. 신뢰도를 높이려면 권력을 비판해야 합니다. 권력과 같이 가면 국민들이 그 언론을 크게 신뢰하지 않습니다. 객관적이라고 보지 않죠. 그런데 지금 시사프로그램들은 빛이 바랬습니다. 거의 사라졌습니다. 무색무취해지고 있어요. MBC에는 아직 조금은 남아 있습니다. 그런데 KBS에는 지금 거의 보이지 않습니다. 그래도 그 과정에서 젊은 후배들이 그 틈새를 비비면서 무진장 노력하고 있습니다. 그러니까 너무 실망하지 마세요. 위에서 권력이 짓밟아가지고 표면이 딱딱해지면 아무리 머리를 디밀어도 잘 나오지 못하는데 요만큼만 틈새가 생기면 밑에서 용솟음쳐 나옵니다. KBS 안에 젊은 기자, PD가 많습니다. 조그만 틈새만 생기면 나올 테니까 걱정하지 않으셔도 됩니다.

청중 3 KBS 사장에서 해임되실 때 노동조합은 어떻게 했는지요?

정연주 괴로운 질문인데요. KBS 노동조합에 혁혁한 전통이 있었습니다. 1989년 방송민주화 때도 그랬고 KBS 노조가 방송민주화의 견인 역할을 해왔습니다. KBS 이외의 언론, 특히 방송 전체를 견인하는 역할을 많이 했어요. 왜냐하면 KBS 노조의 전임자가 25명으로 가장 많고, 노조원 수가 많기 때문에 예산도 가장 많습니다. 1년에 20억 원 가까이 됩니다. 인력과 재원이 풍부하기 때문에 방송민주화를 위해 상당히 적극적으로 기여했습니다.

그런데 제가 2004년에 개혁을 좀 세게 해버렸어요. KBS에 직위가 1200개 있었는데 팀제를 도입하면서 1000개를 없애버리고 200개만 남겨놨어요. 그리고 지역국 일곱 곳도 없애버렸죠. 생각보다 저항이 굉장히 심했습니다. 그리고 그때부터는 방송민주화 같은 큰 그림보다는 고용안정, 월급, 복지에 집착합디다. 게다가 KBS 내부의 인적 구성을 보면 기자 600명, PD 900명 해서 합쳐봐야 1600명 정도인데 기술직은 2000명이 넘거든요. 제작과 직접 관련이 없는 부서 사람들이 많으니까 노동조합 위원장 선거할 때 '반(反)정연주' 깃발을 들어 버리니 그냥 당선됐죠. 그 노동조합의 집행부는 뉴라이트 성향이 짙었고, 한나라당, 조중동과 함께 제 퇴진을 줄기차게 요구했어요. 노동자의 권리, 노동과 무관한 사람들로 구성된 노조 집행부가 〈임을 위한 행진곡〉을 부를 땐 눈물이 납디다. 처절한 심정이 들었어요. '저 노래 함부로 부르는 것 아닌데……' 노동조합이라는 깃발을 들었다고 해서 다 노동자를 위한 집단은 아니라는 것이죠. 그런 노조들이 우리 사회에 많이 있지 않습니까?

청중 4 기자들이 '사주의 종업원'이 되어버린 현실에서 언론을 다시 살릴 수 있는 구체적 방법을 제시해주세요.

정연주 제가 그 방법을 알았더라면 벌써 언론개혁 끝내버렸죠. ☺ 간단치 않습니다. 그런데 요새 인터넷 1인 매체도 활발하고 블로그도 활발해서 저는 그쪽에서 많은 희망의 싹을 보고 있습니다. 또 제도권 언론뿐만 아니라 다른 영역에서도 많은 가능성이 있습니다. 디지털화가 많이 진행되면서 방송사 하나 차리는 데 옛날만큼 돈이 많이 들지 않거든요. 기술적으로 많은 것을 할 수 있게 된 시대이기 때문에 다양한 매체와 수단을 활용할 수 있습니다.

청중 5 일본에서 자민당이 패배할 때 일본 언론이 어떤 역할을 했는지 궁금합니다.

정연주 언론과는 별 관계가 없었습니다. 시민들이 54년간의 보수정권 부패가 지겨워서 바꾼 거죠. 언론은 큰 역할을 하지 못했습니다. 사실 일본 시민단체나 운동도 바닥에서 상당히 활발하거든요. 그런 깨우침이 일본 역사를 바꿨지, 언론지형만 놓고 보면 바꿀 수 있는 형편이 아니었습니다. 물론 그 언론토양 덕분에 54년을 장기집권했죠. 그런데 역시 일반 시민, 국민의 깨우침이 가장 중요했어요. 우리나라도 지금 언론지형이 9 대 1인데 일반 시민들의 의식은 9 대 1이 아닙니다. 특히 젊은이들은 안 그렇습니다. 그리고 지금은 인터넷이라는 대체매체가 활발하기 때문에 저쪽에서 생각하는 대로 절대 가진 않을 겁니다. 그리고 항상 권력이라는 건 한번 누수현상이 생기면 힘이 쭉 빠지잖아요. 레임덕이 곧 올 것 같습니다.

청중 6 현실정치에 뛰어들 생각은 없으신지요?

정연주 사람은 자기가 잘할 수 있는 분야가 있는 것 같아요. 장사하는 제 친구 보면서 그것도 아무나 하는 게 아니고 타고나야 하는구나 하고 느끼거든요. 글 쓰는 것도 마찬가지고, 예술도 그렇고요. 마찬가지로 정치도 타고나야 한다고 생각하는데, 아무래도 제 재능은 글 쓰는 쪽에 있는 것 같고, 또 제가 글과 말의 힘을 믿기 때문에 그쪽에서 일하는 게 제가 역사 발전에 기여하는 길이라고 생각합니다. 🖐

05
노무현의 얼굴
도종환

도종환 시인, 한국작가회의 부이사장

1954년 충북 청주에서 태어나 충북대 국어교육과를 졸업하고 충남대에서 문학박사 학위를 받았다. 1980년대 초 동인지 《분단시대》에 〈고두미 마을에서〉 등 5편의 시를 발표하며 작품 활동을 시작하여 1986년 시집 《접시꽃 당신》으로 대중적인 사랑을 받았다. 1989년 전교조 활동으로 해직·투옥됐으며, 10년 만에 복직해 아이들을 가르치다가 건강이 좋지 않아 다시 교직을 떠났다.

이후 충북 보은군 '구구산방'에서 자연과 더불어 살며 시와 산문을 썼다. 교원대 대학원, KDI 국제정책대학원 등에서 강의를 했으며, 주성대 문예창작과 겸임교수, 한국작가회의 사무총장, 간행물윤리위원회 위원을 지냈다. 현재 한국작가회의 부이사장, 한국민족예술인총연합 부회장을 맡고 있다. 〈어떤 마을〉, 〈흔들리며 피는 꽃〉 등 10여 편의 시와 산문이 중·고등학교 국어, 문학 교과서에 실렸다. 제8회 신동엽창작상, 2006년 올해의 예술상(문학 부문), 정지용문학상, 윤동주문학상 등을 수상했으며, 2006년 '세상을 밝게 만든 100인'에 선정되기도 했다. 창작과 강연활동을 계속하면서 '오래 남을 한 편의 좋은 시'를 쓰는 데 관심을 두고 있다.

시집으로 《고두미 마을에서》, 《접시꽃 당신》, 《사람의 마을에 꽃이 진다》, 《부드러운 직선》, 《슬픔의 뿌리》, 《해인으로 가는 길》 등이 있으며, 산문집으로 《그때 그 도마뱀은 무슨 표정을 지었을까》, 《모과》, 《마지막 한 번을 더 용서하는 마음》, 《사람은 누구나 꽃이다》, 《그대 언제 이 숲에 오시려는가》, 《마음의 쉼표》 등이 있다.

도종환이 생각하는 '노무현 정신'은…

원칙을 지키고
불의에 타협하지 않아도
성공할 수 있다
깨어 있는 시민으로 거듭나자

반갑습니다. 도종환입니다. '노무현 시민학교'에 오신 여러분이 저보다 더 노무현 전 대통령을 사랑하시고 잘 아시는 분들이고, 그리고 이해찬 전 총리나 이정우 교수, 문재인 전 실장, 유시민 전 장관은 노 대통령과 함께 직접 국정책임을 맡아 일하셨던 분들이죠. 명석하고 해박하고 식견이 넓은 분들이고요. 저는 직접 같이 일하진 않았습니다. 노 대통령 재임 시절에 몸이 아파 산속에서 요양을 하며 지냈어요. 물론 저는 대통령 취임 전야제에서 축시를 낭독한 적이 있습니다. 그런데 축시를 쓴 사람이 나중에 조시를 쓰고 장례식 제관을 맡게 될 줄 그때는 몰랐어요. 세상에 이런 일이 다 있나 생각했습니다.

가까운 거리에서가 아니라 낙향하여 요양하면서 재임기간을 지켜봤기 때문에 가까이서 같이 국정을 운영했던 분들만큼 모릅니다. 여러분보다 더 모를 수도 있습니다. 다만 그 시기를 어떻게 평가할 것인지, 어떤 것들을 우리가 잊지 말고 계승해서 되살려야 할 것인지를 글 쓰는 사람의 시각에서 여러분께 말씀드리고자 합니다.

개혁의 기회는
자주 오지 않는다

시 한 편을 읽으면서 이야기를 시작하겠습니다. 다산 정약용 선생을 생각하며 쓴 시입니다.

새벽 초당 도종환

초당에 눈이 내립니다
달 없는 산길을 걸어 새벽의 초당에 이르렀습니다
저의 오래된 실의와 편력과 좌절도
저를 따라 밤길을 걸어오느라
지치고 허기진 얼굴로 섬돌 옆에 앉았습니다
선생님, 꿈은 이루어지지 않습니다
무릉의 나라는 없고 지상의 날들만이 있을 뿐입니다
제 깊은 병도 거기서 비롯되었다는 걸 압니다
대왕의 붕어도 선생에겐 그런 충격이었을 겁니다
이제 겨우 작은 성 하나 쌓았는데
새로운 공법도 허공에 매달아둔 채 강진으로 오는 동안
가슴 아픈 건 유배가 아니라 좌초하는 꿈이었을 겁니다

그렇습니다 노론은 현실입니다

어찌 노론을 한 시대에 이기겠습니까

어떻게 그들의 곳간을 열어 굶주린 세월을 먹이겠습니까

하물며 어찌 평등이며 어찌 약분이겠습니까

그래도 선생은 다시 붓을 들어 편지를 쓰셨지요

산을 넘어온 바닷바람에

나뭇잎이 몸 씻는 소리를 들으며 잠을 청하고

새벽에 일어나 찬물에 이마를 씻으셨지요

현세는 언제나 노론의 목소리로 회귀하곤 했으나

노론과 맞선 날들만이 역사입니다

목민을 위해 고뇌하고 싸운 시간만이 운동하는 역사입니다

누구도 살아서 완성을 이루는 이는 없습니다

자기 생애를 밀고 쉼 없이 가는 일만이

우리가 할 수 있는 진미진선의 길입니다

선생도 그걸 아셔서 다시 정좌하고 홀로 먹을 갈았을 겁니다

텅텅 비어 버린 꿈의 적소에서 다시 시작하는 겁니다

눈발이 진눈깨비로 바뀌며

초당의 추녀는 뚝뚝 눈물을 흘립니다

저도 진눈깨비에 아랫도리가 젖어 있습니다

이 새벽의 하찮은 박명으로 돌아오기 위해

저의 밤은 너무 고통스러웠습니다

댓잎들이 머리채를 흔듭니다

바람에 눈 녹은 물방울 하나 날아와

눈가에 미끄러집니다

우리 역사에서 가장 가능성 있던 시간을 꼽아보라고 하면, 정조와 같은 개혁권력이 다산과 같은 남인 학자들을 만나 함께 나라를 이끌어가던 시기였다고 생각합니다. 그 24년간은 참으로 창조적인 시대를 열어간 시기였습니다. 규장각을 통해 개혁의 주체세력을 형성해 나가고, 장용영(壯勇營)을 통해서 무력 기반을 만들어내고, 금난전권(禁亂廛權)을 혁파해서 특권상인들과 부패한 귀족들의 정경유착 고리를 끊고, 정치·경제·사회·문화·예술·군사·농업 모든 분야에 걸쳐 가장 내실 있는 결실을 만들어내며 가능성 있는 시기를 열어나갔습니다. 우리나라의 르네상스 시대를 꼽으라면 저는 이 시기를 꼽습니다.

그런데 이렇게 창의적인 신하들과 개혁권력이 하나가 되어 부패한 노론의 세력을 누르고 새로운 가능성을 열어가던 개혁의 시대에 정조 임금이 갑자기 서거하시면서 개혁권력의 한 축이 무너지는 바람에 권력은 급격하게 노론에게 되돌아갔습니다. 그러면서 개혁의 중심에 섰던 정약용 선생은 강진으로 유배되었고, 정순왕후를 중심으로 한 보수세력은 권력을 되찾아오면서 궁중의 내탕금(內帑金)을 비롯하여 그동안 빼앗긴 내 재산, 내 권력, 내 가문의 힘을 되찾는 일에 매진했습니다.

그리고 개혁을 한번 경험하고 난 뒤 노론의 주축에 있던 사람들은 절대 힘 있는 왕을 세우지 말자는 생각을 하게 되었습니다. 그래서 왕을 세워야 할 때가 되면 검증을 했습니다. 왕이 될 자격을 갖춘 사람들 가운데 힘이 있거나 세력에 속하지 않은 사람을 고르고 골라서 예를 들면 강화도에서 농사짓는 사람을 데려다 왕으로 앉히죠. 바로 철종입니다. 그다음이 고종, 순종…… 이렇게 해서 나라가 망하죠.

나라가 망해도 노론은 상관없습니다. 내 가문, 내 권력, 내 곳간을 어떻게 지킬 것인가가 가장 중요하기 때문에 이걸 지킬 수만 있다면 나라가 망해도 큰 상관이 없는 거죠.

그 뒤에 식민지 시대, 전쟁과 분단을 거쳐 지금까지 오는 동안 제대로 된 개혁권력이 나라를 잡아봤던 시기가 언제였습니까? 4·19 때 잠깐, 한용운 선생이 말씀하신 대로 "검은 구름이 몰려간 틈으로 언뜻언뜻 보이는 푸른 하늘" 정도로 잠깐 보였다가 다시 5·16이라는 먹구름으로 뒤덮였고, 그 뒤에 개혁권력이 나라를 책임지고 이끌어 나간 때가 바로 지난 10년이었습니다. 지난 10년이 비로소 우리가 옳다고 믿는 가치들을 정치를 통해 바르게 구현할 수 있는 좋은 기회였습니다. 생각해보세요, 이런 기회가 몇 년에 한 번 오는지. 우리 역사 속을 살펴보세요. 몇백 년에 한 번 옵니다.

저는 그래서 우리가 맡게 된 이 권력이 그냥 넘어가게 수수방관하면 안 된다고 생각했습니다. 지난 대선을 앞두고 진보 진영에 있는 많은 사람들, 젊은 날을 사회진보와 개혁을 위해 몸 바쳐 싸우고 감옥에 가기도 하면서 학생운동, 노동운동하던 사람들이 "에이, 정권이라는 게 건너갔다 건너오고 하는 거죠. 민주주의가 그런 거지 뭐. 또 넘겨줬다 찾아오면 되잖아요. 그리고 우리가 틀을 제대로 만들어놨기 때문에 쉽게 바꾸거나 후퇴시키지 못합니다. 갔다 와도 괜찮아요. 그래야 우리도 긴장할 것 아닙니까?" 이렇게 편하게 이야기하는 걸 봤어요. 그런데 저는 "우리 역사 속에서 개혁권력이 나라를 이끌어가던 시절이 언제 있었으며 그것을 놓았을 때 그 뒤의 역사가 어떻게 되었는지를 보셨잖아요. 알고 계시잖아요. 그런데 그렇게 말씀하실 수 있습니까?", "역사에서 그렇게 개혁권력과 창의적인 엘리트 관료들이 함께 책임지고 나라를 이끌어가면서 창의적인 시대를 열어가는 게 아무 때나 허용되는 일이 아닙니다. 역사 속에서 아주 귀하고 어렵게 만나는 겁니다. 그걸 소중하게 생각하고 잘 지켜야 합니다" 이렇게 계속 말씀드렸는데 별로 귀담아듣는 사람들이 없었어요.

결국 허망하게 정권을 넘겨줬습니다. 노무현 전 대통령의 회고록 《성공과 좌절》을 보니 본인이 회고록을 집필하기 위해 전체 윤곽을 잡아나가면서 뼈대를 쭉 세워놓은 여러 항목 중에 '노무현의 오류'가 있습니다. '정치력의 문제, 언론과의 대립의 문제, 지지세력에 대한 배반의 문제, 인기 없는 대통령이 추진하는 인기 없는 정책의 문제' 이런 문제를 메모해놓고 그 옆에 이렇게 표시해놓으셨어요. '당정분리, 독선과 아집의 문제.'

노 전 대통령은 인터뷰할 때마다 "난 정말 내가 생각해도 고집이 많이 센 사람이다"라는 말씀을 많이 하셨어요. 그리고 무리한 국정의제나 언론 이야기도 굉장히 많이 하셨죠. "언론이 사실대로 보도하지 않는다. 언론이 언론의 역할을 제대로 하지 않는다. 언론이 시장권력과 결탁해서 정권만 흔들고 국민에게 제대로 된 사실을 알려주지 않는다." 그러면서 계속 싸웠지만 결국은 보수언론한테 진 꼴이 된 거죠.

그리고 이라크 파병이나 대연정, FTA 문제 때문에 지지세력이 해를 거듭하면서 등을 돌리게 되었습니다. 권위를 내려놓고 격의 없이 편안하게 대화를 통해 문제를 해결하려는 방식, 좋게 이야기하면 민주적인 방식이고 나쁘게 이야기하면 권위 없는 말씨와 품위인데, 이런 것들이 전통적인 지지세력을 포함해서 다른 많은 사람들의 표까지, 그러니까 500만 명 정도가 투표를 하지 않거나 등을 돌리게 만든 이유가 아니었나 싶어요.

속물 권력은 결국 배반당한다

"시스템을 만들어놨는데 금방 변하겠어? 함부로 못해!" 우리는 이렇게 이야기했지만 정권을 넘겨주고 나니 사회가 어떻게 됐습니까? 급격하게 스노브(snob)가 지배하는 사회가 되었어요. 스노브는 속물입니다. 속물은 이해관계 관점에서 사물과 세상과 일을 바라봅니다. 부와 성공, 권력만 거머쥘 수 있다면 수단과 방법을 가리지 않고 뭐든지 하겠다는 관점에서 세상을 살아갑니다. 이런 사람들이 권력을 잡았죠. 이런 사람들의 지지기반도 스노브예요. 스노브의 지지를 통해서 권력을 잡고 정치를 해나갑니다. 그러니까 정치가 'of the snob, by the snob, for the snob'가 됩니다. 속물에 의한, 속물을 위한, 속물의 정치를 하고 있단 말이죠. 이걸 김홍중 교수는 스노보크라시(snobocracy)라고 합니다. 누가 봐도 데모크라시(democracy)가 아니죠. 2년 가까운 시간이 지나는 동안 개혁세력들이 쌓아놓았던 것은 차례차례 무너지고 있고, 스노브들끼리만 윈윈하는 거죠. 장관이 되는 사람들만 봐도 그렇습니다. 서너 가지 정도의 범법 사실을 가진 사람만 추천받잖아요. 그게 없으면 아예 예선에 올라가지 못하잖아요. ☺ 투기를 했다든가, 탈세를 했다든가, 논문을 표절했다든가, 병역문제가 있다든가 합니다. 다 그러니까 누구를 골라도 마찬가지입니다. 제가 일일이 예를 들지 않아도 여러분이 다 보셨기 때문에 설명이 더 필요치 않다고 봅니다.

몇 해 전에 뉴라이트에서 국어교과서에 나오는 '좌파' 문인들 글의 문제점에 대한 심포지엄을 열었습니다. 기조발제를 하기 전에 조 아무개 언론인과 전 아무개 의원이 축사를 하고 한 500명 정도가 뜨거운 열기 속에서 발제를 들었다고 합니다. "이강백 선생의 희곡, 신경림 시인의 시에서 남북 화해라든가 민족 공존, 외세를 배제한 자주적 통일이라든가 이런 걸 가르치고 시험에 내는데 이런 작품은 빼야 한다. 신영복 선생 글은 물론이고 법정 스님 글도 빼야 한다……" 이렇게 발제를 했다네요. 법정 스님은 대운하를 반대하고 이명박 정부에 반기를 들고 있는 스님이라서 아이들이 배우게 해서는 안 된다는 겁니다. ☺ 저도 포함돼 있는데, 학생들이 법정 스님이나 저의 글을 배우면서 자연스럽게 좌파 문인에 대해 호의적인 생각을 하게 되고 이들의 행동에 지지를 보내게 되기 때문이랍니다.

교과서가 개편되고 국정에서 검인정으로 바뀌는 이런 시기에 일종의 가이드라인을 제시하는 행위라고 봅니다. 이미 역사교과서 파동 때 보셨잖아요. 이런 토론회가 한번 열리고 나면 교과서 만드는 사람들이 저자 동의 없이 내용을 고치고 빼고…… 선생님들이 교과서채택심의위원회에서 결정한 걸 다시 교장들이 바꾸잖아요. 진보적인 교과서를 채택하지 못하게 하고, 그런 교육을 시키지 못하게 하고……. 세세한 것들까지 전부 정의롭지 않은 방향으로 되돌아가겠구나 하는 생각을 많이 했습니다.

그런데 이렇게 스노브를 토대로 하는 권력, '내가 너희에게 이러이러한 이익을 주겠다'는 것을 바탕으로 해서 얻은 권력은 이익을 갖고 다투기 때문에 결국은 그 스노브들한테 배반당해서 권력을 잃는다고 합니다. 스노브들의 이익을 끝없이 채워줘야 하는데, 개발이익을 챙기게 해주겠다든가, 집값이 올라가게 해주겠다든가, 뉴타운을 세우겠다든가 하면서 이런 것들을 계속 제공하다가 결국 끝까지 다 채워주는 게 어려워지면 스노브들한테 배반당해서 권력을 잃어버리는 자가당착의 모순에 빠지는 것이 스노보크라시 체계라는 겁니다. 스노브들에게 어떤 가치를 실현하겠다고 말하지 않고 어떤 이익을 주겠다고 말해서 얻은 표에는 철학이 없고 진정성이 부족하며 내면의 성찰이 부족하기 때문에 결국은 스노브들한테 다시 배반을 당하는 것이죠.

경제적으로 우리 사회는 불평등합니다. 계급적으로도 그렇고, 많이 가진 20퍼센트와 그러지 못한 80퍼센트가 존재하는 불평등한 현실 속에 삽니다. 그러나 인간은 누구나 다 평등을 지향하는 욕구가 있습니다. 여성은 남성과 똑같은 권리를 누리고 싶어하고, 장애를 가진 사람들은 정상인과 똑같은 대우를 받길 원하며, 외국인노동자와 여성결혼이민자도 똑같이 내국인처럼 대우해달라고 요구하잖아요. 사람은 누구나 근본적으로 평등지향의 욕구를 갖고 있는 거죠. 이걸 어떻게 조정하느냐 하는 것이 사회발전의 관건입니다. 불평등한 현실과 평등지향의 욕구가 충돌할 때 어떻게 조절하고 조정하고 조화를 찾아갈 것인가, 이것이 바로 정치가 하는 일입니다.

그리고 경제발전, 사회발전, 정치발전을 위해서 우리가 노력하지만 사실 그건 모두 인간의 발전을 위한 것입니다. 정치도 그렇고, 사회와 경제의 발전도 모두 인간이 행복하게 살기 위해 이루는 거잖아요. 인간의 삶의 목표는 행복하게 사는 겁니다. 누구나 다 물질적, 경제적인 여유를 토대로 정신적인 여유가 있는 삶을 살고, 또 자기가 하는 일에 성취감 같은 걸 느껴야 행복합니다. 가족의 평화, 이웃의 평화가 유지되어야 평화로운 사회적 생존이 보장되어 행복합니다. 안

심하고 살 수 있는 사회가 되기를 원하잖아요. 그래야 행복하거든요. 또 좋은 환경, 깨끗한 환경 속에서 안심할 수 있는 먹을거리를 먹으며 건강하게 살기를 바라죠. 어떻게 행복하게 살게 할 것인가? 정치가 하는 일이 이겁니다.

그런 관점에서 볼 때, 노무현 전 대통령이 추구했던 것 중에 우리가 계승해야 할 첫 번째 가치는 인간의 가치입니다. 인간의 가치를 소중하게 여기는 사회를 만들어보려고 했다는 것입니다. 문화예술을 하는 사람 입장에서 저는 이것을 중요하게 생각해야 한다고 봅니다. 사회에서는 시장권력과 정치권력이 항상 대립하고 갈등하죠. 우리나라에서도 그랬지만, 정치권력이 오랫동안 큰 힘을 발휘하며 비대해지고 강해지면서 삶과 인권에 문제가 생기고 제도적 억압이 나타납니다. 그러면 억압받던 시민들과 각성된 시민들이 힘을 합해서 그 권력을 견제하는 과정을 거치죠. 그런데 이런 갈등 과정 속에서 시장권력의 힘이 점점 커지면서 시장권력이 정치권력을 견제하기 시작했어요. 시장권력과 언론권력이 합쳐져서 정치권력을 견제하고, 지금은 시장권력이 정치권력보다 우위에 올라선 상태가 됐다고 생각합니다.

그러면 이제 시장권력을 어떻게 견제할까요? 정치권력을 견제하는 건 언론이라든가 시민사회라든가 시장이라든가 많이 있잖습니까. 시장권력은 언론이 견제해줘야 하는데 언론은 광고를 얻어내야 하니까 시장권력을 견제하기보다는 같이 하나가 되어 공생하려 하고, 이러다 아예 언론이 스스로 시장권력이 돼버린 지금의 모습들을 보잖아요. 그래서 미디어법을 두고 싸우는 것 아닙니까? 이렇게 견제 역할을 하지 않고 스스로 시장권력이 되려고 하는 단계인데 누가 시장권력을 견제할까요?

국가권력, 정치권력은 '대한민국은 민주공화국이고 모든 권력은 국민으로부터 나온다'는 자각을 토대로 각성된 시민의 힘, 시민단체의 힘, 저항권력의 힘을 통해서 견제해왔습니다. 그렇다면 시장권력은 소비자로서 인식하는 시민, 소비자의 정체성을 각성하는 힘만이 견제할 수 있습니다. 정치하는 사람들은 선거 때가 되면 "여러분이 주인입니다", "여러분의 표를 통해서 저희가 이렇게 나라를 이끌어 갈 수 있었습니다"라고 하잖아요. 기업에서는 늘 소비자가 왕이라고 강조하죠. 사람들 주머니에서 돈이 나와야 물건이 팔리기 때문에 소비자에게 신경을 굉장히 많이 쓰죠. 그러니까 우리가 저 기업들의 물건을 살 수도 있고 안 살 수도 있고 다른 선택을 할 수도 있다는 소비자의 주체적 자각이 필요한 겁니다. 유럽 사회에서는 소비자가 힘을 합치면 기업을 얼마든지 움직일 수 있다는 걸 깨달으면서 소비자운동이 굉장히 활성화됐습니다. 지난 촛불 정국에서도 소비자가 힘을 행사하니까 기업들이 굉장히 긴장하잖아요. 결국 이런 각성된 힘들이 모여서 시장권력을 견제할 수밖에 없습니다. 언론이 제 역할을 못하니까요.

노 대통령은 우리가 가장 존중받는 존재로서 깨어 있는 시민이 되어야 한다고 강조하셨습니다. 시민주권사회를 만들어가야 한다고 많이 말씀하셨잖아요. 시장권력과 정치권력에 관한 문제는 인터뷰나 각종 글에서 자주 이야기하셨습니다. 인간의 가치가 존중받는 사회를 만드는 것이 우리가 해야 할 가장 중요한 일이라 말씀하셨고, 그래서 늘 사인할 때 '사람 사는 세상'이라고 쓰신 거죠. 각성된 시민들이 주체가 되어 국가권력과 시장권력을 견제하면서 인간으로서 존중받는 사회를 만들어야 한다고 이야기하신 겁니다.

가장 바람직한 민주주의 사회의 형태는 뭘까요? 노 대통령은 "시장과 국가권력이 인간의 가치를 놓고 균형을 이루는 민주주의"라고 말씀하셨습니다. 이것이 우리가 앞으로 실현하기 위해 지속적으로 노력해야 할 가장 중요한 가치라고 생각합니다. 제일 중요한 건 사람이죠. 사람이 존중받아야 하고, 사람이 각성해서 움직이고 주체가 되어 사회를 바르게 이끌어가야 한다고 생각합니다.

바보 온달, 바보 추기경, 바보 대통령

계승해야 할 두 번째 가치는 시민주권의 가치입니다. 노 대통령은 시민주권사회가 새로운 주류를 형성해야 한다고 말씀하셨습니다. 지금까지 재벌기업이 정치권력한테 특혜를 받거나 반칙을 통해서 경제를 이끌어왔는데 이제는 실력과 창의력으로 승부하는 사회가 되어야 한다는 거죠.

새로 대통령에 뽑힌 사람에 대한 노 대통령의 불만은 이런 것이었습니다. CEO 출신이 대통령이 됐는데 이 CEO가 성공했던 당시의 시장은 공정한 게임이 이뤄지는 공간이 아니었다는 겁니다. 대통령은 시장이든 사회든 어디든 간에 공정한 사람이 성공할 수 있는 조건과 룰을 만들고 관리하는 사람이어야 하죠. 평생 불공정 게임에서 어떻게 살아남을 것인가 하는 생각만 갖고 살아온 사람이 국가를 책임지게 될 때 몸에 밴 것이 그것밖에 없지 않겠는가, 시장에서는 그럴 수 있다 치더라도 정글의 법칙이라는 이름으로 자기들이 하는 모든 불공정 게임을 합리화하면서 살아온 사람, 이런 특혜와 반칙, 불공정에 익숙한 사람이 어떻게 그런 걸 관리할 자격이 있겠는가, 이게 노

도종환

대통령이 늘 걱정하던 것이었습니다.

그리고 노 대통령이 정치하면서 가장 마음 아파했던 것이 3당 합당을 통해서 정의로운 삶을 살아가던 사람들의 도덕적 기반 한쪽이 무너져버린 거였습니다. "권력을 잡기 위해서는 그동안 해왔던 모든 말, 지녀왔던 모든 가치들을 순식간에 버리고 야합해버리는 정치가 계속되니까 국민들이 정치를 불신하는 것 아닌가. 이런 정치에서 벗어나야 한다"는 이야기를 많이 하셨어요. "원칙을 지키고 신뢰받을 수 있는 사람들이 정치해야 한다. 나는 이런 정치인이 되고 싶다." 그리고 실제로 그렇게 해왔죠.

"특혜와 반칙이 아니라 창의와 실력으로 이끄는 경제, 부패와 불공정이 아니라 투명과 공정으로 이루어지는 사회, 기회주의와 불신이 아니라 원칙과 신뢰로 행하는 정치, 이해관계에 민감한 국민이 아니라 가치에 민감한 국민이어야 한다"고 늘 말씀하셨습니다. 이런 사람이 깨어 있는 시민이고, 이런 깨어 있는 시민들의 조직된 힘이 새로운 주류를 형성해서 이들이 중심이 되는 시민주권사회가 되어야 한다는 말입니다. 당신이 이해관계에 민감하지 않고 가치에 민감하니까 사람들이 자기를 바보라고 했답니다. 부산에 가면 떨어지는데 세 번씩 내려가서 떨어지고 또 떨어진다고 말입니다. 그래서 '바보론'이 형성됐지 않습니까.

그런데 노 대통령이 바보의 원조는 아니에요. ☺ 원조 바보는 바보 온달, 바보 이반처럼 국내외에 많이 있습니다. 김수환 추기경도 바보 추기경님 소리를 들었습니다. 바보의 공통점을 잘 보세요. 이 사람들은 옳다고 믿는 가치를 따라가는 사람들이에요. 이익을 따라가는 사람들이 아닙니다. 온달이 왜 바보였습니까? 온달은 부마(駙馬), 왕의 사위입니다. 그럼 권력의 핵심에서, 수도 한복판에서 권력투쟁하고 있어야 합니다. 그런데 온달은 항상 최전선에 있었어요. 온달은 권력을 나누는 일 때문에 싸우고 있지 않았습니다. 왕의 사위가 최전선에서 싸우다 최전선에서 죽었어요. 그러니까 사람들이 그를 기억하는 겁니다. 자기가 옳다고 믿는 것, 장수로서 해야 할 일과 있어야 할 자리를 늘 생각한 사람입니다. 권력을 나누는 일을 생각하기보다 내가 있어야 할 자리가 어딘가를 생각했죠. 그렇게 최전선에서 싸우다 죽으니까 사람들이 그를 기억하는 거죠. 그런데 그 당시에 궁중에서 권력을 나누려 했던 사람들의 이름은 하나도 기억하지 못합니다. 온달이 살았던 시대의 왕 이름, 왕자들 이름, 왕의 사위 이름은 잘 모르지만 온달의 이름은 기억합니다. 민중은 어떤 게 진정 가치 있는가를 아는 거죠. 그런 사람들이 바보예요. 그 사람들한테 바보를 붙이는 거예요. 바보는 가치지향적인 사람입니다. 그러니까 노 대통령한테 바보를 붙여주는 건 참 영광스러운 일이죠.

　계승해야 할 세 번째 가치는 평등의 가치입니다. 생각해보면 인권 문제를 중요시했던 점, 정보의 민주주의를 굉장히 중요하게 생각하면서 모든 사람과 함께 토론하고 대화하며 합의를 끌어내려 했던 점, 지역의 균형발전을 생각했던 점, 권력을 갖고 있지 않고 나눠주려 했던 점, 검찰권력 같은 권력들을 국가가 쥐고 흔들면서 통제하지 않고 분권과 자율을 통해서 사회를 이끌어가려 했던 점, 이 모든 게 바로 평등의 가치라고 생각합니다. 이걸 참여정부에서 실현해보려 했어요. 복지와 성장의 선순환을 추구하고, 소외받는 계층들을 위해 복지예산을 늘리고, 복지에 대한 국민적 관심을 불러일으킨 것이 모두 평등의 가치를 실현해보려고 했던 일들이죠. 그래서 국민의 정부와 참여정부 동안 복지 예산이 많이 늘었어요. 느는 동안 보수신문에선 뭐라고 했습니까? 복지가 성장의 발목을 잡는다고 계속 그랬어요. 그렇지 않습니다. 선진국과 비교해보면 알아요. 경제적으로 발전하고 자기 나라의 가치를 한 단계씩 높여나가는 나라일수록 복지 예산의 비중을 더 늘리고 소외된 사람들에 대한 관심이나 배려를 제도화하려 하죠. 이렇게 노력해온 나라들이 선진국이 되는 겁니다.

그런데 이명박 정부에서는 어떻게 됐습니까. 싹 다 원위치로 돌아가고 희화화됐죠. 현 정부는 정권을 잡을 때부터 선진화하겠다, 국민소득을 4만 달러로 늘리겠다, 전 세계 7위권에 들어가는 선진국이 되겠다고 이야기했습니다. 저는 우리가 그리 멀지 않은 시기에 선진국이 될 거라 생각합니다. 다만 돈을 더 많이 번다고 해서 선진국이 되는 건 아니라고 생각해요. 생각이 거기에 머물면 안 됩니다. 사회 시스템, 지향하는 가치, 또 추구하고자 하는 방식이 선진화하기 위한 조건들을 갖추고 있는지가 중요한 겁니다. 의식이나 세계관이 뒷받침되지 않은 채, G20 정상회의를 개최하면 반드시 선진국이 된다는 건 정말 신뢰하기 어려운 말이죠. 기본적으로 소득이 두 배로 많아지면 선진국이 된다는 것도 안일한 발상이라고 생각합니다. 우리가 갑자기 해외여행을 많이 다니다 한동안 무슨 소리를 들었습니까? 졸부 소리 들었습니다. 돈이 많다고 해서 "저 나라 사람들 참 존경할 만한 사람들이야" 이렇게 이야기하지 않습니다. 선진국이 되려면 뭘 갖춰야 하는지, 어느 방향으로 사회를 끌고 가고 국가를 업그레이드해야 하는지에 대한 고민과 노력, 이에 대한 역사·문화·사회적인 뒷받침이 있어야 합니다.

일찍이 신동엽 시인은 〈산문시 (1)〉이라는 시에서 이런 대통령 이야기를 했습니다.

산문시 (1) 신동엽

스칸디나비아라든가 뭐라구 하는 고장에서는 아름다운 석양 대통령이라고 하는 직업을 가진 아저씨가 꽃리본 단 딸아이의 손 이끌고 백화점 거리 칫솔 사러 나오신단다. 탄광 퇴근하는 광부들의 작업복 뒷주머니마다엔 기름묻은 책 하이덱거 럿셀 헤밍웨이 장자(莊子) 휴가여행 떠나는 국무총리 서울역 삼등대합실 매표구 앞에 뙤약볕 흡쓰며 줄지어 서 있을 때 그걸 본 서울역장 기쁘시겠오라는 인사 한마디 남길 뿐 평화스러이 자기 사무실문 열고 들어가더란다. 남해에서 북강까지 넘실대는 물결 동해에서 서해까지 팔랑대는 꽃밭 땅에서 하늘로 치솟는 무지개빛 분수 이름은 잊었지만 뭐라군가 불리우는 그 중립국에선 하나에서 백까지가 다 대학 나온 농민들 추럭을 두대씩이나 가지고 대리석 별장에서 산다지만 대통령 이름은 잘 몰라도 새이름 꽃이름 지휘자이름 극작가이름은 훤하더란다 애당초 어느쪽 패거리에도 총쏘는 야만엔 가담치 않기로 작정한 그 지성 그래서 어린이들은 사람 죽이는 시늉을 아니하고도 아름다운 놀이 꽃동산처럼 풍요로운 나라, 억만금을 준대도 싫었다 자기네 포도밭은 사람 상처내는 미사일지도 땡크지도 들어올 수 없소 끝끝내 사나이나라 배짱 지킨 국민들, 반도의 달밤 무너진 성터가의 입맞춤이며 푸짐한 타작소리 춤 사색뿐 하늘로 가는 길가엔 황토빛 노을 물든 석양 대통령이라고 하는 직함을 가진 신사가 자전거 꽁무니에 막걸리병을 싣고 삼십리 시골길 시인의 집을 놀러 가더란다.

제가 신동엽 시인의 시 중에 가장 좋아하는 시입니다. 이런 대통령을 가져보고 싶었어요. 꽃리본 단 딸아이 손잡고 백화점에 칫솔 사러 나오는 대통령, 이런 대통령이 있는 나라에서 살고 싶었어요. 자전거 뒤에 막걸리병을 싣고 시인의 집에 놀러 가는 대통령을 보고 싶었어요.

그런데 봤어요. 그리고 그런 대통령이 갑자기 순식간에 우리 앞에서 사라졌어요. 이런 이상적인 사회에서 살아봤으면 하고 시인들이 꿈꾸던 그런 대통령을 만났다가 우리 앞에서 순식간에 사라지는 경험을 했어요. 신동엽 시인은 〈껍데기는 가라〉라는 시에서 "껍데기는 가라 / 사월도 알맹이만 남고 껍데기는 가라 / 껍데기는 가라 / 동학년(東學年) 곰나루의, 그 아우성만 살고 / 껍데기는 가라" 하면서 "이곳에선, 두 가슴과 그곳까지 내논 / 아사달 아사녀가 / 중립(中立)의 초례청 앞에 서서 / 부끄럼 빛내며 / 맞절할지니"라고 말했습니다. '중립의 초례청'이라는 어려운 시어를 집어넣었어요. 사람들이 그게 무슨 말인지 궁금해했습니다. '중립의 초례청'은 〈산문시 (1)〉과 연관해보면 '총 쏘는 야만에 가담하지 않는 지성'과 관련이 있습니다. 〈껍데기는 가라〉에서도 "모오든 쇠붙이는 가라"라고 했거든요. 폭력적인 것, 전쟁을 미워하는 것이죠. 그리고 중립이라고 이야기할 땐 일차적으로는 정치적 중립을 말합니다. 좌도 우도 아니고, 자본주의나 사회주의도 아닌 그 어떤 선택을 이야기하는 것이기도 하지만 사실 민주주의가 발달한 나라에서는 찬성, 반대뿐만 아니라 중립이라는 표가 있습니다. 중립도 표에 들어가는 거죠. 우리는 기권이라고 해서 그것을 사표로 만들잖아요. 이런 의미에서 사회적인 입장을 대변하는 중립이라는 것이 유교에서는 중용(中庸)과 관련 있죠. 불교에서는 중도(中道), 원불교에서는 중정(中正)이라고 이야기하죠. 한쪽에 치우치지 않고 바른 것, 그런 것과 관련된 개념이라고 저는 생각해요. 그리고 이런 중도, 중립적 입장이 더 확산되어야 한다고 생각합니다.

이렇게 권위를 벗어버리고 자전거 뒤에 막걸리병을 싣고 시인의 집에 놀러 가는 대통령을 신동엽 시인이 꿈꿨습니다. 어느 한쪽에 치우치지 않는 대통령, 거리에 마음대로 딸아이 손잡고 칫솔 사러 나와도 어느 누구도 어떻게 하지 않는 대통령이에요. 이런 대통령을 허용하는 사회를 만들고 싶은 거죠. 노 대통령 자신도 그런 꿈을 꾸셨어요. 자유롭게 거리에 나가고 사람들 만나고……. 그런데 실제로 경호라든가 의전 등 여러 문제 때문에 그렇게 못했지만 내면에서는 그런 게 늘 끓었던 분이라고 생각합니다. 그것을 퇴임 후에 있는 그대로 진솔하게 표현했다고 생각합니다. 특권을 누리는 사회가 아니라 사람들이 서로 평등하고, 농사짓는 사람이든 광부이든 스스로 당당하고, 그런 사람 하나하나를 차별하지 않고 차이를 존중하면서 함께 공생하는 사회, 그런 것들이 신동엽 시인의 이 시에 문학적으로 표현되었다고 생각합니다. 우리가 역대 대통령한테선 못 보다가 그 모습을 한 번 잠깐 보고 놓쳐버리고 말았는데 이런 모습이 다시 돌아올 수 있는 사회를 만들어나가야 합니다.

큰길 두고 샛길로 빠지는 한국 정치

계승해야 할 네 번째 가치는 평화의 가치입니다. 국민의 정부와 더불어 참여정부에서 잘한 일을 꼽으라면 저는 평화의 가치를 계승하고 확대해나간 것이라고 생각합니다. 6·15 선언과 10·4 선언의 정신은 굉장히 중요합니다. 우리는 지금 1000만 명의 이산가족을 가진, 동족상잔의 전쟁을 치른 전 세계에서 유일한 민족 아닙니까.

남북문제, 통일문제를 바라보는 방식은 세 가지입니다. 평화로운 방식으로 통일하거나, 무력 또는 자본으로 통일하거나, 그냥 무시하고 살거나 이 세 가지 중 하나입니다. 그런데 어떤 게 가장 이성적인 태도겠는가 생각해보세요. 저쪽이 핵을 가지고 있는데 전쟁을 하는 방식을 선택한다는 건 가장 우매한 방식 아닙니까? 다른 나라의 예를 보면 무력으로 통일한 나라가 있고 돈으로 통일한 나라가 있습니다. 그런데 이런 방식에 따르는 부작용을 지켜봤잖아요. 다른 나라가 통일의 과정에서 굉장히 많은 희생과 비용을 치르는 걸 봤으니까 이걸 피해가야 지혜로운 거죠.

피하면서 할 수 있는 건 평화로운 방법으로 통일하는 것이죠. 시간이 걸리더라도 대화와 협상을 통해 통일하는 방식을 택하는 것이 옳은 방법이라 생각합니다. 그리고 그런 방식의 평화를 얻기 위해서 일단 평화 공존과 평화 교류를 해야 하잖아요. 교류가 많이 확대됐죠. 도로도 개통하고 철도도 개통했죠. 또 선박들이 굉장히 많이 오가면서 북한의 모래 같은 것들이 남쪽으로 와서 건설현장에 많이 들어갔잖습니까. 항공기까지 오갔죠. 이렇게 자연스럽게 오고 가면서 평화적인 통일의 길로 가는 방식이 있는데, 이걸 현 정부는 다 닫아버렸죠. 앞 정부가 했던 일을 무조건 부인하는 것만이 옳은 건 아닙니다. 좋은 건 계승하고 확대해나가도 충분하고, 국가의 최고지도자들이 가서 약속한 것들은 지켜주는 것도 나라를 이끌어가는 중요한 통치방식 중 하나인데 다 무시해버리는 거죠.

북한 사람들이 개성을 양보하는 것은 최전선을 양보하는 겁니다. 철책선 옆에 있는 군사기지들을 다른 쪽으로 전부 옮겨야 합니다. 군사시설이 있던 곳에 생산시설을 만드는 겁니다. 그쪽의 숙련된 노동력과 이쪽의 기술이 함께 살 수 있는 길을 마련하는 거잖아요. 해주 같은 경우도 그렇고요. 군사지역이 생산지역으로 바뀌는 겁니다. 이게 중요한 통일의 길이잖아요. 그리고 만약 지금 통일이 되면 비용이 엄청 많이 든다고 걱정하지만 분단을 유지하는 데 드는 비용이 얼마나 많습니까? 이쪽이 60만, 저쪽이 100만 군대를 먹이고 입히고 무기를 사고 훈련하면서 들어가는 분단 유지비용도 상당합니다. 155마일 휴전선을 양쪽 모두 정말 철통같이 지키잖아요.

어떤 자료를 보니까 분단비용을 교육이나 복지비용으로 전환하면 고등학교까지 무상교육이 가능하답니다. 그리고 아주 많은 복지혜택을 줄 수 있어요. 동아시아 평화를 위해서 군대를 보강하고 튼튼히 할 필요는 있으니까 의무병제가 아닌 모병제로 하면 직장문제도 해결할 수 있고, 또 의무적으로 군대에 가야 할 젊은이들이 그 시간을 창의적으로 누릴 수 있습니다. 창의적인 시간을 보내면 나라가 발전하잖아요. 평화적인 공존을 서로 보장하고, 종전을 선언하고, 평화협정을 체결하고, 그리고 북은 분단 유지비용을 생산비용으로, 남은 복지비용으로 돌렸을 때 얼마나 우리 사회가 발전할 것인가까지 생각해야 합니다. 그런 모델 중 하나로 개성공단이나 해주경제특구를 만들어나가고요. 저도 문학교류 때문에 개성과 금강산을 가곤 했는데, 북한 군부에서는 개성공단에 대해 불평하며 "총 한 방도 안 쏘고 4킬로미터씩 밀고 올라왔습네다" 그런대요. ☺

북한이 2001년부터 자본주의식 경제에 눈을 돌려 중국을 시찰하고 남쪽의 공업지대를 돌아보면서 자본주의를 조금씩 받아들이려고 합니다. 이 사람들은 우리가 박정희식 개발독재라고 이야기하는 국가주도형 개발정책에 굉장히 관심이 많습니다. 중국식 개혁·개방에다 박정희식 국가주도형 경제개발을 더하는 거죠. 체제를 유지하면서 어떻게 이것을 실현할 수 있을지에 관심이 많아요. 이미 해주를 내준다는 건 시장경제로의 이행을 가속화하겠다는 것이거든요. 북은 북대로 고립된 상황에서 탈피하면서 시장경제를 받아들이고 경제문제를 해결하려는 겁니다. 남은 남대로 고립돼 있지 않습니까? 사실 남쪽이 섬이에요. 우리는 해외에 나가려면 반드시 배나 비행기를 타야 하잖아요. 열차를 타고 북을 통해서 대륙을 넘어 유럽까지 갈 수 있는 길이 있는데 못 가잖아요. 이 길이 뚫리면 물류비용도 상당히 절약할 수 있습니다.

그러니까 함께 살 길을 찾을 수 있는데 죽을 길만 찾는 것, 큰길 두고 자꾸만 샛길로 빠지는 것이 지금의 정치입니다. 함께 살 수 있는 길이 있으면 그 길을 찾아야 하는 것 아닙니까? 이것 때문이라도 통일문제를 좀 더 진지하게 고민할 필요가 있는데 "핵 포기하면 우리가 3000달러까지 올려줄게"라고 하는 건 굉장히 자존심을 긁는 일입니다. 저쪽은 가진 게 자존심밖에 없거든요. 경제적으로 어려운 가운데 유일하게 핵 하나 가지고 버티는 건데, 자존심 박박 긁어놓고 "무릎 꿇고 들어오면 돈 많이 벌게 해줄게" 같은 방식으로는 대화가 안 됩니다. 저 사람들하고 이야기하거나 협상할 때는 자존심을 짓밟지 말아야 합니다. 저쪽 사람들하고 이야기하는 데에도 노하우와 전문적인 기술이 필요합니다.

그런데 이명박 정권에는 지난 10년간 남북교류하면서 북쪽 사람들을 상대해본 사람들이 많지 않으니 이것도 문제입니다. 한·미·일 삼각동맹만 강화하면 된다고 생각하는 사람들이 남북문제를 주도하고 있습니다. 이것만으로는 안 됩니다. 미국만 꼭 붙잡고 친하게 지내면 된다고 생각하지만 그 사람들도 자국의 이익을 중심으로 바라보거든요. 항상 우리 편이 돼주지 않잖아요.

《논어》에 "군자는 화이부동(和而不同)하고 소인은 동이불화(同而不和)한다"는 말이 있습니다. 군자는 그릇이 큰 사람이라서 남과 화합하면서도 남에게 나와 똑같아지기를 강요하지 않지만, 그릇이 작은 사람, 소인배는 똑같은 게 많은데도 항상 불화하고 조화롭게 지내지 못하고 다투고 싸운다는 말입니다. 동(同)의 논리를 가진 사람들은 늘 남을 지배하려 하고, 경쟁해서 짓밟고 올라가면 된다고 생각하고, 대립하고 싸우면서 살아갑니다. 싸워서 문제를 해결하려 하고 몹시 경직돼 있습니다. 이런 사람들이 지도자가 되면 전쟁도 불사합니다. 경제든 정치든 힘만 있으면 된다고 생각하고 남을 잘 인정하지 않습니다. 나와 종교가 같다든가 인종, 계급, 성, 지역이 같다든가 해야 인정하죠. 남을 잘 인정하지 않는 사람들은 사회적인 힘, 정치적인 힘, 경제적인 힘으로 다른 사람들을 누르고 살아가면 된다고 생각합니다. 대개 보수적인 사람들의 가치가 이렇습니다. 가진 사람들은 '우리는 성공한 사람들이잖아, 돈이 많잖아, 학력이 높잖아, 권력을 갖고 있잖아. 그러면 우리끼리 살아가면 되지. 너는 우리랑 사상이, 이념이 다르잖아. 그러니까 넌 적이야. 없어도 돼. 우리끼리 해나가면 돼' 이런 생각을 가지고 있습니다.

그런데 차이를 존중하고 그 자체를 그냥 인정하고 받아들이는 사람들은 유연하죠. 대화를 통해 문제를 풀려 하고 소통하려 하고 어떤 사람과도 공존하려 합니다. 이러한 평화적 태도를 가진 사람, 이런 가치를 지향하는 사람이 화(和)의 논리를 가진 사람인데, 이런 사람이 중심에 서야 하고 많아져야 합니다. 저는 극좌, 극우가 다 변해야 하고 주변화되어야 한다고 생각합니다. 화의 논리를 가진 사람들이 중심이 되고 다수가 되는 사회를 지향해야 합니다. 우리가 통일을 향해 가려면 극좌, 극우가 소수가 되어야 하고 그들이 변해야 하며 장기적으론 자본주의의 모순과 사회주의의 한계를 뛰어넘는 길까지 나아가야 합니다. 쉽지 않은 길이죠. 문명사적 전환을 향해 가는 길이기도 합니다. 지구상에서 유일하게 자본주의와 사회주의가 대립하고 대치하는 곳에서 우리가 변한다는 것은 자본주의의 모순과 사회주의의 한계를 극복하는 방향을 찾아나가 문명사적 대전환에 이르는 길이라는 신영복 선생님의 말씀에 저는 동의합니다.

지금까지 '강하지 못하면 살아남지 못한다'는 생각으로 시장에서 살아남고 주류가 된 사람들은 약육강식, 적자생존의 논리에 익숙해져 있습니다. '약한 건 강한 것의 밥이고, 강한 것이 지배하게 돼 있는 게 세상이다. 짐승의 세계를 봐라. 그렇지 않냐' 하는 거죠. 다큐멘터리 〈동물의 왕국〉을 보면 고양잇과 짐승이 전속력으로 달려가 초식동물의 목을 확 물어 쓰러뜨리는 장면이 나오죠. 저는 그걸 볼 때마다 '내가 만약 저 아프리카 초원에서 짐승으로 태어난다면 뭐로 태어날까? 나는 하는 짓으로 보나 성격으로 보나 분명히 초식동물일 텐데 열흘도 못 살고 밥이 되겠구나' 생각합니다. ☺ 강하지 않으면 안 된다는 생각을 내면화하는 기제라고 생각합니다. 이것이 자연의 법칙이고 사회도 그와 똑같다고 생각하는 게 사회진화론입니다. 강자의 논리죠. 사회진화론은 강자의 논리, 식민지 지배자들의 논리입니다. '너희가 약하니까 우리의 지배를 받는 거야. 당연한 자연의 법칙이야.' 식민지배를 당한 우리들도 아무 의심 없이 받아들였죠. '강하지 않으면 살아남지 못한다'는 게 우리 사회의 생존 원리였습니다.

우리나라의 교육 이념이 홍익인간입니다. 좋은 말이죠. 그런데 우리나라의 교육 목표가 홍익인간이라고 실제로 받아들이는 사람이 누가 있습니까. '낙오하면 죽는다'가 교육의 목표죠. '살아남아야 한다, 경쟁에서 이겨야 한다'는 것을 현실적 목표로 받아들입니다. 약육강식, 적자생존의 논리인 거죠. 우리는 이런 원리를 가지고 지금까지 살아왔고 2만 달러 소득까지 끌어온 겁니다. 지금도 현실권력을 가진 사람들은 이 논리에 충실해서 살아남은 이들이고 앞으로도 그럴 겁니다. 현실적인 생존의 논리임에는 틀림없어요. 이들의 힘은 노론의 힘처럼 쉽게 무너지지 않습니다. 불공정 게임을 해서 얻었건 말았건 간에 이들이 주류이고 다수입니다.

그런데 정말 이게 자연의 법칙인지 따져보자는 사람들의 논리를 한번 들어보세요. 러시아의 혁명가이자 동물학자인 표트르 크로폿킨(Pyotr Kropotkin)은 정말 약육강식의 논리만이 전부인가 묻습니다. 매는 강자이고 오리는 약자입니다. 매는 강자라서 부리와 발톱이 날카롭고, 날개의 근육조직이 잘 발달해 있으며 큽니다. 그래서 약한 걸 잡아먹으면서 삽니다. 이런 새를 맹금류라고 합니다. 이들은 강하니까 진화에 성공했어요. 그러면 약자인 오리는 멸종했습니까? 아니에요. 개체 수는 무엇이 더 많습니까? 오리가 더 많잖아요. 약육강식의 논리에 따르면 오리는 도태되거나 진화하지 못했어야 하는데 오리 역시 자연의 적자로 살아남았습니다. 자연에 적응해서 진화에 성공한 겁니다.

그러면 이걸 과학적으로 설명해야 합니다. 약자인 오리들이 살아남은 이유는 뭘까요? 무엇 때문에 약한 종들이 살아남았을까요? 크로폿킨은 오리가 살아남은 이유를 사회성이 잘 발달했기 때문이라고 했습니다. 그들은 상호부조의 특징을 갖고 있다고 했습니다. 서로서로 잘 도울 줄 아는 특징이 있다는 거죠. 힘이 약한 새들은 같이 어울려 날아다니죠? 몇백 킬로미터씩 함께 날아가면서 함께 먹을 걸 찾고 함께 쉴 곳을 찾죠. 그래서 서로 잘 도울 줄 아는 능력이 발달했는데 이것도 자연의 중요한 법칙이며 진화의 중요한 요인이라는 겁니다. 크로폿킨은 상호부조론에서 이렇게 말하고 있습니다.

독일의 동물학자 비투스 B. 드뢰셔(Vitus B. Dröscher)도 약육강식의 논리를 반박합니다. 강한 것만 살아남는다면 아프리카 밀림에는 힘세고 강하고 사납고 잔인하고 덩치 큰 동물들만 남아 있어야 한다는 겁니다. 그것도 괴물 같은 육식동물만 남아 있겠죠. 그런데 밀림에서 20년, 30년씩 살면서 연구하는 동물행동학자들의 논문을 보면 아프리카 밀림에서 가장 중요한 건 힘보다 지혜라는 겁니다. 우리는 '정글의 법칙'이라 이야기하면서 강하지 못하면 살아남지 못하는 것은 자연에서나 세상에서나 마찬가지라고 합리화하는데, 밀림에서 생명을 가진 모든 것들이 많이 생각하는 건 '어떻게 하면 함께 잘 살아갈 것인가'입니다. 뱀끼리는 서로 싸우다가 죽을 지경이 돼도 가장 강력한 무기인 독은 끝까지 사용하지 않는답니다. 자기가 가진 가장 치명적인 무기를 가장 많이 사용해서 같은 종을 가장 많이 해치는 게 인간이에요. 그러니까 인간의 눈으로 바라보면서 정글의 법칙이라고 한다는 거죠. 공존공생이 정글의 첫 번째 생존법칙이며 원리입니다.

노무현은 왜 '유러피언 드림'에 주목했나

노무현 전 대통령이 마지막까지 보셨던 책《유러피언 드림》을 보면 우리가 어떻게 살아야 하고 어떤 사회를 지향해야 하는가가 잘 나타나 있습니다. 이 책의 저자 제러미 리프킨(Jeremy Rifkin)은 아메리칸 드림의 혜택을 자기 아버지도 누려왔고 자기도 이 나이가 될 때까지 누려왔다고 전제하면서, 미국 경제가 한계에 부닥친 상황에서 지금까지 끌어온 아메리칸 드림의 삶의 방식을 돌아보자고 합니다. 아메리칸 드림의 삶의 방식은 무자비한 노력을 통해 살아가는 방식입니다. 무자비한 노력으로 부를 축적하고 그것을 토대로 자유를 누리며 살아가는 삶의 방식, 하다하다 안 되면 전쟁을 해서라도 남의 것을 뺏어 오는 삶의 방식입니다. 미국은 10년이 멀다 하고 전쟁을 했죠. 베트남, 아프가니스탄, 이라크에 가서 전쟁을 했고 그것이 경제발전의 주된 동력 중 하나였습니다.

유럽이 가장 이상적인 사회라고 무조건 전제하는 건 아니지만 이제 유럽적 삶의 방식에 눈을 떠보자는 거죠. 요즘 사람들은 삶의 질을 높이는 걸 더 중요하게 생각해요. 좀 더 여유 있는 삶을 꿈꾸죠. 특히 내가 좋아하는 일에 푹 빠져서 충만함을 느끼는 이른바 딥 플레이(deep play)를 통해 얻는 행복에 관심이 많습니다. 어떤 사람은 그게 자전거이고, 어떤 사람은 마라톤이고 명상이고 사진이죠. 경제성장도 중요하지만 아무 데나 삽질하지 않고 지속가능한 개발을 생각하는 삶의 방식, 내 재산을 지키는 것도 중요하지만 보편적 인권과 자연의 권리를 지키는 것도 중요하게 여기는 삶의 방식, 전쟁을 해서라

도종환

도 경제를 계속 성장시키는 데 몰두하기보다는 다원적 협력을 통해 국가 간의 문제를 해결하려는 삶의 방식 등에 관심을 가져야 한다고 말합니다.

노 대통령 회고록을 보면 아메리칸 드림에서 유러피언 드림으로의 전환, 이 유러피언 드림을 토대로 한 진보의 재구성을 고민하셨음을 알 수 있습니다. 돌아가시기 전까지 이 책을 보면서 우리 삶의 방식과 미래사회의 모델을 고민하고 계셨음을 알 수 있죠. 이런 관심을 우리가 계속 보여야 합니다.

유러피언 드림이 구현되고 있으며 경쟁의 원리가 아닌 협력의 원리로 살아가는 사회의 예를 들어보겠습니다. 핀란드는 전 세계에서 학생들이 가장 공부를 잘하는 나라입니다. 2001년부터 실시한 국제학업성취도평가(PISA, Program for International Student Assessment)에서 1위를 놓치지 않고 있죠. 이 나라는 뒤처지지 않는 아이를 만드는 게 교육의 중요한 목표 중 하나입니다. 아이들이 학교에 들어가기 전부터 정서적 발달, 지적 발달, 신체적 발달 상황을 확인하고 기록합니다. 손으로 물건을 집은 게 몇 개월 때인지, 일어서서 걸은 때가 언제인지, 실과 구슬을 주면 몇 개를 꿰는지 전부 기록해요. 잘하는 애를 고르려는 게 아니라 신체적, 정서적으로 뒤처지는 부분이 있으면 도와주려고 그런다는 거죠.

그리고 집중력 있는 아이로 길러달라고 학부모에게 부탁합니다. 어떻게 집중력을 기르는가 물으면 놀이를 통해서 길러주라고 합니다. 아이들이 레고든 소꿉장난이든 어떤 일에 푹 빠져 있으면 그 공간과 시간을 유지해주라고 이야기합니다. 우리는 애들이 몇 시간째 놀고 있으면 뭐라고 합니까? "너 지금 몇 시간째 이러고 있는 거야!" 이러죠. ☺ 한 교실에 선생님이 두세 명씩 들어가서 맞춤형 개별 교육을 합니다. 1학년부터 9학년까지 같은 선생님이 가르치니까 아이들의 특성도 훤히 압니다. 학원이라는 게 아예 없어요. 학생의 학습목표가 각자 다릅니다. 딱 정해놓고 끌고 가지 않고, 같은 반에 있어도 공부하는 게 모둠별로 다르고 개인별로 다릅니다. 학생의 학습 속도가 저마다 다르다는 걸 전제로 하는 거죠. 그러니까 교실에서 어떤 애들은 놀고 어떤 애들은 공부합니다. 펼쳐놓고 있는 책 페이지도 달라요. 교실엔 장난감이 가득합니다.

"그러면 평가는 어떻게 합니까?" 하고 물었더니 "평가는 세 가지로 하죠. 잘했어요, 아주 잘했어요, 아주아주 잘했어요, 이렇게요"라는 겁니다. 인정하면서 키우는 거죠. 실업계로 간다고 해서 그 아이를 버리지 않습니다. 우리는 고등학교에 진학할 때 실업계로 가게 되면 학생들은 거기서부터 큰 좌절을 경험하게 되죠. 그러나 이 나라는 목공이든 미용이든 자부심을 느끼게 만들어요. 시설도 굉장히 좋습니다.

그렇게 해서 상향평준화하는 겁니다. 우리는 못 따라오는 애는 버리면서 가잖아요. 그러면서 낭비하는 사회적 비용이 막대합니다. 그런데 핀란드는 하나도 버리지 않으려고 굉장히 애씁니다. 상향평준화하면서 끌고 갑니다. 엄마가 "얘들아, 내일이 학교 가는 날이야" 하면 애들이 "야, 신난다!" 한다는 거죠. 실제로 학교가 그래야 하는 것 아닙니까? 우리는 내일이 학교 가는 날이라고 하면 아이들이 어떻게 반응하죠?

그리고 또 중요하게 생각하는 목표 중 하나가 생각이 다른 사람들끼리 합의를 이루어가는 과정을 익히게 하는 겁니다. 공부를 잘하는 것도 중요하지만 이런 합의를 이루어가는 교육방식을 우리가 배워야 합니다. 우리가 이것저것 묻고 조사하고 알아보려고 하니까 그 나라 교수와 선생들이 이러더군요. "당신네 아이들이 PISA에서 상위권인데 왜 와서 묻고 조사합니까?" 그런데 우리는 우리 아이들이 어떻게 1등을 하고 2등을 했는지 말할 수가 없었어요. "아침밥을 안 먹이고요, 정규수업 전에 0교시 수업하고요, 잠은 네댓 시간밖에 안 재워요." 이런 이야기를 할 수가 없잖아요. 이건 지속가능한 모델이 아니고 교육학적으로 설명할 수 없는 모델이기 때문에 다른 나라에 가서 이야기하기가 곤란하잖아요. 최소한 잠은 재우고 아침밥은 먹여서 말똥말똥한 눈으로 1교시부터 공부하게 해주자는 사회적 합의가 이뤄지지 않습니다. 오히려 이 모순을 심화해서 선진국이 되겠다고 하니 말이 됩니까?

그곳 선생님들에게 "경쟁은 누구와 합니까?" 물어보면 "경쟁은 나와 하는 것입니다"라고 합니다. 지난달의 나보다 생각하는 게 달라진 나, 작년의 나보다 학습태도가 나아진 나가 되도록 내가 나와 경쟁한다는 겁니다. 친구는 협력의 대상이랍니다. 같이 공부하고, 같이 과제를 해결하고, 같이 먹고, 같이 놀아야 하는 게 친구니까 친구는 협력의 대상인 거죠. 이렇게 자라니까 사회도 협력의 원리로 굴러가게 됩니다.

핀란드는 반부패 지수가 1위입니다. 정직해요. 성장 경쟁력 지수도 1위죠. 경제적 창의성 지수와 환경 지속가능성 지수도 1위예요. 이 나라는 수도꼭지에서 나오는 모든 물을 마실 수 있게 만들었습니다. 핀란드 학생들이 공부 잘한다고 해서 보러 갔다가 행복하게 산다는 것에 대해 많이 생각하게 됐습니다. 아이들은 공부 잘하고 부패하지 않고 정직하고 신뢰받을 사람으로 성장하고, 사회는 협력의 원리로 굴러갑니다.

여자들이 가정의 중심이고, 대통령도 여자이고, 국회의원이 100명이면 40명은 여성이고, 장관이 20명이면 8~9명은 여성입니다. 이렇게 핀란드에선 정말 여성이 중심입니다. 그러니까 덜 부패하는 겁니다. 이것도 참 눈여겨볼 대목입니다. 남자 분들은 듣기 불편할지 몰라도 저는 참 좋은 방식이라고 생각합니다. ☺ 평화, 생명, 소통 같은 것들을 중요하게 여기는 사회입니다.

밀짚모자 쓰고
오리와 함께 돌아올 때

핀란드에서는 교육에 들어가는 모든 돈은 무상입니다. 국가가 전액을 지원해요. 교육이란 건 그 사람만 잘되게 하려고 시키는 게 아니라 사회발전에 중요한 인력을 기르는 것이라고 생각하니까요. 하나하나 잘 가르쳐야 그 과정에서 중요한 가치들이 잘 전달되어 건전한 국가와 사회가 잘 유지되고 발전한다는 겁니다. 그런데 왜 돈을 개인에게 내라고 하느냐는 거죠. 고등학교에 입학해서 교통비가 들어간다고 하면 교통비도 지원합니다. 나이가 들어서 대학원에서 공부하고 싶은데 생활비가 걱정이라고 하면 생활비도 지원합니다.

이런 이야기를 해주면 "그 나라는 인구가 우리보다 적잖아요", "그 나라는 세금 많이 내잖아요"라고 합니다. 물론 세금을 많이 내죠. 그런데 세금을 많이 내야 한다고 하면 다들 싫어하겠죠. 복지 예산이 35~40퍼센트 늘어나야 한다고 하면 우리는 "그럼 문제 있지. 우리가 무슨 사회주의 국가야?" 하고 고개를 돌리고 말 겁니다.

이런 사회로 가려면 넘어야 할 벽들이 있습니다. 건너야 하고 극복해야 할 과제들이 있죠. 노 대통령 사저 안에 제 시 〈담쟁이〉가 걸려 있었습니다. 회고록의 집필 목록을 보면 '담쟁이 이야기'가 있어요. 그리고 '액자를 내렸다'고 씌어 있습니다. 검찰의 조사를 받는 과정에서 집에 걸려 있던 이 액자를 내리신 거죠.

  저는 힘들고 어렵고 길이 보이지 않을 때 담쟁이가 눈에 들어왔습니다. 담쟁이는 물 한 방울, 흙 한 줌도 없는 벽에 붙어사는 식물이죠. 말을 할 줄 알면 얼마나 원망했겠어요. "나는 왜 이런 데 태어나 살아야 하나" 하고 말이죠. 그러나 원망만 하고 있지 않고 앞으로 나아갔어요. 그 뿌리로는 벽을 뚫고 들어갈 수가 없어요. 그렇지만 포기하지 않고 실뿌리로 벽을 붙들었습니다. 자기와 비슷한 처지에 있는 잎들과 손에 손을 잡고 함께 한 발짝씩 나아가요. 나 혼자 살길 찾겠다고 앞으로 백 발짝을 달려가는 게 아니라, 어려운 처지에 있는 백 개의 이파리들이 손에 손을 잡고 한 발짝씩 앞으로 나아가요. 초조하고 불안할 텐데 서두르지 않는 모습으로 천천히 벽을 넘어요. 그래서 절망적 상황을 아름다운 풍경으로 바꿔놔요. 그렇게 벽을 넘어가는 거죠. 그걸 보고 제가 이 시를 썼습니다.

담쟁이   도종환

저것은 벽
어쩔 수 없는 벽이라고 우리가 느낄 때
그때
담쟁이는 말없이 그 벽을 오른다
물 한 방울 없고 씨앗 한 톨 살아남을 수 없는

저것은 절망의 벽이라고 말할 때

담쟁이는 서두르지 않고 앞으로 나아간다

한 뼘이라도 꼭 여럿이 함께 손을 잡고 올라간다

푸르게 절망을 다 덮을 때까지

바로 그 절망을 잡고 놓지 않는다

저것은 넘을 수 없는 벽이라고 고개를 떨구고 있을 때

담쟁이 잎 하나는 담쟁이 잎 수천 개를 이끌고

결국 그 벽을 넘는다

제가 어려웠을 때 쓴 이 시를 사람들이 언제부턴가 자기 시로 가져가고 있더군요. 장애인들 모임에 담쟁이회가 있고, 여성 법률자문 단체의 회보 이름이 담쟁이이고, 노동부에서 실직자들을 위해 여는 특강 이름이 담쟁이 특강입니다. 며칠 전에 어떤 분들이 저를 찾아오셨습니다. "저희는 담쟁이사랑이라는 모임에서 왔습니다. 광주에 있는 담쟁이산악회하고 같이 천 명 정도 무등산을 등산하려고 하는데 이 시를 쓴 분하고 같이 가려고 모시러 왔습니다." 자기들이 담쟁이산악회, 담쟁이사랑, 이런 걸 다 만들고 저작권료도 한 푼 안 내고 담쟁이 티셔츠 만들어 입습니다. ☺ 2009년 7월 하순에 어느 신문에서 직장인 100만 명을 대상으로 설문조사를 했어요. 내 인생의 시 한 편을 써달라는 설문조사였는데, 〈담쟁이〉가 1위로 나왔습니다. 깜짝 놀랐어요. 불과 몇 해 전만 해도 "죽는 날까지 하늘을 우러러 한 점 부끄럼이 없기를" 이런 시가 1위였는데 갑자기 〈담쟁이〉가 1위로 올라왔죠. 사람들이 점점 살기 힘들고 어려워지니까 위안과 용기와 힘을 주는 시를 찾는다고 합니다.

노 대통령도 길이 보이지 않고 사방이 벽으로만 막혀 있는 것 같은 상황 속에서 집에 이 시를 걸어놓고 보셨겠죠. 그런데 점점 절박해지면서, 돈을 받았다는 이야기를 듣고 검찰에 조사받으러 가면서 이 시를 내리신 거예요. 노 대통령이 내린 이 시를 우리가 다시 걸어야 한다고 생각합니다. 우리가 이 시를 내 홈페이지에, 내 방에 걸어야 한다고 생각합니다. 우리가 각자 이걸 걸고 다른 사람들과 같이 읽고, 담쟁이 잎 하나가 담쟁이 잎 수천 개를 이끌고 저 벽을 넘어가는 것처럼 우리 앞에 놓인 이 벽을, 이 시대의 벽을, 이 역사의 벽을 넘어가야 한다고 생각합니다.

마지막으로 또 한 편의 시를 읽으면서 끝내겠습니다. 노무현 전 대통령 사진집을 내면서 사진작가가 시를 한 편 써달라고 했습니다. 노 대통령이 어릴 때부터 돌아가실 때까지의 얼굴을 보면서 쓴 시입니다. 고맙습니다. 🖐

도종환 시

2009년 11월 10일 부산

도종환 시인의 강연에는 청중과의 질의응답이 없습니다.

얼굴

까까머리 학생이던 때 그의 얼굴에는
차돌처럼 반짝이는 단단한 은빛이 배어 있다
상고를 졸업하고 군복을 입고 있는 그의 얼굴에는
읍내와 면소재지의 경계쯤에 자리 잡은
투박한 냄새와 과수원 냄새 같은 게 스며 있다
지방 변호사가 되어 최루탄 묻은 아스팔트 냄새를
바지에 묻히고 다닐 때나
역사를 야만으로 바꾼 자들에게 명패를 집어 던질 때
그에게는 질주하는 야생의 냄새가 났다
실패는 많았지만 패배주의에 젖지 않던 시절
쉽게 타협하지 않아 하로동선(夏爐冬扇)처럼
버려져 있던 날
그런 날도 그에게선 참나무 냄새가 났다
화로처럼 타던 그의 가슴 안쪽이 겨울과 만났을 때
사람들은 그를 향해 손수건을 흔들었고

그의 얼굴에는 참나무 숯이 타면서 내는

따뜻하고 붉은 온기가 오래 머물러 있었다

한 나라의 대통령이면서도 비주류라서

나무 끝에 앉은 새처럼 흔들리고 있던 시절

다시 법정에 선 변호사 어투가 흘러나오던 시절

억울해 하는 얼굴에 스며드는 그늘 같은 게 보였다

그의 생애 중에 가장 좋은 얼굴을 만난 것은

대통령 일을 그만두고 낙향한 뒤부터였다

밀짚모자를 쓰고 오리와 함께 돌아올 때나

자전거 뒤에 풀빛을 태우고 마을을 돌 때

그의 얼굴에는 갓 캔 감자줄기에 따라온

풋풋하고 건강한 흙냄새가 살아났다

구멍가게의 나무의자 냄새가 났고

낮은 신발로 갈아 신고 만나는 오솔길 냄새와

잘 익은 사과의 얼굴 위에 내려앉은

가을햇살의 표정 같은 게 있었다

수많은 얼굴을 녹여 낸

가장 편안한 얼굴이 그 사람의 진짜 얼굴이다

벼랑은 다시 예전의 벼랑으로 돌아가고

허공도 다시 허공이 된 뒤

밀물 같은 슬픔의 물살 출렁이다 빠져나가고 나면

우리는 어디서 다시 그의 편안한 얼굴 만날 수 있을까

풀밭에 앉아 푸른 세월을 건너다보던 얼굴

놓쳐버린 우리의 얼굴을

06
노무현의 민주주의
박원순

박원순 소셜 디자이너(social designer), 희망제작소 상임이사

1956년 경남 창녕에서 태어났다. 서울대 법대에 입학했으나 김상진 열사 추모사건에 연루되어 수감되었다. 1980년 사법시험에 합격한 뒤 대구지검 검사로 근무하다 1983년 검사직을 버리고 조영래 변호사와 함께 구로동맹파업사건, 부천경찰서 성고문사건 등 수많은 민주화운동 관련 사건을 변론했다.

1990년대 초반 영국 런던대 정경대학원, 미국 하버드대 법대에서 공부하고 귀국해 1995년 참여연대를 창립했다. 대한변협 인권위원, 〈한겨레〉 논설위원, 감사원 부정방지대책위원, 부패방지입법시민연대 공동대표, 시민사회단체연대회의 공동대표로도 활동했다.

2000년 아름다운가게, 2002년 아름다운재단을 잇따라 설립해 나눔과 기부를 실천하며 대안적 사회를 만들기 위한 노력을 꾸준히 벌여왔다. 현재 아름다운재단 총괄상임이사, 희망제작소 상임이사로 일하면서 '소셜 디자이너'라는 이름으로 시민운동의 새로운 영역을 개척하고 있다. 한국여성운동상, 만해상(실천 부문), 막사이사이상(공공봉사 부문), 단재상, 불교인권상을 수상했다.

지은 책으로 《저작권법연구》, 《국가보안법연구 1, 2, 3》, 《한국의 과거청산연구》, 《일본의 전쟁범죄연구》, 《한국의 시민운동: 프로크루스테스의 침대》, 《야만시대의 기록 1, 2, 3》, 《마을에서 희망을 만나다》, 《희망을 심다》 등이 있다.

박원순이 생각하는 '노무현 정신'은…

또 다른 세상을 향한
포기하지 않는 원칙

반갑습니다. 박원순입니다. 요즘도 여러 군데 강의하러 다니는데 오늘은 아주 특별한 강의인 듯합니다. "민주주의의 최후의 보루는 깨어 있는 시민의 조직된 힘입니다." 노무현 대통령이 하신 말씀이죠. 사실 제가 1994년에 참여연대를 만들 때 구호가 '시민의 힘이 세상을 바꿉니다'였어요. 우리 사회를 좀 더 인간다운 사회로 바꾸는 힘이 바로 시민들의 조직된 힘인 것 같습니다. 우리가 추상적으로 시민이란 말을 쓰지만, 구체적으로 보면 모래알처럼 흩어져 있어 아무런 힘을 쓸 수가 없는 존재입니다. 그래서 시민이란 존재는 깨어 있고 또한 조직되어야 힘을 발휘할 수 있습니다.

또 다른 세상은
가능하다

제가 무척 좋아하는 말 중 하나가 "또 다른 세상은 가능합니다"입니다. 여러분, 지금 세상에 만족하십니까? 더 좋은, 더 인간적인, 더 민주적인, 삶의 질이 더 보장된, 또 다른 세상이 가능하다고 봅니다. 제가 독일어를 배운 적은 없습니다만 이 문장이 무척 좋아서 외우고 다닙니다. "Eine andere Welt ist möglich." 또 다른 세상은 가능하다는 말이죠. 2005년에 3개월간 독일에 있었는데 그곳에서도 우리와 같이 좀 더 나은 세상을 위해 땀 흘리는 사람들을 많이 만났어요. '어느 사회나 이런 분들이 있구나' 하면서 동지의식, 행복감을 느꼈습니다. 그분들이 이 문장을 자주 썼습니다. 어느 사무실에서나 볼 수 있었답니다. 참 좋은 말입니다. 저도 입버릇처럼 달고 다닙니다.

여러분, '촛불'을 기억하시죠? 잊으셨습니까? 많은 사람들이 광화문 앞을 가득 메웠습니다. 학생들이 나섰고, 심지어 주부들도 아이들과 함께 나섰죠. 그런데 가로막혔죠. 벽이 있습니다. 그렇다면 이 '촛불'을 어떻게 해석해야 할까요?

마틴 루서 킹(Martin Luther King) 목사가 1963년 링컨기념관 앞에서 "나는 꿈이 있습니다(I have a dream)"로 시작하는 연설을 했던 걸 기억하시죠. 그 당시만 해도 킹 목사가 백인만 타는 버스에 탔다가

박원순

끌려 내려오고 그것이 불법이라고 하여 감옥에 가는 상황이었습니다. 그런 시대에 흑·백이 함께 같은 식당, 같은 버스를 이용할 수 있고 아이들이 함께 학교에 다닐 수 있는 세상을 꿈꾸면서 연설을 했죠. 이때 100만 명이 모였습니다. 사회가 요구하는 현안이 있을 때 미국에서는 늘 많은 시민들이 모입니다.

여러분, 마이클 무어(Michael Moore) 감독의 〈식코〉라는 영화 보셨죠. 미국은 4000만 명이 넘는 국민들이 의료보험이 없는 끔찍한 나라입니다. 마이클 무어가 마지막에 "프랑스 사람들은 문제가 생기면 늘 거리로 나와 항의하고 정부를 비판한다. 그런데 미국 사람들은 두려움이 있다. 길거리에 나서는 걸 두려워하기 때문에 미국은 괜찮은 의료제도를 가지지 못한 것이다"라고 설명합니다. 굉장히 인상 깊게 봤습니다. 직접민주주의가 여전히 필요하다는 거죠. 아무리 투표로 대통령, 국회의원, 시장을 뽑는다 하더라도 그분들이 4, 5년간 우리 바람대로 시민들을 마음에 담고 일하지 않는다는 겁니다. 그렇기 때문에 이분들을 감독하고 각성시킬 수 있는 표현이 늘 필요하다는 거죠.

저는 '촛불'이 여러 의미를 제기했다고 생각합니다. 시민단체에도 큰 경고를 보냈고요. 왜냐하면 촛불시민은 시민단체에서 조직하지 않았거든요. 그야말로 온라인 속에서 자발적인 동참과 참여로 이뤄진 것이죠. 조직화, 정형화되진 않았지만 우리 사회의 이상을 위해서 함께 뭉칠 수 있는 힘을 보여줬어요. 이것은 정당에도 더할 나위 없는 경고를 보낸 겁니다. 정당이 진정으로 국민들의 뜻과 소망을 받아 안았다면 이런 일은 일어나지 않았겠죠. 결국 촛불은 인터넷과 민주주의, 소통이 중요하다는 것을, 그것을 무시하면 대중이 스스로 조직화해서 고치려 든다는 것을 보여주었다고 생각합니다. 그래서 저는 촛불은 사그라졌지만 촛불의 기억은 여전히 많은 사람들에게 남아 있기 때문에 또 다른 사회 위기가 오면 수많은 사람들이 다시 거리로 나오지 않을까 생각합니다.

소통은 저절로 이뤄지지 않으며 다양한 노력이 필요합니다. 청와대에 앉아서 라디오 연설을 하고 일방적으로 기자회견해서는 절대로 소통할 수 없죠. 재래시장 가서 떡볶이 사 먹는다고 해서 서민과 소통할 수는 없습니다. 다양한 소통 채널을 확보하고 늘 함께 있으려고 노력하지 않으면 안 됩니다. 오바마 대통령이 지금 의료보험 개혁 때문에 완전히 사면초가에 몰려 있습니다. 기사를 보니까 어떤 타운홀 미팅에 갔는데 반대하는 사람들의 시위가 너무 격렬해서 뒷문으로 들어갈 수밖에 없는 상황이었답니다. 그럼에도 오바마가 전국의 타운홀 미팅을 다니면서 여전히 국민들을 설득하고 그들에게 호소하는 걸 볼 수 있습니다.

저는 김대중 대통령에게 유감이 하나 있습니다. 1970, 1980년대 유신과 전두환 독재정권을 거치면서 민주화의 새벽이 가까이 왔는데, 국민들의 소망에도 불구하고 양김이 단일화를 이루지 못해 노태우에게 권력을 뺏겨버린 아픈 아쉬움입니다. 그래도 저는 우리 현대사에서 가장 잘 준비된 대통령, 가장 현명한 대통령이 김대중 대통령이라고 생각합니다. 여러분도 잘 아시지만, 김대중 대통령은 늘 호남 출신 소수파였잖아요. 그리고 용공, 빨갱이라는 음해를 늘 받았잖아요. 집권할 때도 혼자 힘으론 도저히 되지 않아서…… 사실 JP를 좋아해서 연합했겠습니까? ☺ 저희는 비판하긴 했지만 대통령이 되기 위한 어쩔 수 없는 선택이 아니었나 생각합니다.

그렇게 대통령이 되고 나서 첫 번째 임명한 통일부 장관, 기억하세요? 여러분, 역사를 잊지 마십시오. ☺ 강 아무개라는 분인데 굉장한 보수파, 극우라고 말할 수 있는 분이었죠. 시민단체는 당연히 항의성명을 냈습니다. 통일, 남북관계에 대해서 이렇게 몰상식하고 생각 없는 분을 어떻게 통일부 장관으로 임명하느냐고 했는데, 세월이 지나고 보니 김대중 대통령의 인사가 굉장히 지혜로웠다는 생각을 하게 됐어요. 본인은 늘 용공 음해를 당하신 분이잖아요. 그런 보수파들을 향해서 '얼굴마담'을 하나 세워놓고 본인의 남북정책은 그대로 밀고 나간 겁니다. 남북정상회담도 성공하고 나중에 노벨평화상까지 탔잖아요. 그래서 저는 그분의 정치역정을 보면 참 눈물이 납니다. 40대 기수론을 내세웠던 그 파릇한 때에 대통령이 됐다면……. 당시 70만 표 차이였는데 그때 국군장병 수가 70만 명이었어요. 상사가 다 지켜보는데 공정선거가 이뤄졌겠습니까? 그런 부정선거를 감안하면 그 당시 대통령은 이미 김대중 대통령이었다고 생각합니다. 어쩌면 그런 역경을 거쳐서 우리 민족의 운명, 그분의 지혜가 나중에라도 빛날 수 있었던 게 아닌가 싶습니다.

자유는 영원한 감시의 대가

노무현 대통령은 우리에게 꿈을 심어준 대통령입니다. 저도 사실 노 대통령 옆에 많이 있었죠. 노 대통령이 종로구에서 당선됐을 때 그분의 지역구 사무실이 참여연대 사무실 옆에 있어서 가끔 만나 여러 가지 상의도 했습니다. 그런데 현직 국회의원이 다음 선거에서도 종로구에 나오면 당연히 유리한 거잖아요. 하지만 다음 지방자치선거에서 부산시장으로 출마해서 떨어졌어요. 그래서 〈참여사회〉라는 잡지에 위로하는 편지를 썼습니다. "참 고생하셨습니다. 낙선 직후 위로하는 사람들에게 '농부가 어디 밭을 탓할 수 있는가' 하면서 지역 주민에 대한 비난을 온몸으로 막았던 일은 참 감동스러웠습니다. 그러나 어쨌든 결과적으로는 노 의원의 정치력에 타격을 받았는데 어떡합니까." 이렇게 위로의 말씀을 드렸더니 노 대통령은 "고맙다"고 하기는커녕 굉장히 도전적인 답장을 보내오셨어요.

"변호사님은 정치인이 해야 할 가장 중요한 일이 뭐라고 생각하십니까? 저는 정치인이 해야 할 가장 중요한 과제가 국민들이 안도하고 미래에 대한 꿈과 희망을 가질 수 있도록 하는 것이라고 생각합니다." 정말 제가 한 방 맞았어요. 의기소침하실 거라 생각했는데 오히려 시장에 당선한 것보다 더 큰 용기를 갖고 이런 말씀을 하신 겁니다. 당선해서 좋은 정치, 좋은 시정을 펼치는 것도 중요하지만, 그에 못지않게 우리 사회의 잘못된 이념과 현실을 고치려고 도전하는 투쟁이나 열정을 담은 꿈을 보여주신 게 아닌가 싶습니다. '역시 큰 정치인이다' 이런 생각을 했어요. 본인이 비록 자기 고향에서 떨어졌을 망정 결코 그 지역 주민들을 욕하지는 않으신 거죠.

부산 반송동에 '희망세상'이라는 마을 공동체가 있습니다. 서울로 치면 난곡 같은 곳이에요. 철거민들, 가난한 사람들이 모여 사는 동네인데 고창권이라는 분이 의사로 일하다가 그 마을에 들어가서 마을운동을 시작했어요. 10년 동안 꾸준하게 지역 주민들과 함께 노력했습니다. 그리고 10년 후에 이분이 해운대구의회 의원선거에 열린우리당 후보로 출마해 압도적인 표차로 당선했습니다. 어떻게 선거구민을 욕하겠습니까. 지역감정이라는 것은 여당 정치인과 야당 정치인이 차별성이 없을 때 작동할 수밖에 없다고 봅니다. 아는 사람이 별로 없고 이 사람이나 저 사람이나 다 같을 때 이왕이면 자기 고향, 자기 학교 사람을 찍어주는 거죠. 그런데 고창권 의원처럼 정말 10년을 하루같이 밭을 갈면 이렇게 당선되지 않습니까.

민주주의를 위해서는 가야 할 길이 아직도 참 멀다고 생각합니다. 지난 1980년대 6월 항쟁으로 우리는 형식적, 절차적 민주주의를 확보했다고 생각했죠. 그런데 오늘날 이명박 정부 아래서 그런 민주주의의 많은 내용들이 깨져나가고 있습니다. 제가 좋아하는 말 중에 "민주주의는 질그릇처럼 깨지기 쉬운 것"이라는 말이 있습니다. 한번 민주주의가 이루어졌다고 그것이 영원하지 않다는 것이죠. 또 제가 1991년부터 1년간 미국에 유학하면서 미국의 가장 큰 인권단체인 미국시민권연맹(ACLU, American Civil Liberties Union)에서 몇 달 동안 인턴으로 근무했는데 그 본부 앞에 "자유는 영원한 감시의 대가이다(Freedom is the price of permanent vigilance)"라는 말이 씌어 있었습니다. 자유와 인권은 감시 내지는 노력의 결과라는 거죠. 저절로 이뤄지지 않는다는 겁니다.

집회·시위의 자유, 결사의 자유, 표현의 자유, 인터넷에서의 자유……. '자유'는 민주주의의 핵심 권리이자 헌법에 보장된 국민의 기본권입니다. 특히 표현의 자유는 모든 자유를 살아 있게 만드는 자유라고 합니다. 그래서 '중핵적 기본권'이라는 말도 쓰죠. 그렇기 때문에 현존하는 명백한 위험이 없는 한 표현의 자유는 제약할 수 없다는 게 많은 나라들의 판례입니다. 미국에서 어떤 과격한 사람이 자신의 국기인 성조기를 찢어버렸습니다. 그래서 기소됐는데, 미국 대법원은 그 사람에게 무죄를 선고했습니다. 당장 현존하는 급박한 위험이 없다는 것이죠. 부당하고 불합리하다고 죄가 되는 것은 아닙니다.

그런데 성조기를 찢은 우리나라 대학생은 유죄판결을 받았습니다. 우리 대한민국의 사법부가 미국의 성조기를 더 잘 보호해주는 셈이죠.

오늘 여기에도 제 동태를 살피러 온 분이 한 분 정도는 계시지 않을까요? ☺ 왜냐하면 이미 수십 번 제 뒤를 캐고 다녔다는 주변 사람들의 말을 들었거든요. 제가 이 이야기를 어딘가에서 공개적으로 했더니 국정원에서 "법적 조치를 취하겠다"고 했어요. 그래서 정말 법적 조치를 취해주길 바랐습니다. 제가 감옥에 간 지 너무 오래돼서 쉴 새가 없었거든요. ☺

소수자를 존중해야 진짜 민주주의

저는 용산참사를 생각하면 참 가슴이 아픕니다. 우리 사회의 가장 기본적인 권리가 주거권이잖아요. 이 하늘 아래 어딘가에 머리를 두고 자야 하잖아요. 그런데 그 공간에서 내쫓는데 어느 누가 그러지 않을 수 있습니까? 뺏는 사람이 잘못이지 뺏기니까 항의하는 사람이 잘못한 겁니까? 그러고도 항의하다 죽은 사람들에 대해 잘못했다는 이야기 한번 제대로 하지 않고 있습니다. 그야말로 국민의 가장 기초적인 권리가 침해되는 세상이죠.

용산참사 이야기를 하니 떠오르는 분이 있어요. 명진 스님이라고 봉은사 주지이신데 정말 멋진 분입니다. 천 일 동안 매일 천 배를 하면서 절 밖으로 나간 적이 없습니다. 단 한 번, 노 대통령 추모제에서 불교의식을 집전하기 위해서 나가신 적 말고는 절에만 계시다가 얼마 전에 그 천일기도를 끝내고 나서 첫 번째로 찾은 곳이 용산입니다. 봉은사가 어떤 절인지 모르시죠? 강남에 있고 부자 신도가 많은 절입니다. 그래서 본인이 돈을 모아 1억 원을 용산참사 유가족한테 줬습니다. 정말 멋있는 스님 아닌가요?

여러분, 기업형 슈퍼마켓(SSM) 아시죠? 요즘 이 SSM 때문에 분쟁이 아주 심각합니다. 대형유통마트가 하나 들어오면 지역에서 자영업체 3000곳이 사라진다고 합니다. 지금 우리 대한민국에서 자영업은 거의 소멸하는 지경인 것 같습니다. 이명박 정부에서 정치적, 시민적 권리뿐만 아니라 경제적 권리조차도 엄청나게 침해당하고 있다는 생각이 듭니다.

민주주의를 업그레이드하기 위해서는 많은 것들이 필요하지만 가장 중요한 것 중 하나가 법치주의입니다. 지금 이명박 정부가 법치주의를 이야기하는데 과연 누구한테 법치주의를 요구할까요? 국민더러, 그것도 힘없는 서민들, 권리를 외치는 사람들에게 법을 지키라는 겁니다. 가난하고 힘없는 서민들은 법을 지킬 수밖에 없어요, 힘이 없으니까. 하지만 정작 지키지 않는 사람들, 힘 있고 권력 있고 돈 많은 사람들이 법을 지키는 게 중요합니다. 그것이 바로 법치주의입니다. 법치주의는 한마디로 법 앞의 만인 평등입니다. 저도 변호사를 해봤지만 적어도 대한민국에서 돈 있으면 흑을 백으로, 백을 흑으로 만들 수 있습니다. 아마 많은 분들이 당해보셨을 거예요. 사법정의가 지금 이 순간까지도 제대로 지켜지지 않고 있다고 생각합니다.

1986년의 일로 기억합니다. 제 사법연수원 동기 중에 조재현 판사가 있는데 이 판사를 존경하게 됐어요. 그 당시 전두환 정권에서 일명 '체육관 선거'라고 해서 국민의 투표권을 부정하고 통일주체국민회의에서 간선으로 대통령을 선출하게 되어 있는 부당한 헌법이 있었는데 국민들이 그걸 고치자고 길거리에 나와 서명을 했어요. 그러자 경찰이 사람들을 잡아다가 도로교통법 위반으로 구속영장을 청구했습니다. 조재현 판사는 이때 영장을 기각하면서 이렇게 썼습니다. "도로교통법보다는 헌법에 보장된 참정권이 훨씬 더 큰 권리이기 때문에 그 권리 실현 과정에서 생긴 이런 사소한 법규 위반으로 구속할 수는 없다." 멋있는 판사 아닙니까? 그런데 이런 사람은 절대 대법관이 못됩니다. ☺

국회와 정당은 정부로부터 완전히 독립해 있어야 합니다. 지금처럼 청와대의 영향을 받는 이런 국회를 갖고는 민주주의를 이룩할 수 없습니다. 우리가 초등학교 때 민주주의는 3권 분립이라고 배웠죠? 그런데 우리가 너무 당연하게 배웠던 입법·사법·행정 분립이 지금 안 돼 있잖아요. 그렇죠? 이래서 어떻게 민주주의라고 합니까. 국회의원 후보 공천권을 청와대가 사실상 행사하는 상황에서는 될 수가 없죠. 제 표현은 아니지만 이런 상황에서 지방자치는 '반신불수'입니다. 물론 지방자치단체장에게 너무 큰 권한을 주면 자질 없고 준비 안 된 사람들이 큰 실수를 저지를 수 있습니다. 하지만 구더기가 있어도 장은 담가야 하잖아요. 구더기를 없앨 방도를 찾아야 하는 거죠.

저는 다수결 원칙이 민주주의의 원칙이라고 주장하기는 하지만 여전히 소수자를 존중하지 않으면 민주주의를 이룰 수 없다고 생각합니다. 그래서 '노무현 시민학교' 같은 정치교육을 정말 다양하게 해야 합니다. 투명성, 책임성, 소통과 참여, 혁신 통합, 혁신 창조, 다 중요한데 역시 중요한 것은 민주적 시민들입니다. 합리적인 생각을 하는 시민들이 많아야 합니다. 이러한 힘 없이 민주주의를 절대로 지킬 수 없습니다.

'희망제작소'에서 '우리시대 희망찾기'라는 프로젝트로 책을 한 권냈는데 제목이 《우리는 더 많은 민주주의를 원한다》입니다. 평범한 시민들을 인터뷰해서 우리나라 민주주의의 현실은 어떠하고, 우리가 어떻게 민주주의를 한 단계 업그레이드할 수 있을까 고민한 책입니다. 아파트 부녀회에서 민주주의가 제대로 굴러가고 있습니까? 여러분이 부녀회장 맡으셔야 합니다. 학교운영위원회 위원장도 맡으시고, 통장도 맡으셔야 해요. 아시겠죠? 전부 출마하세요. ☺

'아름다운가게'가 압구정동 현대아파트에 헌 물건 수거함을 놓으려 했는데 실현되지 않았습니다. 그것을 수거업자에게 가구당 얼마씩 받으면서 내주었기 때문입니다. 한 채에 수십억 원씩 하는 집에 사는 사람들이 가구당 몇백 원 때문에 자선단체가 아니라 업자들에게 준 것이죠. 그거 보면서 성경에서 한 말씀, 부자가 천국 가는 것이 낙타가 바늘구멍 통과하는 것보다 어렵다는 이야기가 실감 났습니다.

대학총장 선거도 마찬가지입니다. 제가 며칠 전에 어느 대학 교수 한 분을 만났어요. 이분 말이 대학총장에 출마하는 분들 보면 너무 힘들겠대요. 술 마시러 다니느라고요. 아직도 교수들한테 술을 사주지 않고는 총장에 당선하지 못하는 사회에 우리가 살고 있습니다. 지방선거도 문제죠. 아직도 돈 안 주면 안 찍고, 돈 주면 또 반드시 찍는 분들이 있어요. 여러분, 가서 부모님들 설득하세요. ☺

정치인은 국민에게 꿈을 심어주는 게 중요하다고 생각합니다. 제가 김대중 대통령 취임사 준비위원으로 일하면서 여러 외국 대통령들의 취임사를 연구해봤습니다. 가장 감동적인 것 중 하나가 프랭클린 루스벨트 대통령의 취임사였어요. 대공황의 그림자가 드리운 시절이었으니 장밋빛 미래라도 보여줄 법한데 허튼 구호, 허튼 약속을 내놓지 않았습니다. 너무나 엄중한 상황인데 그 엄중함을 받아들이고, 어려움에 직면해서도 용기를 가지자는 글을 보면서 감동을 받았습니다.

오바마 대통령도 마찬가지입니다. 이분은 연설문 하나 작성하면서 며칠을 혼자 밤새운다는데 그만큼 많은 고뇌 끝에 다듬은 말을 한다는 거죠. 그러니까 신뢰를 줍니다. 영혼이 있잖아요. 제가 일부만 읽어보겠습니다.

"진보파의 미국도 아니고, 보수파의 미국도 아닙니다. 모든 사람의 미합중국일 뿐입니다. 흑인의 미국도, 또 백인의 미국도 아닙니다. 라틴계나 아시아계의 미국도 아닙니다. 여러 주가 하나로 모인 미합중국만이 있습니다. (There is not a liberal America and a conservative America. There is the United States of America. There is not a Black America and a White America and Latino America and Asian America. There's the United States of America)"

부시 정부에서 미국인들이 얼마나 쪼개졌습니까. 부시가 부끄러워서 이민 간 사람도 상당히 많습니다. 이런 쪼개진 미국을 단합시키는 말을 이분은 이미 유세 때 하고 있잖아요. 저는 이명박 대통령이 실용정부를 내세울 때만 해도 그렇게 할 수 있으면 좋겠다고 생각했어요. 그런데 지금 이념으로, 지역으로 갈라놓고 있죠. 모든 것이 갈라져 있지 않습니까.

오바마를 보십시오. 선거를 치르다 보면 감정이 상하고 원수가 되지 않겠습니까. 그런데 가장 큰 정적인 힐러리 클린턴을 국무장관으로, 말하자면 장관의 꽃이자 부통령이나 다름없는 직책에 앉히는 걸 보십시오. 전 정권이 적대적 정권이었잖아요. 로버트 게이츠 국방장관도 아프간이나 이라크 전쟁에 책임이 전혀 없다고 할 수 없는 사람인데 앉혀놓았잖아요. 하나의 미국을 만든 것이죠. 그래서 오바마에게 흑이든 백이든 많은 사람들이 꿈을 건 것 같아요. 창피한 미국이 아닌 자랑스러운 미국을 위해서.

청탁 전화 없어서 불안한 대기업 임원

여러분, 이명박 정부의 '747 공약'이 우리에게 꿈을 줍니까? 잘 먹고 잘 사는 게 여러분의 꿈인가요? 창피한 대한민국이 아니라 우리가 자랑스러워할 대한민국, 그 꿈을 보여주는 사람들이 우리 사회에 필요합니다. 21세기가 어떤 트렌드로 바뀌는지 모르는 사람들이 이끄는 나라가 어떻게 되겠습니까? 시장이 어떻게 변화하는지 모르는 CEO가 이끄는 기업이 오래가겠습니까? NGO도 마찬가지입니다. 시민들의 불만과 욕구를 잘 모르는 리더가 이끄는 NGO는 오래갈 수 없죠.

2008년 6월 4일 청와대 확대수석비서관회의에서 이명박 대통령이 이런 이야기를 했답니다. "우리들이 지난 10년간 세상의 변화를 너무 몰랐다. 인터넷으로 여론이 유통되는 많은 변화가 있었는데 우리는 너무 올드패션으로 상황을 파악하려 했다. 기업 프렌들리니 개혁이니 성장이니 큰 이야기만 해놓고 정작 피부에 와 닿는 대책을 못 내놨다." 반성한 것까진 좋았는데 그 답이 말이 아닙니다. '인터넷에서 여론이 많이 유통되니까 이걸 통제해야겠구나', 또 '기업 프렌들리, 개혁이 잘 안 되니까 재래시장에 가서 떡볶이 사 먹으면 되겠구나' 이런 생각을 하신 것 같아요.

우리나라 파워조직의 영향력과 신뢰도를 보면 기업이 으뜸갑니다. 믿을 데가 별로 없는 거죠. 한번 생각해 보세요. 과연 우리가 여의도에서 희망을 찾을 수 있을까요? 대한민국 집권여당의 연구소가 어디죠? 여의도연구소입니다. 제가 여의도연구소 홈페이지의 통합자료실을 보니까 전부 토론회입니다. 정책거래소라는 것을 개설하고 시민들이 아이디어를 내게 하고 있는데 대답도 제대로 해놓지 않았어요. 그런데 2008년 한 해에 여의도연구소를 운영하면서 56명의 인력이 63억 원을 지출했어요. 여러분, 지금 여기 이렇게 앉아 있을 일이 아니에요. 여러분이 낸 세금 내놓으라고 항의해야 합니다. ☺

한나라당만 비판할 게 아니라 우리 자신도 성찰해볼 필요가 있습니다. 이명박 대통령 이전에 우리에게는 정말 10년의 세월이 있었습니다. 물론 많은 성과를 이뤘죠. 다른 정부를 겪어보니까 구관이 명관이란 걸 느끼시겠죠? 사실 경제 때문에 이명박 대통령이 집권했지만 실제로 노무현 대통령 때 경제가 나쁘지 않았다고들 합니다. 제가 대기업 CEO한테 물었더니 경제는 나쁘지 않다고 했어요. 거시지표뿐 아니라 현장에서조차 그런 거죠. 대기업 임원들은 오히려 청탁 전화가 없어서 걱정이 많다고 했습니다. 청탁을 받고 관계를 관리해야 일종의 보험에 드는 셈이잖아요. 그런데 참여정부 시절에는 청와대에서 이런저런 이권청탁을 하지 않으니까 불안한 거죠. 그런데 요즘은 어떨까요? 덜 불안할까요? ☺

여러 의미에서 잘못 인식되고 잘못 평가되고 있는 지난 10년에 대해 올바르고 객관적인 평가가 많이 나와야 한다고 생각합니다. 피상적, 정치적 평가가 아니라 엄격한 평가들이 나와야 합니다. 지난 10년의 집권 동안 세상이 얼마나 바뀌었는가, 또는 얼마나 정치·경제·사회·문화 분야에서 다시는 돌아올 수 없는 다리를 건넜는가, 불가역적인 변화를 만들어냈는가, 보수정권과는 다른 본질적 변화를 만들었는가……. 이런 점을 반성하고 고민해볼 필요가 있습니다.

2010년 지방선거가 코앞에 와 있습니다. 정말 제대로 된 후보들을 만들어내야 합니다. 브라질의 룰라 대통령이 우리나라로 치면 민주노동당 같은 정당이었는데 집권에 성공했잖아요. 이 사람들은 처음에 지방자치에 모든 것을 쏟아부었습니다. 포르투알레그리라는 브라질에서 세 번째 정도 가는 도시에서 노동자당 후보가 시장이 되어 참여예산제를 비롯해 제대로 된 지방행정을 폈습니다. 그 신뢰 위에서 룰라 대통령이 집권한 겁니다. 그런 준비가 있었기 때문에 지금 재선에 성공했죠.

우리 민주노동당이 그렇게 할 수 있다는 생각을 한번 해보십시오. 사실 민주노동당에도 기회가 있었습니다. 울산과 창원 등지에서 당선자가 있었죠. 민주당은 말할 것도 없습니다. 그런데 2010년 지방선거를 앞두고 무엇을 준비하고 있습니까? 하도 답답해서 직접 하지 못하겠거든 희망제작소에 좋은 프로그램이 있으니 사람들을 보내달라고 했어요. 그런데 민주당이나 민주노동당 후보들이 많이 와서 훈련받으면 좋은데 한나라당 사람들이 너무 많이 옵니다. ☺

선거가 1년도 채 남지 않았는데 후보자들을 공천하는 심사기준도 이미 발표했어야 한다고 생각합니다. 지방자치 발전을 위한 다양한 정책도 지금부터 준비해야 합니다. 민주당에 민주정책연구원이 있는데 토론회만 한 달에 한 번씩 열고 있습니다. 홈페이지 자료실과 연구원 데이터베이스에도 토론회 자료집만 올라와 있어요. 당직자 워크숍 1회, 핵심 간부 리더십 강좌 1회 열었고, 나머지 3개 올라온 것은 중앙선거관리위원회 교육연수 안내입니다. 제대로 하려면 TF팀을 만들어야 해요. 한나라당 여의도연구소가 60억 원 넘는 돈을 쓰고도 저러니 몇억 원이면 충분할 겁니다. 좋은 정책을 마련한다고 하면 여러분들이 돈 안 내겠습니까?

그리고 민주당 홈페이지를 보니까 시민 아이디어가 16건 올라와 있는데 대답은 한 건도 없습니다. 희망제작소는 시민들의 아이디어를 모으기 위해 사회창안센터를 만들었습니다. 2009년 9월 현재 3191개의 아이디어가 올라와 있어요. 시민들의 아이디어를 씨앗, 새싹, 나무, 열매로 분류해서 그중 180건 정도를 실현했습니다. 저희는 아무런 권력도 권한도 없잖아요. 그렇지만 '아이디어 프로모터(Idea Promoter)'도 만들고, '시민평가단'과 '와글와글 포럼'도 만들어서 많은 아이디어를 실현했죠.

예를 몇 가지 들어볼까요. 유통기한이 있으면 제조일자도 표시해야 할 것 아니에요? 그래서 식약청과 의논해서 이 의견을 반영하게 했습니다. 국회에서 입법한 사항도 많아요. 법률을 고치거나 만들어야 하는 경우가 많더군요. 그래서 저희가 호민관이란 이름을 의원들에게 붙여주면서 시민들의 좋은 아이디어를 입법으로 실현해달라고 했더니 40여 명이 호응했습니다. 이 가운데 여당 의원도 물론 있습니다. 그래서 호민관클럽을 창립했어요. 이 아이디어는 영국의 '글로벌 아이디어 뱅크'라는 데서 가져왔는데 우리가 훨씬 더 업그레이드했습니다. 그리고 제가 일본에 가서 몇 번 강연을 했더니 일본에서도 똑같은 것을 만들었어요. 10만 명의 서명을 받아 제안을 해서 정책을 만들고 실현하는 '사회를 바로 고치는 사람들'이라는 단체입니다.

시민들이 참여하는 방법은 다양하다고 생각합니다. 예를 들어 시민들이 특정 이슈에 집중적으로 서명하는 사이트를 하나 만들 수 있잖아요. 10만 명이 서명하면 그걸 어떻게 무시하겠어요? 10만 명이 모여서 데모하는 셈입니다. 저는 시민이 행동하지 않으면 세상을 바꿀 수 없다고 봅니다. 시민운동도 반성할 게 참 많습니다. 우리 시대의 새로운 어젠다를 뽑아내기 위해 언제나 예민해야 하는데 그런 감수성이 부족하지 않았나 싶고요. 대중과 소통하고 공유 채널을 확보하는 데 실패한 것 같고, 새로운 세대를 사회운동의 주체로 맞이하는 데도 부족했습니다.

청년들, 고향으로 내려가 시장이 되자

여러분들이 정치든 경제든 문화든 함께 참여하시면 대한민국을 바꿀 수 있다고 생각합니다. 오늘날 우리가 경제위기의 충격을 생각보다 덜 받고 이겨내는 것도 IMF 사태 때 재벌개혁이 나름대로 이뤄졌기 때문이라고 생각하거든요. 그런데 그 재벌개혁을 누가 합니까? 재벌에 영향을 미칠 수 있는 사람이 누구죠? 바로 시민입니다. SK 최태원 회장, 현대자동차 정몽구 회장이 저절로 구속됐습니까? 참여연대가 소액주주운동을 펼쳐서 이룬 성과죠. 여러분 지금 휴대폰 다 갖고 계시는데 그동안 휴대폰 전파사용료를 매년 1만 3000원씩 내왔어요. 그런데 저희들이 6년에 걸쳐 소송을 한 끝에 재작년에 그 돈이 없어졌어요. 하늘에 날아다니는 전파에 왜 사용료를 냅니까. 세금을 잘 내는 것도 중요하지만 어디에 내는지 잘 감시하고 활동하고 참여하는 것도 중요합니다.

저는 지역과 현장이 정말 중요하고, 그것은 정치든 경제든 시민운동이든 다 마찬가지라고 생각합니다. 아까 고창권 의원을 이야기했습니다만, 천안엔 KYC(한국청년연합) 출신 장기수 의원이 있습니다. 이분 이름은 절대 잊어먹지 않겠더라고요. 이분이 KYC 회장을 10년 정도 지냈어요. 그리고 다양한 운동을 하다가 천안시의회 의원에 당선했습니다. 그래서 여기 계신 여러분께, KYC가 주장했듯이 이렇게 말씀드립니다. "청년들이여, 고향으로 내려가서 시장이 되자."

여러분, 따논 당상이 따로 있습니까? 정말로 그 지역을 사랑하고 그 지역의 비전을 만들어내는 사람이 맡는 게 너무나 당연한 일 아닙니까? 지금까지 우리는 시장, 시의원을 특별한 사람이 한다고 여겼어요. 시민들이 나서지 않으면 지금처럼 지역 유지가 시장이 되고, 그래서 이권이나 챙기고, 그러다 감옥에 갑니다. 그중 4분의 1이 형사 피의자로 입건되어 있는 이런 창피한 나라를 누가 구제합니까. 여러분들 아니면 누가 합니까.

풀뿌리가 정말 중요합니다. 국회의원들도 재래시장에 사무실을 내면 좋잖아요. 그러면 사람이 달라질 거라고 생각해요. 버스나 전철 타면서 사람들의 얼굴을 보면 느낌이 옵니다. 우리나라에서는 지하철 타면 그저 '누가 탔나 보다' 하지 않고 다 쳐다보잖아요. 누가 아이 안고 오면 바로 동네 애가 되잖아요. 다 어르고 그러죠. 대한민국 국민들은 특별한 정서를 갖고 있는 것 같아요. 우리는 결코 남이 될 수 없습니다. 하나입니다. 부정적 의미에서 '우리가 남이가'가 아니라 좋은 의미에서 하나여야 합니다.

인천 배다리마을은 100년이 넘는 역사가 살아 있는 곳인데 여기다 산업도로를 낸답니다. 동네를 완전히 쪼개놓는 거예요. 제가 안상수 인천시장에게 전화를 걸어서는 알고 계시냐고 항의했어요. 그랬더니 공사가 이미 진행돼서 어쩔 수 없노라고 이야기하더라고요. 저는 아무리 진행됐어도 헐고라도 마을을 보존해야 한다고 했습니다. 도로는 지하로 매설하거나 우회할 수 있지만 이 마을의 많은 자산들은 사라질 수밖에 없거든요. 그곳엔 옛 성냥공장도 있고 인천양조주식회사나 개코막걸리집도 있어요. 이런 것들은 한번 사라지면 다시 살아날 수 없잖아요.

'참여'와 '소통'은 하나의 동의어라고 생각합니다. 주민 참여를 잘 이뤄내는 지자체장은 늘 성공하더라고요. 제가 2000년에 일본을 3개월 돌아다녔습니다. 일본 최고의 전설적인 지사는 미야기 현의 아사노 지사입니다. 이분은 3선에 성공하고 스스로 물러난 사람인데, 작은 지방정부를 만들어서 공무원 숫자를 줄여버렸어요. 그리고 많은 것들을 민간단체에 넘겼습니다. 민간의 열정과 상상력을 활용한 거죠. 또 인디애나폴리스 시장도 1998년에 미국의 베스트 10대 시장에 뽑혔는데, 교회나 비영리단체들과 함께 도시의 슬럼을 극복한 사례가 높은 평가를 받았습니다.

이런 참여가 저절로 이뤄지는 건 아닙니다. 시스템을 갖춰야 하는데요. '아메리칸 스피크스(American Speaks)'라는 단체는 21세기의 타운미팅을 새롭게 조직하고 있습니다. 현대적 기술을 통해 많은 국민들의 의사를 직접 듣고 공공정책을 결정하는 겁니다. 뉴욕의 쌍둥이빌딩이 무너지고 나서 그라운드 제로에 무엇을 건설할까를 놓고 5000명의 뉴요커들을 모아서 회의를 열었습니다. 작은 테이블에 앉은 사람들의 의견이 패드를 통해 계속 본부에 전달되는데 때로는 동시투표도 하면서 의사를 모읍니다. 현대적 직접민주주의를 발전시킨 거죠.

독일에서 통일 이후 베를린의 미래를 어떻게 만들까를 고민하며 각계 전문가 70명이 베를린미래위원회를 구성했는데 시장은 못 들어오게 했습니다. 시장의 말 한마디가 결정을 좌우하니까요. 이 위원회에서 베를린의 녹색 비율을 47퍼센트로 계속 유지하도록 결정했어요. 그래서 베를린에는 원시림이 남아 있는 공원이 몇 군데나 있어요. 그런 데는 반드시 과자를 사가지고 가서 부스러기를 흘리면서 들어가야 해요. 그러지 않으면 나중에 길을 찾아 나올 수가 없습니다. ☺
〈헨젤과 그레텔〉이 저절로 생긴 동화가 아닙니다. 너무나 위대하지 않습니까?

용산 미군기지가 반환되면 거기다 뭘 만들겠습니까? 또 아파트 짓게 하면 안 됩니다. 의정부, 동두천에서도 미군부대가 철수하려는데 반환되는 땅을 어떻게 쓸지는 시민들이 그 도시의 미래를 고민하고 논의해서 결정해야 하는 것 아닌가요? 이런 것이 바로 민주주의죠. 베를린을 보니까 슈프레 강을 중심으로 도시의 현재와 미래를 다 볼 수 있도록 전시장을 만들어놓았습니다. 런던도 마찬가지입니다. 템스 강을 중심으로 해서 한눈에 도시의 현재와 미래를 모두 볼 수 있도록 만들어놓은 겁니다. 공무원이 책상머리에서 모든 것을 다 정하는 것이 아니라 시민들과 함께 정보를 공유하고 논의하고 함께 미래를 결정해가는 것이죠.

저는 전자민주주의(e-democracy)가 우리나라만큼 잘 실현될 수 있는 나라가 없다고 생각합니다. 'e-democracy'로 구글에서 검색해보니까 123만 개의 기사가 나오는데 그중에 전자투표(e-election)에 대한 내용이 있습니다. 우리가 다음 지방선거를 치를 때 집에서 이메일로도 투표하게 한다면 투표율이 높아지고 세상이 바뀔 것 같아요. 젊은 사람들이 다 투표할 수 있잖아요. 그렇죠?

여러분, 이 운동을 벌이십시오. 이미 캐나다에서 처음으로 도입했다고 하고, 미국의 콜럼버스 시라든지 몇 군데서도 이미 실시하고 있고, 그것을 전문으로 설계해주고 안전하게 관리해주는 회사들도 많더라고요. 우리나라야말로 이걸 가장 빨리 도입할 수 있는 나라가 아닐까 싶습니다. 참여라는 것을 고대 그리스의 직접민주주의 못지않게 얼마든지 온라인이나 전자적 방식으로 실현할 수 있는 기가 막힌 방안들이 있습니다.

우리에겐 또 다른 길이 있다

정부를 뜯어고치지 않고는 세상이 바로 설 수 없습니다. 수자원공사를 그대로 두면 댐을 만들 수밖에 없습니다. 자기 밥벌이를 하고 자기 존재를 정당화해야 하니까요. 농어촌공사를 그대로 두면 대한민국 갯벌은 다 없어집니다. 지난 10~20년 사이에 대한민국 갯벌은 계획한 것까지 합치면 90퍼센트가 사라졌습니다. 경기도의 자연해안은 지금 28킬로미터밖에 남아 있지 않다고 해요. 모든 게 인공해안이죠. 제가 노관규 순천시장한테 자고 일어나기만 하면 돈을 번다고 했어요. 순천은 갯벌이 그대로 있잖아요. 다른 덴 자꾸 없애니까 순천은 가만히 있어도 부자가 되는 겁니다. 몇십만 명이던 관광객이 작년에 200만 명인가 다녀갔다는 것 아닙니까.

이번 재보선에서 압승을 거둔 일본 민주당의 핵심 공약은 관료와의 전쟁입니다. '관벽', 관료의 벽을 깨뜨린다는 게 가장 중요한 공약이죠. 우리나라도 사실 이미 관료가 지배하고 있는 사회인지도 모릅니다. 자, 그럼 국토해양부를 어떻게 할까요? 둘까요, 없애버릴까요? 판단하지 못하시겠어요? 세상에 국토부가 있는 나라, 건설교통부가 있는 나라는 없습니다. 제가 보기에는 환경부 산하에 국토해양과를 두면 될 것 같아요. 그다음에 교육부는 어떻게 할까요? 네, 없애는 게 좋겠습니다. 교육지원청 하나만 남겨놓고 간섭하는 곳 모조리 없애버리죠. 좋습니다. 그리고 행정안전부는요? 여러분 대답이 이렇게 약해선 없어지지 않을 것 같은데……. ☺ 저는 없애야 할 것 같아요. 지방자치를 살리려면 지방자치청 하나만 남겨놓고 없애도 될 것 같습니다.

제가 공무원하고 일을 해보면서 절망이라는 걸 절실히 느꼈습니다. 어떻게 할 방법이 없습니다. 전신주 몇 개 뽑고 나니까 관료개혁이 다 끝난 것 같아요.

저는 직업공무원제를 없애야 하지 않나 싶습니다. 직업공무원제를 없애려면 헌법 개정 국민투표를 실시해야 합니다. 그렇게라도 해야 한다고 생각해요. 지금 정규직 공무원이 된 사람은 이미 기득권을 확보하고 있죠. 그런데 계약직으로 들어온 사람들은 그들보다 훨씬 더 열심히 일하고 열정적이고 유능한데 비정규직입니다. 직업공무원제를 그동안 보장했던 이유는 공무원들이 정당의 사병으로 전락하는 걸 방지하기 위해서였거든요. 하지만 이제는 직업공무원제를 시행하나 마나 영혼이 없는 공무원이 다 됐잖아요. 그러면 구태여 직업공무원제를 둘 필요가 있냐는 겁니다. 5년 만에 전부 심사하고, 그 대신 행정에 너무 큰 혼선이 빚어지면 안 되니까 3분의 1은 다시 뽑으면 안정성도 확보할 수 있습니다. 10년 이상 근무해서 정말 훌륭한 공무원이라고 판단되면, 4대 보험이나 연금을 보장해주고요. 이러면 안정과 개혁을 동시에 이룰 수 있지 않을까 합니다.

그리고 과학기술정책연구원을 비롯해 국가가 운영하는 싱크탱크가 26곳인데 너무 많습니다. 이른바 국책연구기관인데 여기서 낸 보고서가 엉망진창입니다. 뻥튀기도 하고요. 대개 도로를 건설할 때 BTL(Build Transfer Lease, 임대형 민자사업) 방식으로 민간자본을 유치합니다. 이때 국책연구기관에서 교통량 평가를 합니다. 500만 대가 다닐 거라고 계산하고 건설했는데, 실제로는 300만 대밖에 다니지 않으면 어떻게 되죠? 나머지 200만 대분을 국민 세금으로 물어줘야 합니다. 한 국회의원의 조사에 따르면 이 금액이 1조 3000억 원에 이릅니다. 우리 세금이 이런 식으로 낭비됩니다. 그런 평가를 내리는 곳이 바로 국책연구기관입니다. 이런 엉터리 평가를 내놓는 국책연구기관들을 개혁해야 합니다.

복지제도도 이렇게 두면 안 됩니다. OECD 국가 중에서 우리나라 정부가 연금에 쓰는 돈의 비중이 가장 낮습니다. 5.7퍼센트입니다. 스웨덴이 1등이고요. 우리가 지금 이런 나라에 살고 있습니다. 그런데 지금 이명박 정부가 복지비용을 더 삭감했습니다. 특히 가난한 사람들이 먹고살기 힘들게 됐죠. 이러고도 어떻게 서민정부라고 할 수 있나요.

이런 식으로 가면 우리나라 경제는 앞으로 추락할 일만 남았다고 생각합니다. 다들 기업하기 좋은 도시라고 내세우는데 사실은 메뚜기 기업입니다. 경제를 GDP, GNP 방식으로만 계산하는 건 문제가 있다고 생각합니다. 우리가 행복하지 않기 때문입니다. 자살률이 세계 1위이고, 이혼율이 OECD 1위잖아요. 연세대 세브란스 병원이 조사한 바에 따르면 국제신경정신학회에 보고돼 있는 울화증 환자가 우리나라 전체 인구 중 6퍼센트랍니다. 늘 불만과 스트레스로 가득 차 있는 나라가 되면 안 됩니다. 그래서 GDP가 아닌 또 다른 기준을 우리가 만들어야 합니다. 우리가 많은 콘텐츠와 대안들을 만들어내야 해요.

그리고 민간이 갖고 있는 돈이 엄청납니다. 이 돈을 좋은 데 쓰게끔 해야 해요. 저를 모금전문가라고 하는데, 맞습니다. ☺ 2007년 한 해에 미국에서 모금한 돈이 290조 원입니다. 우리나라 예산보다 많죠. 이런 민간의 자원을 동원하는 것도 가치 있는 일이 아닐까 싶습니다.

우리가 창조적으로 발상하고 고민하지 않으면 미래가 없다고 생각합니다. 우리나라에 왜 실업자가 존재할까요? 늘 모든 사람이 가는 쪽으로만 가니까 핏빛 경쟁이 벌어지는 겁니다. 아무도 가지 않는 곳으로 가야죠. 저는 농업이 블루오션이라 생각합니다. 일본에서는 농업이 일본을 구한다고들 하잖아요. 농업이나 사회적 기업, 창조적 산업이 바로 그런 블루오션입니다. 이런 쪽으로 가면 실업을 없앨 수 있습니다.

그리고 헌법도 좀 바꿔야 하지 않을까요. 1조 1항은 민주공화국이어야 하니까 그대로 두고 2조를 이렇게 바꾸는 게 어떨까요? "모든 국민은 소기업 사장이 될 수 있다"고 말입니다. 우리가 MBC, KBS, SBS만 보는데 거기서는 허구한 날 드라마에 재벌 회장님, 따님, 아드님 나와서 연애하는 장면만 보여주잖아요. ☺ 그래서 국민들은 큰 기업만 기업인 줄 알아요. 자기 집에 컴퓨터 하나 놓고도 얼마든지 기업을 운영할 수 있거든요. 그런 기업가 정신이 중요하다고 생각합니다.

우리 국민들은 손재주도 좋고 머리도 좋습니다. 뭐든지 할 수 있습니다. '아름다운가게'의 작년 매출액이 150억 원이었습니다. 여기에는 스타벅스보다 세 배의 값을 지불해서 네팔 농민이 아이들을 학교에 보낼 수 있게 하는 대안무역 커피가 있습니다.

여러분, 스타벅스 말고 아름다운가게 커피를 마셔야 합니다. 이 커피의 금년 매출액 목표가 30억 원이에요. 또 '에코파티 메아리'라는 브랜드에서는 버린 물건들을 재활용하여 가방이나 양말 같은 제품을 만드는데, 뉴욕에 있는 현대미술관 모마(MoMA)에도 납품하기 시작했습니다. 다 제가 만든 기업들입니다. 제가 기업 운영에 특별한 재능이 있는 게 아니잖아요?

우리 국민들이 이렇게 소기업을 세우거나 작은 아이디어를 기업화하는 일에 나서면, 또한 그런 일이 잘되도록 자신감을 심어주고 도와주는 중간지원기구만 잘 만들면 대한민국은 5년, 10년 사이에 5위 안에 들어갈 가능성이 얼마든지 있다고 생각합니다.

마지막으로 드리고 싶은 말씀은 또 다른 길이 있다는 겁니다. 제가 템스 강변엘 갔더니 용산참사를 부른 방식과는 전혀 다른 도시개발 방식을 쓰더라고요. 바로 코인 스트리트라는 곳인데 제가 직접 견학한 적이 있습니다. 주민들이 중심이 되는 방식입니다. 일부는 큰 건물을 짓고, 거기서 나온 돈으로 공원도 만들고 주택도 업그레이드합니다. 그렇게 해서 지금은 이곳이 템스 강변에서 관광객이 가장 많이 찾는 곳이 됐습니다. 이명박 정부는 지금 뉴타운 프로젝트나 도시재개발사업을 종래와 똑같이 진행하면서 대안을 만들지 못하잖아요. 아마 실수를 계속할 겁니다.

반대하는 쪽에서도 그저 반대만 하지 말고 긍정적인 대안을 만들 준비를 해야 합니다. 저희들도 희망제작소에서 열심히 하고 있는데 시민들이 회원으로 가입하질 않아요. 그럼 만날 꽝입니다. 한국미래발전연구원에도 회원제가 있죠? 오늘 두 가지 회원카드를 꼭 써서 가입해주세요. 오늘 희망제작소에 가입하시면 제 책에 사인을 해드리겠습니다. ☺ 감사합니다. ✋

박원순에게 묻는다

2009년 9월 1일 서울

청중 1 시민운동가로 살아간다는 것은 어떤 의미가 있을까요? 참여연대를 이끌면서 힘든 일도 많으셨을 것 같습니다.

박원순 제가 대학생들한테 비영리단체나 NGO에서 활동하는 시민운동가의 길도 참 괜찮다고 하면서 들려주는 이야기가 있습니다. 가난하게 살 각오를 조금만 하면 되고, 그래도 헐벗고 굶주리며 살고 싶지 않으면 괜찮은 직장을 가진 배우자를 선택하면 됩니다. ☺ 그래도 굶어 죽게 되면, 제가 가난한 농촌에 살았어도 논이 세 마지기 남아 있으니 저한테 오면 쌀은 대줄 수 있다고 이야기합니다.

제가 살림을 모조리 책임지고 살아본 데는 참여연대가 처음인데 초기에는 너무 힘들었어요. 특히 월급날이 내일모레인데 통장에 돈이 하나도 없단 말이에요. 중소기업 사장님들 심정을 이해할 수 있었어요. 정말 바늘방석이었죠. 그래서 친구들한테 부탁하는 전화를 거는데 그 사람들이 참여연대가 뭔지 어떻게 압니까. "경실련 비슷한 데야" 이렇게 설명하기도 하고요. 어떤 사람은 통화를 해도 돈 이야기는 차마 못하고 안부만 묻다 끊기도 했어요. 제가 남 앞에 나서서 이야기하는 걸 잘하지 못했는데 특히 돈 이야기는 더 못했습니다. 그래도 하다 보니 되더라고요. 이젠 백발백중입니다. ☺ 그렇게 일하면서 참여연대가 굉장히 유명해졌잖아요.

사실 일본 사람들은 무척 부러워해요. 참여연대 같은 조직에서 젊은 이들이 수십 명 일하는 모습을요. 일본은 50년 동안 변화가 없었거든요. 그러니까 지식인들은 절망합니다. 대한민국은 그래도 노무현 대통령 같은 분도 나타났다가 여러분 같은 열정적인 분들도 계셔서 세상이 역동적으로 변할 수 있잖아요. 그 점을 굉장히 부러워하는 거죠. 미국도 마찬가지입니다. 미국이 결코 좋은 사회가 아니거든요. 본질적인 변화를 바라는 사람들이나 지식인들은 절망합니다. 그래서 힘 있는 시민단체를 만들려고 늘 노력하는데 잘되지 않습니다. 낙선운동이나 소액주주운동 때문에 제가 유명해졌죠. 해외에 초청받아 나가서 이야기하다 보니까 제가 어느새 세계에서도 굉장히 유명한 사람이더라고요. ☺

얼마 전에 태국에 초청을 받아 갔습니다. 태국은 지금 부패문제로 쿠데타가 일어나는 등 난리거든요. 물론 우리나라도 아직 문제가 많은데 그 나라들은 우리를 10년, 20년 터울 두고 계속 쫓아오는 거예요. 그래서 저는 무한한 책임감을 느꼈습니다. '운동을 통해서 경험한 우리의 지혜를 함께 나누는 게 중요하겠구나.' 그런데 한 사람이 모든 걸 다 할 순 없잖아요. 제가 여러분께 분양해드릴게요. 제 앞에 줄 서시면 하나씩 다 드릴 수 있어요. 일자리 하나씩 드릴 수 있습니다. 다만 월급은 몇 년 못 받을 수도 있어요. ☺

청중 2 다들 대안이 없다고 하는데 이사님 생각을 듣고 싶습니다. 그리고 우리가 풀뿌리 민주주의에 많이 참여해야 한다고 하셨는데, 이

사님은 정치에 참여할 생각이 없으신지요?

박원순 희망은 하늘에서 뚝 떨어지는 게 아니라 우리가 만들어가는 것이라고 생각합니다. 어떻게 보면 노무현 대통령도 여러분이 만들어주신 거잖아요. 물론 충분한 자질과 능력이 있었던 분이긴 하지만 그래도 그 당시를 돌이켜보십시오. 처음에 노 대통령이 당선되리라고 누가 생각했습니까. 말도 안 되는 압도적 차이가 났죠. 그러니 저는 대안이 없는 건 아니라고 생각합니다. 우리가 주변을 잘 둘러보면 그런 자질과 재능을 가진 분이 있다고 생각해요. 설마 이 4800만 명 중에 없겠습니까?

그런데 저는 그런 사람이 아닌 것 같습니다. 정치는 저 같은 꼼꼼한 시민운동가의 길과는 확실히 다른 길이라고 생각합니다. 저도 물론 늘 고민을 합니다. 시민운동가를 위한 시민운동가가 되는 것이 아니라 한국 사회를 효율적이고 전략적으로 바꾸는 게 제 꿈이기 때문입니다. 그러나 저는 노무현 대통령처럼 용기 있는 사람이 되지는 못할 것 같다는 생각을 많이 합니다. 보통 재능이 아니죠. 노 대통령은 민변 활동도 했지만 아마 변호사 자질보다는 정치적 자질이 훨씬 많은 분 같고요.

제가 옮기려고 했으면 진작에 옮겼을 겁니다. 김대중 대통령 시절에도 사실 여러 번 청와대든 감사원이든 제안을 받았는데 한국 시민사회에 무한책임을 느끼고 있는 한 사람으로서 옮겨서는 안 되겠다는 생각이 들었고요. 지금까지도 그 생각에 변함이 없습니다. 제가 여기서 잘못 대답하면 큰일 납니다. ☺ 좋은 대안을 우리가 함께 찾아보면 어떨까요.

저는 세상 고민을 많이 하는 사람이 그 세상의 중심이 된다고 생각하거든요. 우리 사회를 많이 고민하는 사람, 그런 젊은이들이 우리 미래를 책임질 수밖에 없을 겁니다. 어깨가 너무 무겁죠?

청중 3 노 대통령 서거 후에 참여정부의 한 국민으로서 참여정부에 대해 얼마나 알고 있었나 고민하게 됐습니다. 매스컴에서 떠드는 것, 수박 겉 핥기식으로 본 것만으로 판단을 내리고, 노 대통령의 말에 섣불리 반대하던 시기가 있었습니다. 참여정부 때 많은 정책이 나왔습니다. 그 정책들 중에서 꽃을 피우기 전에 묻힌 것들이 많았는데, 한나라당의 반대를 위한 반대도 있었지만 진보 진영의 반대도 나왔습니다. 노 대통령의 가치철학이나 방향이 틀리지 않았을 거라고 보는데, 대통령으로서 그렇게 결정할 수밖에 없었던 문제에 대해 깊이 고민하지 않고 쉽게 반대하지 않았나 하는 생각이 듭니다. 시민운동을 하고 계신 분으로서 이에 대한 고민을 해보신 적이 있는지, 해보셨다면 언제 해보셨는지 궁금합니다.

박원순 참여정부의 정책에 진보적 시민단체들도 비판을 많이 했죠. 자유로울 수 없는 영역 중 하나라고 봅니다. 여러 스펙트럼이 있다고 생각하는데, 시민운동은 초정파적 성격을 갖고 있어야 한다는 생각이 우리에게 있죠. 일반적으로, 특정 정당을 지지해서 하는 운동이라기보단 공동체의 생각이나 이상을 위해서 일하는 것이라고 시민운동의 원칙을 표방하고 있습니다. 그래서 어느 단체나 할 것 없이 초당적(non-partisan), 비당파적이라고 선언하고 있죠. 그런데 노사모(노무현을 사랑하는 사람들의 모임) 같은 조직은 처음부터 특정인을 지지하겠다는 정파성을 선언하고 나섰잖아요. 일반적, 전통적 시민운동과는 다르지만 시민운동인 거죠. 이런 점을 이해했으면 합니다.

사실 이명박 정부가 들어서고 우리가 그동안 발전시켜온 시민적 권리가 침해당하면서 시민단체들 사이에서도 초정파성, 중립성만 강조하는 게 전부인가 하는 말이 나와서 민주당과 함께하는 프로그램이 많아졌죠. 정책토론회나 김대중 대통령 추모제도 함께 치르고요. 김대중, 노무현 정부 때 지키고자 했던 초정파성이 많이 완화됐음을 느낄 수 있습니다.

저는 정부 여당은 비판을 면할 수 없는 훨씬 더 엄중한 책임이 있다고 생각합니다. 아까 제가 야당 이야기도 했습니다만 여당은 모든 정책을 한 손에 쥐는 입장에서 훨씬 더 큰 무게로 비판을 받아야 하는 거죠. 그 당시 참여정부에 몸담았던 분들은 서운하셨을 겁니다. 서운하시더라도 기꺼이 비판받을 준비도 돼 있어야 하지 않나 생각합니다. 물론 지금 보면 상대적으로 현 이명박 정부보다는 참여정부 정책의 기본 개념을 여러 측면에서 신뢰할 수 있다고 생각합니다. 예를 들어 지방분권정책은 정말 필요하다고 봅니다. 그런데 지방분권도 운동하는 입장에서 보면 좀 더 세밀하고 좋은 콘텐츠들이 있지 않나 하는 거죠. 아까 말씀드린 그런 공무원들을 데리고 일하다 보니까 충분치 않았던 게 아닐까 싶지만 그래도 비판해야 할 책임은 있는 거잖아요. 나쁘게만 보지 않으셨으면 좋겠습니다. 그런데 돌아가시고 난 다음에는 저도 개인적으로 죄책감이 들었습니다.

청중 4 대학을 졸업하면 고향으로 갈 생각입니다. 지방에 살면서 교육적이고 문화적인 것들을 경험할 수 없었던 게 한이었거든요. 그래서 내려가 학생들한테 많은 걸 알려주고 싶습니다. 아까 고향으로 내려가서 시장이 되라고 말씀하셨는데, 과연 이 시대의 청년들을 믿고 계신지 궁금하고요. 믿으신다면 청년들이 돌아가서 시장이 될 수 있는 현실적 조언을 해주시고 저와 같은 꿈을 가진 학생들에게 한 말씀 부탁드립니다.

박원순 당연히 믿죠. 과거 어른세대, 386세대나 그 이전 세대들이 1970, 1980년대 질풍노도의 시기를 살아왔잖아요. 군사독재정권에 모든 것을 바친 세대들이 많죠. 그런 분들 입장에서 보면 요즘 젊은이들이 너무 정치, 사회에 무관심하다면서 실망하는 경우가 상당히 있는데요. 어느 시대나 모든 국민이 정치에 올바른 관심과 열정을 보인 경우는 없었잖아요. 제 블로그에 질문하거나 행사 때 만나는 젊은이들 가운데 훌륭한 친구들이 많습니다. 어찌 보면 청년실업이 많은 시대여서 그런지 오히려 다른 방면에 대한 고민이 더 많은 것 같아요. 거창고등학교 강당에는 직업선택 10계명이 걸려 있습니다. 첫째, 아무도 가지 않는 길로 가라. 둘째, 월급이 낮은 곳으로 가라. 셋째, 가운데가 아니라 가장자리로 가라. 넷째, 승진의 가능성이 거의 없는 곳으로 가라…… 그리고 아홉 번째, 부모·형제·배우자가 말리는 곳이라면 틀림없다. ☺ 따지고 보면 이런 게 시민운동가의 길이에요.
세상에는 역설이 있는 것 같아요. 저도 변호사를 하다가 다 버렸고, 그러고 나서 보니까 세상을 다 얻었더라고요. 저는 어디 가면 공짜로 자요. 많은 분들이 재워주시거든요. 때로는 택시비를 안 받겠다고 하시는 택시기사들하고 싸워요. 열 번 타면 두세 번은 싸울 거예요. 그래서 저는 항상 책을 갖고 다닙니다. 차비 대신 책이라도 드리려고요.

생각해보십시오. 제가 얼마나 큰 걸 얻었습니까. 그래서 사람은 버리는 만큼 얻는 것 같아요. 다 버리면 세상을 다 얻는 것 같아요. 청년들이 월급 많이 주는 대기업 가서 착취당하잖아요. 그러기보다는 거창고등학교 직업선택 10계명에 따르는 삶을 사시길 바랍니다. 도움이 되셨나요? 부모님들이 이런 이야기 들으면 큰일인데. ☺

청중 5 30대 자영업자입니다. '노무현 시민학교'에 노무현 대통령을 공부하러 왔습니다. 어떤 생각을 갖고 계셨던 분인지, 참여정부에 몸담았던 분들을 통해 배우러 왔습니다. 저는 참여정부가 성공한 정부는 아니었다고 생각합니다. 노 대통령이 우리 사회에 많은 과제와 화두를 던지셨지만 자신의 지지자들한테도 버림받으셨고 마지막엔 외롭게 돌아가셨는데요. 돌아가신 이후에 국민들의 분위기가 반전되면서 노무현의 정신을 계승하겠다는 분들이 나타나고, 정치를 새로 시작하시는 분들이 계십니다. 그런 분들이 노무현 정부의 실패를 반복하지 않게 하기 위해 조언을 하신다면요.

박원순 노 대통령이 그런 말씀을 하셨잖아요. '구시대의 막내, 새 시대의 맏형'이 되겠다고. 역사의 진보라는 게 하루아침에 일어나진 않는 것 같습니다. 우리가 노 대통령에게 모든 걸 다 하라고 요구할 순 없잖아요.
민주주의는 비록 일부 제도가 도입됐지만 아직도 우리 삶 전체에서 이를 실현하기 위해 가야 할 길이 너무나 멀죠. 노 대통령 당선될 때만 해도 차떼기로 정치자금이 오갈 때였잖습니까. 그런 부패가 여전히 많지만 그래도 큰 부패, 체계적인 부패는 상당히 사라졌어요. 또 제가 《야만시대의 기록》이라는 고문에 관한 세 권짜리 책을 냈는데, 쓰면서 보니까 참여정부에서도 가혹행위가 전혀 없었던 건 아니지만 과거의 전기고문, 물고문 같은 정말 체계적인 고문은 사라졌더군요. 그렇게 변화하고 발전해온 겁니다.

어찌 보면 노무현 대통령 같은 분이 대통령이 된 과정도 드라마틱하고, 그런 게 가능한 세상이 된 거잖아요. 그분이 돈이 많아서, 지지자들이 처음부터 많아서 된 게 아니잖아요. 보통 정치인이 갖고 있지 못한 걸 갖고 계셨기 때문에…… 그야말로 바보 같은 분이었고, 온 국민이 그런 바보를 원했으니까 가능했죠. 그런 정치인이 당선하는 사회를 우리가 이루었죠.

저는 우리의 미래를 디자인할 수 있는 세밀하고 정교한 콘텐츠들을 좀 더 만들어가야 한다고 봅니다. 한국미래발전연구원도 중요한 역할을 할 수 있다고 봅니다. 이미 한번 정부를 맡아서 운영해본 분들이잖아요. 그 경험을 버리기보단 그것을 다시 갈고 닦아서 새로운 정치세력이 되거나 다른 새로운 정치세력에게 그 지혜와 경험을 객관적으로 검증해 발전시켜 전한다면 우리에게 미래가 있다고 봅니다.

미국의 사회과학연구소인 '브루킹스연구소' 같은 곳이 여러 개 생겨나야 합니다. 그러려면 우리 시민들이 함께 힘을 받쳐주셔야 해요. 이런 연구원을 운영하려면 돈이 필요하잖아요. 헤리티지 재단은 기금으로 수십억 달러를 갖고 있어요. 시민들이 모아준 돈이거든요. 결국 시민의 힘이 좋은 센터, 좋은 콘텐츠를 만들고, 그렇게 해서 좋은 정부를 만들어낸다고 생각합니다. 오바마가 혼자서 좋은 정책을 낼 수 있는 게 결코 아니거든요. 진보정책연구소(PPI) 같은 많은 싱크탱크들이 상호경쟁하면서 좋은 정책을 내놓는 것이죠. 우리가 민주주의를 만들어내고 새로운 시대를 열려면 여러 전략과 고민이 있어야 한다고 보는데 그런 것 중 하나가 싱크탱크라고 생각합니다.

청중 6 어떻게 하면 집시법을 위반하지 않고도 집회를 열 수 있는지 궁금합니다.

박원순 좋은 질문이십니다. ☺ 제가 참여연대에 있을 때 이건희 회장의 아들 이재용 씨가 탈세했다고 저희는 믿었어요. 600억 원 정도를 탈세했다고 생각하고 세금을 부과하라고 국세청 앞에서 데모하려고 했습니다. 그런데 그 당시만 해도 국세청이 삼성타워빌딩에 있었거든요. 그분들 머리가 좋더라고요. 왜냐하면 그 안에 외교공관이 있었으니까요. 집회 및 시위에 관한 법률에 따르면 공관이 있으면 100미터 안에서는 시위를 못하게 돼 있거든요.

그런데 집회 및 시위에 관한 법률 제1조 1항을 보면, 집시 및 시위는 2인 이상이 모여서 하는 걸 말해요. 혼자서 하면 집시법 해당 대상이 안 됩니다. 그래서 1인 시위를 시작했습니다. 1만 명, 10만 명이 하는 것보다 홍보가 더 잘됐어요. 6개월 만에 국세청이 항복하고 세금을 부과했습니다.

시민운동도 창조적 방식을 동원해야 한다고 생각합니다. 최근에 제가 재밌게 본 게 있는데, 세종로의 한 횡단보도에서 파란 불이 켜지면 플래카드를 쫙 펼치더라고요. 그리고 빨간 불 예고가 들어오면 걷는 거예요. 너무나 합법적이잖아요. ☺

또 인터넷이 좋은 공간이잖아요. 저도 몇 달 전에 블로그를 개설했는데 크게 어렵진 않더라고요. 보고 들은 것을 카메라로 찍어서 하루에도 몇 건씩 올립니다. 저는 조중동 같은 큰 언론, 제도언론을 개혁하는 것도 중요하지만 대안언론을 만드는 것도 중요하다고 봅니다. 요새 인터넷 방송국 만드는 일이 크게 어렵지 않잖아요. 24시간 방송도 얼마든지 할 수 있고요. 재미만 있으면 사람들이 왜 안 들어옵니까. 결국은 경쟁력과 창조성에 달려 있다고 봅니다. 우리가 이런 노력을 함께 하다 보면 좋은 세상이 오지 않을까 생각합니다.

노무현의 경제정책

07

이정우

이정우 경북대 경제통상학부 교수, 전 청와대 정책실장

1950년 대구에서 태어나 서울대 경제학과를 졸업하고 하버드대에서 경제학 박사 학위를 취득했다. 민주주의와 시장경제의 실천에 대한 여러 논문을 발표했으며 1977년부터 경북대 강단에서 평등과 분배의 경제학을 가르치고 있다.

노무현 대통령이 당선된 뒤 대통령직인수위 경제1분과 간사를 맡으면서 참여정부 정책의 밑그림을 그렸다. 이 시절에 '참여정부'라는 이름도 직접 지었다. 참여정부 출범 뒤에는 초대 청와대 정책실장과 대통령자문 정책기획위원장으로 활동했다.

동반성장론, 즉 성장과 분배의 조화로운 추구, 인위적 경기부양 반대 등 참여정부 경제정책을 개혁적인 방향으로 이끌었다는 평가를 받고 있다. 한미 FTA 체결의 문제점을 지적하는 등 소신을 피력하기도 했으며, 참여정부의 정책과 성과를 계승 발전시키는 일에 주력하고 있다. 요즘은 소득 양극화, 비정규직 문제에 관심을 두고 연구하고 있다.

지은 책으로 《불평등의 경제학》, 《헨리 조지: 100년 만에 다시 보다》(공저) 등이 있다.

이정우가 생각하는 '노무현 정신'은…

"우리 아이들에게 정의가 승리하는 역사를 물려줍시다"

2002년 민주당 대통령 후보 수락연설 중에서

반갑습니다. 이정우입니다. 각자 돌아가며 노래할 적에도 순서를 잘 잡아서 조금 못하는 사람 다음에 부르면 유리한데, 제가 운이 나빠서 이해찬, 박원순이라는 명강사 뒤에 강의를 하게 됐으니 저같이 말 못하는 사람이 빛나긴 글렀습니다. ☺

노무현 대통령과 제 인연을 잠깐 소개하겠습니다. 노 대통령의 인품을 보여주기 때문입니다. 평소에 저는 노무현이라는 정치인을 좋아하고 존경했습니다. 그런데 저보다 훨씬 더 좋아하는 팬이 집안에 한 분 더 계셨어요. 바로 제 모친입니다. 돌아가신 지 오래됐는데, 늘 사회문제에 관심이 많고 매 시간 라디오 뉴스를 들으셔서 정치를 잘 아셨어요. 자식들이 정치평론가라는 별명도 붙여드렸는데, 여러 정치인을 관찰해보고서는 "노무현이 최고다", "노무현이라야 한다" 노상 그런 말씀을 하시더라고요. 저도 그런 영향을 받아서 노무현을 좋아하게 됐죠.

끊임없는 독서,
우리 시대의 호학군주

2001년 모친이 돌아가시기 한 달 전에 여론조사기관의 전화를 받으셨습니다. "내년 대선에서 누구를 지지합니까?" 물으니 모친이 "노무현을 지지합니다" 하셨대요. 내년에 누가 대통령이 될 거라 생각하느냐고 했는데 노무현이 될 거라 하시니 전화하는 아가씨가 무척 의아하게 여기더라는 겁니다. 대구에 사는 80대 할머니가 노무현을 지지하고 노무현이 대통령 될 거라고 대답하니 이상했겠죠. 그래서 자식들도 "에이, 어무이도…… 노무현이 어떻게 대통령까지 되겠습니꺼" 했습니다. 그리고 한 달 뒤에 돌아가셨는데, 그 후에 정말 노무현이 대통령이 된 겁니다. 그래서 대선 다음 날 '제16대 대통령 노무현 당선'이라고 대문짝만하게 실린 〈한겨레〉를 들고 산소에 찾아가 보고했습니다. 어머니 말씀이 맞았다고.

또 하나의 인연은 1년 뒤의 일입니다. 노무현 후보의 지지율이 바닥일 때인데 평소 잘 아는 어떤 교수하고 이야기를 나누게 됐습니다. 자기가 노무현 캠프에 있는데 캠프에 왔던 교수들이 지지율이 떨어지니 우르르 떠난다는 겁니다. 화가 나더라고요. 사람이 우직하고 의리가 있어야 하는데 지지율이 낮다고 지지했던 사람을 떠날 수가 있나 싶은 거죠. 제가 불쑥 "평소에 노무현을 좋아하는데……" 이랬더니 그 교수가 "그럼 얼른 와서 도와달라" 하더라고요. 그래서 제가 "다 떠난다면 저라도 가서 도와드리죠" 이렇게 대답했습니다.

그래서 제가 캠프에 가게 됐는데 그때가 2002년 8월이었습니다. 노무현 후보를 처음 만났을 때 마지막 기회인 것 같아 제일 중요하다 싶은 걸 말씀드렸습니다. "제발 말씀을 줄이고 말씀을 부드럽게 하십시오." 정책 이야기도 조금 하긴 했지만 말투, 말씨 때문에 표가 다 떠나는 것 같아 이 점이 워낙 중요해 보여서 그런 말씀을 드렸습니다. 그런데 돌아와서 생각해보니 초면에 너무 실례했구나, 참을 걸 그랬다, 말실수했구나 싶었죠. 그러고 나서 잊어버렸습니다. 연락이 오지 않겠지 했는데 2주 뒤에 전화가 와서 다시 만나자고 하더라고요. 그래서 이분은 좀 다르다고 생각했습니다. 보통 사람 같으면 기분 나빠서 안 부릅니다. ☺ 초면에 그렇게 말하는 사람을 왜 부르겠어요. 하지만 그분은 그런 데 별로 개의치 않는 통 큰 분이라는 첫인상이 오래갔습니다. 쩨쩨한 소인배가 아니다, 노무현은 대인이다, 그 관찰이 옳았어요. 제가 2년 반 동안 청와대에서 가까이 모시면서 매일같이 대화하고 회의하면서도 한 번도 대인이라는 생각에서 벗어난 적이 없습니다. 노무현은 대인이고 큰 그릇입니다. 제가 청와대에서 일하면서 바쁘고 힘들었어도 '이런 분 밑에서 일한다는 건 천만다행이다', '이런 분이라면 기꺼이 온몸을 던져서라도 도와드려야겠다'는 생각을 늘 했습니다. 그런데 그런 분이 갑자기 이렇게 안 계시니 믿기지 않습니다.

오늘 제가 말씀드릴 주제는 '참여정부 경제정책과 진보의 미래'입니다. 경제라는 건 대체로 딱딱하고 재미가 없습니다. 그러면서도 중요해 보이기는 하고요. "이 바보야, 문제는 경제야"라는 클린턴의 말처럼, 선거를 좌우하는 것도 경제인 경우가 많습니다. 이번 일본 총선도 지난 미국 대선도 경제가 좌우할 정도로 중요하죠. 될 수 있는 대로 덜 딱딱하고 덜 재미없게 말씀드릴까 합니다.

오늘 여러분은 상당히 비싼 돈을 내고 여기에 오셨습니다. 보기 드문 일입니다. 공짜로 와서 공부하라고 해도 잘 오지 않거든요. 자발적으로 돈을 내고 멀리 오신 데에 놀랍기도 하고 희망이 있다는 생각도 듭니다. 이런 게 일종의 평생학습입니다. 한국미래발전연구원에서 '노무현 시민학교'라는 이름으로 이런 평생학습을 시작한 건 대단히 잘한 일이라고 생각합니다. 평생학습이 좀 더 정착해야 해요. 우리나라는 입시교육은 세계 최고로 발달해 있고 평생학습은 아주 저조한데, 이것이 거꾸로 돼야 합니다. 입시교육은 지금보다 많이 줄여 애들을 살려야 하고 거꾸로 어른들은 평생학습을 지금보다 많이 해야 하는데, 바로 여러분이 그 실천자입니다.

흔히 "학교에서 열심히 공부하는 사람이 사회에 나가면 열등생이 된다"는 이야기가 있고, "교과서와 현실은 다르다"는 말도 있습니다. 전부 틀린 말이라고 생각합니다. 학교 다닐 때 공부 열심히 하고 책 많이 읽은 사람이 역시 똑똑하고 유능하고, 또 그런 사람이 나중에 큰일을 해낼 수 있고 해내야 합니다.

제가 증명해볼까요? 조선왕조에 왕이 27명 있었는데 그중 훌륭한 왕이 두 명 있습니다. 바로 세종과 정조, 가장 공부를 열심히 한 왕이죠. 호학군주, 학자군주입니다. 신하들보다 공부를 더 많이 해서 보지 않은 책이 없고 박학한 지식을 가지고 있었습니다. 세종은 집현전을 만들어 학자들을 중용했고, 정조는 규장각을 만들어 학자들을 중용했죠. 다산 정약용 같은 사람들이 그때 불려간 겁니다. 그때 말고는 조선왕조 500년이 참 볼 게 없습니다. 너무 형편없어요. 결국 공부를 많이 한 사람이 훌륭한 일을 해낼 수 있다는 이야기입니다.

일본의 기업가 중에 재계의 신이라 불리는 사람이 두 명 있습니다. 한 사람은 마쓰시타 그룹 회장으로 내셔널 전기와 파나소닉을 일으킨 대표적 기업가인 마쓰시타 고노스케(松下幸之助)입니다. 이 사람에 대해서는 책이 많이 나와 있습니다. 그보다 훨씬 덜 소개된 사람이 도코 도시오(土光敏夫)라는 사람입니다. 도코 도시오는 평생을 기업경영에 종사하면서 수없이 많은 회사를 경영했어요. 나중에는 기업 오너도 아니면서 게이단렌(經團連) 회장을 맡았습니다. 우리나라로 치면 전경련 회장입니다. 마지막에는 일본 행정개혁위원장을 지낸 존경받는 기업인인데요. 이 사람은 저녁 6시 땡 하면 퇴근해서 술자리에 가지 않고 집으로 직행합니다. 집이 온통 책으로 가득 차 있는데 이 사람이 읽지 않은 책이 없어요. 그래서 젊은 사람도 못 따라갈 정도로 모든 새로운 지식과 조류를 다 흡수해낸 사람입니다. 그리고 이발소에 가지 않고 평생 아내가 집에서 이발해줬고요. 반찬을 두 가지 이상 놓고 먹지 않았습니다. 일본 사람들은 도코 도시오를 신처럼 존경합니다.

그러면 그 사람의 실력은 어디서 나왔을까요? 끊임없는 독서입니다. 결국 책 많이 읽고 공부 많이 한 사람이 유능하고 판단력도 뛰어나며 일도 잘해낼 수 있다는 것을 알 수 있습니다. 제발 학교 우등생이 사회 열등생이라는 엉터리 같은 말은 이제 없앱시다. 핀란드가 왜 강국입니까? 평생학습을 하기 때문이죠. 우리도 입시교육 줄여서 학생 살려내고, 평생학습을 해야 합니다.

대원군의 쇄국과
박정희·전두환의 개방정책

그럼 본론으로 들어갑시다. 참여정부의 경제정책에는 네 가지 특징이 있다고 생각합니다. 첫째는 개혁·개방, 둘째는 사회통합, 셋째는 균형발전, 넷째는 장기주의입니다. 이것은 제가 청와대에서 일하면서 생각하고 느낀 끝에 정리한 겁니다.

개혁·개방과 사회통합은 짝입니다. 같이 가는 겁니다. 개혁·개방만 해서는 안 됩니다. 거기서 많은 패배자, 열등자가 나옵니다. 그 사람들을 같이 끌어안고 가야 하는데 그것이 사회통합이죠.

균형발전과 장기주의는 아무런 관련이 없어 보이지만 역시 짝입니다. 균형발전은 공간적 특징인데 서울 중심의 나라가 아니라 전국이 골고루 발전하는 나라를 만들어보자는 겁니다. 그렇다면 시간적 특징은 장기주의입니다. 역대 정부들이 단기주의의 함정에 빠져서 그때그때 올해 성과, 올해 성장률에 너무 집착했어요. 그러다 보니 부작용이 많았죠. 그래서 참여정부는 일시적으로 맞춰제 놓는 식으로 경제를 운영하지는 않겠다고 했어요. '욕을 먹더라도 원칙대로 옳은 길을 가겠다'는 게 노무현 스타일이죠. 그것이 바로 장기주의이고 이 장기주의를 채택한 정부가 없었기 때문에 참여정부가 최초라고 말해도 좋습니다. 하나씩 보충 설명하겠습니다.

먼저, 개혁·개방입니다. 흔히 구 사회주의 국가들이 살아남으려면 개혁·개방하는 길밖에 없다고 말하는데 중국과 베트남은 개혁·개방했고 북한은 아직 하지 않고 있습니다. 개혁·개방을 조금 하긴 하는데 마지못해 하거나 미온적으로 하는 정도에 그치고 있죠. 개혁·개방은 이런 구 사회주의권 국가만 할 것이 아니고 자본주의 국가도 마찬가지로 해야 합니다. 이것이 우리 시대의 과제입니다.

우리나라 역사를 보면 지난 150년간 정조 이후에 개혁·개방을 동시에 성공한 정부가 없습니다. 대표적으로 흥선대원군을 봅시다. 대원군은 개혁을 많이 했습니다. 서원을 대거 철폐했고 거기 있던 부조리를 많이 척결했죠. 상당한 용기가 필요했습니다. 그런데 개방을 거부했어요. 서양 오랑캐들이 침범하는데 싸우지 않는다는 건 화평하자는 것이고 화평하자는 것은 매국이다, 나라 팔아먹는 것과 마찬가지다, 이런 아주 과격한 문구를 써서 척화비를 세우고 개방을 거부했습니다.

그 시대에 개방을 했더라면 우리가 일본과 비슷하게 됐을 겁니다. 당시 발전 수준은 한·중·일 세 나라가 비슷했어요. 요즘 경제사학자들이 밝혀낸 사실이죠. 일본은 선진국 꽁무니에 따라붙는 데 성공했고, 중국은 반식민지로 전락했고, 한국은 일본의 식민지가 돼버렸습니다. 너무나 억울하고 터무니없는 일이죠. 그 몇십 년 사이에 세 나라의 운명이 갈라진 겁니다. 결정적으로 대원군의 쇄국정책에 상당한 책임이 있다고 보지 않을 수 없습니다.

그 반대 사례가 박정희, 전두환 정부입니다. 이들은 개방은 열심히 했습니다. 수출주도형 성장으로 바꾸고 상품시장도 개방하고 자본시장도 개방했죠. 개방은 열심히 하면서 개혁은 거부했습니다. 개혁과 민주화를 절대로 받아들이지 않았죠. 그래서 수출도 많이 하고 경제성장은 잘했는데, 온 사회가 부조리로 가득 차고 억울한 게 너무 많고 억울해도 억울하다 할 수 없는 시대였습니다. 이제 과거사정리위원회에서 그런 점을 밝혀내고 있죠. 수십 년이 지나서 지금에야 밝혀내고 있습니다. 그때 좀 더 유연하게 민주화도 하고 개혁도 했더라면 지금쯤 우리가 선진국이 돼 있을 겁니다. 따라서 박정희, 전두환 정부도 개방은 열심히 했지만 개혁을 거부한 점에서 역사의 심판을 면할 수 없습니다.

개방을 하기 위해서 참여정부가 FTA 체결을 열심히 추진했습니다. 당시 FTA에 대한 거부감이 워낙 강했고 농민들의 시위도 강도 높았습니다. 국회 앞 농민 시위를 기억하실 겁니다. FTA가 꼭 좋은 건 아니지만 다른 나라가 그렇게 가고 있기 때문에 우리나라도 따라갈 수밖에 없는 측면이 있고, 그래서 FTA를 열심히 추진한 건 옳았다고 생각합니다. 다만 한미 FTA는 다른 나라와의 FTA와 성격이 달라서 부작용이 상당히 심각하기 때문에 그 점에 대해선 제가 반대합니다만……. 나머지 점에서는 참여정부가 개혁·개방을 동시에 열심히 한 최초의 정부가 아니었나 생각합니다.

혁신 측면에서도 정부혁신을 열심히 진행했고, 기업 금융관행의 투명성 강화, 지배구조 개선도 열심히 추진했습니다. 기술혁신, 혁신주도형 성장으로 전환하기 위해서 국가혁신체제(NIS, National Innovation System)와 지역혁신체제(RIS, Regional Innovation System)를 구축했습니다. 교육혁신도 열심히 해서 입시제도를 바꿨는데, 성과도 있었고 부작용도 있었죠. 그런데 그게 다 몇 년 사이에 도루묵이 되고 있습니다. 다 거꾸로 되돌리고 있습니다. 굉장히 아깝죠.

참여정부 때 개혁이냐 성장이냐 하는 말이 자주 나왔습니다. 마치 개혁하면 성장이 되지 않고 양자택일해야 하는 것처럼 보수언론들이 몰고 갔는데 틀린 이야기입니다. 질문을 잘못한 겁니다. 개혁과 성장은 같이 가는 겁니다. 성장과 분배도 같이 가는 겁니다. 그걸 떼어내서 억지로 둘 중에 하나만 택하라고 요구하고 질문하는 것 자체가 틀린 겁니다. 무식한 겁니다. 거기에 넘어가면 안 됩니다.

2003년 G7 선언문에 "개혁이 지속성장의 열쇠다. 개혁 없이 성장 없다"는 구절이 나옵니다. 그런데 우리나라 보수언론들은 개혁하면 성장이 이루어지지 않는 것처럼 해서 교묘하게 반개혁으로 몰아갔죠. 오스트레일리아가 십몇 년간 고성장을 이룩했습니다. 그 비결은 개혁과 개방이었습니다. 그런데 개혁과 개방만 열심히 하면 문제가 생깁니다. FTA를 체결하면 피해를 보는 농민들이 생기고 피해 보는 산업도 생깁니다. 그러면 그 사람들이 살길을 새로 마련해야 하는데, 시간이 걸리죠. 그 사람들을 위해서 사회안전망이 필요한 겁니다. 전직훈련도 해줘야 하고 그동안 먹고살기 힘들면 소득보조도 해줘야 하는데 그런 걸 사회안전망이라고 부릅니다. 크게 보면 사회통합이 필요하다고 할 수 있는 거죠. 개혁과 개방은 어찌 보면 살벌한 경쟁의 세계로 가는 것인데, 뒤처지는 사람들을 같이 끌어안고 가야 사람들이 기꺼이 개혁·개방에 동참하는 겁니다. 개혁·개방이 성공하려면 반드시 사회통합이 같이 가야 합니다. 그래서 참여정부가 사회통합과 동반성장을 무척 강조한 겁니다.

개혁과 성장, 성장과 분배는 한 몸

실상은 이런데 자꾸 성장이냐 분배냐 둘 중 하나만 택하라고 하는 보수언론의 말이 그래서 터무니없습니다. 개념 자체가 틀린 질문입니다. 그런데 그게 너무 판을 쳤어요. 성장과 분배 둘 중 하나만 해야 하나 보다, 그러면 성장이 중요해 보이는데 참여정부는 성장은 안 하고 분배만 하나 보다, 그렇게 국민들이 오해하도록 교묘하게 유도했던 겁니다.

우리나라가 1960년대 박정희 이후에 성장지상주의에 빠졌는데 그 부작용이 너무 큽니다. 그래서 성장지상주의의 병폐를 치료하면서 가는 것이 사회통합이고 동반성장입니다. 성장만 하고 분배와 복지를 무시하면 외팔이 비슷하게 되죠. 새가 한쪽 날개만 가지고는 아무리 몸짓해도 잘 날 수 없는 것과 비슷합니다. 양 날개로 새가 날아야 하듯이 성장과 분배는 같이 가야 합니다. 그래서 동반성장을 강조했는데 이것만큼 오해를 많이 받은 것도 없었죠.

사회안전망의 확충이 얼마나 긴요한지는 최근의 쌍용차 사태를 보면 알 수 있습니다. 노동자들이 구조조정에 격렬하게 저항하는데 외국에서도 저렇게 격렬하게 시위하고 화염병 던질까요? 안 던지죠. 그럼 왜 차이가 나는가? 우리나라 노조가 너무 과격해서? 아닙니다. 바탕이 다른 겁니다. 외국에는 사회안전망이 있기 때문에 실직해도 훈련받는 동안 충분히 보조를 받을 수 있고 몇 달 또는 몇 년 뒤에라도 새 일자리가 생긴다고 안심할 수 있으니까 격렬하게 투쟁하지 않는 거죠. 우리는 그렇지 않고 목숨이 달린 문제니까 격렬하게 투쟁하는 겁니다. 우리나라 노조가 과격해서라기보다는 우리 사회의 사회안전망이 미비하기 때문인 거죠.

OECD의 도널드 존스턴 사무총장이 한국을 몇 차례 다녀갔는데, 강연할 때마다 강조하고 부탁하는 말이 "제발 한국은 사회안전망을 제대로 만드시오"입니다. 이렇게까지 사회안전망이 구축되지 않은 나라가 없다는 겁니다. 사회안전망이 있어야 구조조정도 할 수 있고 쌍용차 문제도 해결할 수 있고 경제성장도 잘할 수 있죠. 그래서 두 가지가 같이 가는 겁니다. 성장만 하겠다는 건 개념 자체가 틀린 것입니다. 틀린 철학입니다. 성장이냐 분배냐 하고 물으면 바보같이 묻지 말라고, 기초가 없느냐고 역공을 가해주기 바랍니다.

"참여정부가 분배에 치중하다가 성장을 놓쳤다, 성장의 발목을 잡았다, 성장과 분배를 다 놓쳤다." 보수언론은 이렇게 이야기합니다. 참여정부 때 4.3퍼센트 성장했습니다. 나쁜 성적이 아닙니다. OECD 기준으로 보면 꽤 높은 성장인데 우리나라 기준으로 보면 낮은 것도 사실이죠. 또 "성장을 무시하다가 분배도 놓쳤다"고 하는데 지니계수 같은 불평등지수가 실제로 나빠졌습니다. 그래서 성장과 분배 다 놓친 것 아니냐고 하겠지만 정답은 이겁니다. "참여정부가 분배를 위해 꽤 노력하고 사회안전망이나 동반성장을 위해 꽤 노력했는데 그럼에도 부족했다, 좀 더 했으면 좋았을 텐데……." 그런데 교묘하게도 분배에 치중하다 성장의 발목을 잡았다고 못되게 이야기한단 말이에요. 어감이 완전히 달라지죠. 똑같은 내용이라도 완전히 다른 겁니다.

참여정부가 얼마나 분배를 위해서 노력했는지는 경제 예산과 복지 예산을 보면 압니다. 참여정부 초기 복지 예산이 정부 일반회계 예산의 20퍼센트인데 경제 예산은 28퍼센트로 더 많았습니다. 우리나라 사람들이 이 숫자를 보면 별 감각 없이 경제가 중요하니까 그런가 보다 생각하는데, 5년 뒤 참여정부 마지막 해에 28 대 20으로 역전시켰습니다. 복지가 28퍼센트, 경제가 20퍼센트입니다. 상당히 노력하지 않고는 안 되는 겁니다. 역대 정부가 요지부동이었어요. 경제우위여서 복지는 뒤로 밀리는 게 오랜 관행이었는데 그걸 깨뜨린 겁니다. 엄청난 일, 코페르니쿠스적인 전환입니다.

그러면 다른 나라를 봅시다. OECD 평균을 보면 복지 예산은 50~

55퍼센트이고, 경제 예산은 10퍼센트입니다. 50 대 10, 이 정도로 선진국이 복지를 중시합니다. 그런데 우리는 오랫동안 거꾸로 해왔어요. 관행을 깨고 선진국에 가깝게 가보려고 첫걸음을 내디딘 것이 참여정부인데 욕은 욕대로 먹고 국민에게 이해받지 못했죠. 이 수치를 보여주면 꽤 열심히 했네, 여기로 가는 게 맞구나, 우리가 참 이상한 나라에 살고 있었구나, 국민들이 느끼기 시작할 겁니다.

그다음은 사회통합인데 할 일이 참 많습니다. 여성, 비정규직, 외국인노동자, 노사관계 등 할 일이 많은데 참여정부는 한다고 열심히 했습니다. 아쉽지만 하나하나 상세히 다 설명드릴 시간이 없어 생략하겠습니다.

세금폭탄이라고 주장하는 언론폭탄

세 번째는 균형발전입니다. 역대 정부가 늘 지방을 위하는 척하며 균형발전이란 말을 했습니다. 저도 지방에 살면서 많이 들었죠. 그러나 진심이 없었습니다. 제가 피부로 느끼니까 잘 알죠. 지방에 사는 사람들은 압니다. 진심이 있었던 정부가 노무현 정부입니다. 지방에 애정이 있었어요. 어떤 회의를 해도 지방을 먼저 생각했습니다. 사람 한 명 뽑을 때도 지방에 누가 있나 먼저 봤습니다. 그러니까 저 같은 사람도 청와대 들어가서 일할 수 있었죠. 지방대 교수가 청와대 가서 일하는 것 보셨습니까? 못 보셨을 겁니다. 참여정부가 처음입니다.

우리나라의 수도권 집중은 오래됐습니다. 그리고 최근 40~50년 동안 더 악화됐습니다. 미국의 정치학자 그레고리 헨더슨(Gregory Henderson)이 쓴 《소용돌이의 한국정치》라는 책이 있습니다. "서울은 소용돌이다. 서울이 모든 걸 빨아들이는 나라가 한국이다"라고 몇 백 년간의 역사를 분석해서 쓴 아주 재미있는 책입니다.

조선시대 말기에 한국을 다녀간 많은 외국인 가운데 이사벨라 비숍(Isabella Bird Bishop) 여사가 있습니다. 영국의 저명한 지리학자이고 최초의 여성 왕립 아카데미 회원입니다. 한국을 몇 차례 다녀간 경험이 무척 재미있어서 책을 썼는데 그것이 《조선과 그 이웃 나라들(Korea and her Neighbors)》입니다. 1898년에 나왔으니 100년이 넘었죠. 1894년 동학혁명과 갑오개혁, 청일전쟁이 일어났던 해에 처음 한국에 와서 여기저기 다니는데 서울에 있다가 지방에 간 비숍 여사가 깜짝 놀라요. 몇 군데 지방관청을 가보니까 수령, 군수, 원님이 안 계신다는 거예요. 어디 가셨는가 물으면 서울 가셨다 합니다. 그리고 남은 지방관리들은 아침에 나와 새벽 몇 시에 종 한 번 땡 치고 저녁 마칠 때 종 땡땡 치는 것 말고는 하루 종일 앉아서 투전판을 벌이는 겁니다. 수령은 서울에 가서 좀 더 좋은 자리로 영전하려고 뇌물 쓰기 바쁩니다. 그러니까 지방에 아무 애착이 없습니다. 그게 100년 전 한국의 현실입니다. 그걸 비숍 여사가 아주 적나라하게 쓰고 있습니다. 명성황후를 만난 인상을 상세하게 써놓고 있기도 하고요.

100년 전, 500년 전에도 균형발전이 이 정도로 안 되어 있었는데 해방 후 역대 정부가 그걸 더 악화했습니다. 경제를 개발한다면서 모든 걸 수도권에 집중시켜 더 악화했습니다. 이것을 정상으로 만들어 보려고 참여정부에서 균형발전 3대 특별법을 만들었어요. 균형발전특별법, 지방분권 특별법, 행정중심복합도시법이죠. 신행정수도로 가려 했는데 헌법재판소가 발목을 잡았어요. 《경국대전》 들먹이고 관습헌법 들먹였죠. 제가 기가 차서 '얼마나 논리가 궁하면 관습헌법,《경국대전》이 나오는가' 했어요.

여러분, 상식적으로 생각해보십시오. 수도 이전한 나라 많습니다. 그런데 수도 이전하는 게 헌법 위반이라고 주장하는 헌법재판관이 있는 나라는 거의 없을 겁니다. 얼마나 서울 중심적인 사고방식입니까. 헌법재판관들은 다 서울 사람들이죠. 그 사람들 머릿속에 지방은 없는 겁니다. 이렇게 비정상적인 나라에서 '지방이 골고루 잘 살고 지방 사람들도 자존심을 갖고 살 수 있는 나라를 만들어보자'는 게 노무현의 꿈이었고요. 그래서 많이 노력했습니다. 갖은 반대와 방해를 무릅쓰고 열심히 했습니다.

네 번째는 장기주의입니다. 역대 정부가 너무 단기주의의 함정에 빠져서 그때그때 실적 위주로 갔죠. 조금만 성장률이 떨어지면 대통령이 경제장관 불러 질책할 걸 아니까 장관이 미리 알아서 조치합니다. 어떻게 단기 성장률을 높일까요? 제일 좋은 건 부동산에 불 지르는 겁니다. 한국은 토건국가니까 토건업의 비중이 세계에서 제일 높습니다. 일본이 가장 높은 토건국가였는데 우리나라가 그보다 조금 더 높아요. 일본의 나쁜 점을 그대로 모방한 거죠. 그래서 토건 쪽에 불을 지르면 경기가 살아나기 쉽고, 그러면 경제장관이 문책당하지 않고 오히려 칭찬 듣고 장관도 오래 할 수 있겠죠. 그게 상투적 수법이었습니다. 사례를 찾아보면 부지기수로 나옵니다. 1960, 1970년대부터 시작해서 수십 년간 그렇게 한 겁니다. 국민들은 잘 모르니까 그걸 잘하면 유능한 장관인가 보다 생각하고, 보수언론에서는 "경륜 있다"고 씁니다. 국민들을 마취하는 명수들이죠. 유능한 게 아니라 경제체질을 약화시킨 거예요.

반짝경기로 잠깐 살려냈다가 투기가 심해지고 아파트 경쟁률이 수십 대 일, 백 대 일이 되면 그때 불 끄러 갑니다. 소방수 역할을 하죠. 그럼 또 꺼집니다. 그럼 성장률 떨어지니까 대통령이 또 질책하면 다시 살리고…… 그렇게 온탕, 냉탕을 왔다 갔다 한 게 역대 정부 경제장관들의 업적입니다. 그걸 하지 않은 최초의 정부가 참여정부죠. 노 대통령은 한 번도 저성장에 대해서 경제장관을 질책하거나 조른 적이 없었습니다. 제가 2년 반을 옆에 있어서 알잖아요. 오히려 천천히 갑시다, 원칙대로 갑시다, 늘 말씀하셨어요. 그런 대통령 없었습니다. 대통령다운 대통령을 우리가 만났던 겁니다.

그런데 밖에서 얼마나 욕을 했습니까. '경포대'라 그랬죠. 경제를 포기한 대통령. 그런데 아니죠. 진심으로 경제를 생각한 대통령입니다. 정말 국민을 생각하니까 '내가 욕먹고 내 임기 중에 성장률 낮아도 좋다', '마취주사 놓고 일시적으로 모르핀 주사 놔서 환자가 움직이도록 하진 않겠다' 하신 거죠. 옳은 태도죠. 그런 사람이 진정한 지도자 아닙니까? 노무현은 정직한 대통령입니다.

경제 이론으로 보면, 장기주의로 가면서 단기성과에 연연하지 않는 게 여러모로 옳다는 것이 다 증명돼 있습니다. 2004년에 노벨경제학상을 받은 에드워드 프레스콧(Edward C. Prescott)과 핀 쉬들란(Finn E. Kydland)이라는 두 사람은 장기주의를 택해야 경제가 좋아진다는 걸 증명한 공로로 이 상을 탔습니다. 노 대통령은 부작용을 낳는 인위적 경기부양을 하지 않겠다고 여러 차례 공언하셨고, 그 대신 장기적 구조개혁을 통해 경제체질을 개선하는 데 주력했습니다. 예를 들어 10·29, 8·31 부동산대책도 원칙대로 간 것이죠. 일시적으로 경기를 살렸다 죽였다 온탕, 냉탕으로 가지 않고 먼 장래를 보면서 투기를 근절하는 쪽으로 간 겁니다. 정공법을 최초로 쓴 것이죠.

그런데 안타깝게도 지금 다 무너지고 있습니다. 보유세는 2008년에 위헌판결을 받았고, 종부세(종합부동산세) 부부합산도 위헌이랍니다. 세상에 이런 데가 어디 있습니까? 다른 건 부부합산 안 합니까? 정부 정책 중에 부부합산 하는 것 많습니다. 그런 건 다 봐주면서 왜 하필 종부세만 부부합산이라서 위헌입니까? 일관성이 없죠. 헌재가 다른 것은 다 옳다고 했어요. 종부세의 철학과 취지도 다 옳고 과도한 과세도 아니라고 했죠. 시비 걸 게 없었습니다. 세금폭탄도 아닙니다. 유일하게 부부합산이 잘못됐다는 건데, 여러분 집 살 때 부부 단위로 삽니까, 개인 단위로 삽니까? 남편 따로 아내 따로 삽니까? 부부합산이 맞죠. 투기할 때 가족 단위로 합니까, 개인 단위로 합니까? 우리가 시계는 개인 단위로 삽니다. 그러나 식사는 가족들이 같이 하고 집도 가족 단위로 삽니다. 그런데 가족합산을 위헌이라고 하는 모순이 어디 있습니까.

경제학자들이 10년, 20년간 줄기차게 보유세를 강화해야 한다고 주장했습니다. 보유세 강화의 첫발을 내디딘 게 종부세죠. 그걸 몇 년 못 가서 세금폭탄이라고 하고 위헌이라고 판결 내리고 있는 게 대한민국의 보수집단입니다. 그 사람들이 글로벌 스탠더드를 좋아하는데, 정말 세계 표준대로 하면 좋겠어요. 다른 나라에선 왜 이런 게 위헌판결을 받는지 이해 못할 겁니다. 세금폭탄이라고 하는 그 언론들 이야말로 언론폭탄입니다.

우보천리,
소처럼 뚜벅뚜벅 천 리를 간다

제가 말씀드린 이 4대 원칙은 줄기차게 욕먹고 숱하게 비난받으면서도 노무현이니까 지켰습니다. 줄기차게 우직하게 갔던 겁니다. 우보천리(牛步千里)라는 말씀을 노 대통령이 하신 적 있는데, 소걸음으로 뚜벅뚜벅 천 리를 가겠다는 철학으로 5년간 일관성 있게 잘하셨습니다. 그리고 뒤에 오는 정부한테 좋게 물려줬는데 불행하게도 이명박 정부가 이 좋은 체질, 철학, 방향을 다 부인하고 있습니다. 그래서 다 거꾸로 가고 있죠. 제가 볼 때 이명박 정부의 경제철학은 이렇습니다. 첫째는 개발주의인데, 대운하, 4대강 같은 데서 나타납니다. 둘째는 시장만능주의, 셋째는 단기실적주의입니다. 휴대폰 요금을 깎아주고 유가환급을 해주는 등 단기적 인기영합주의에 빠져 있습니다. 참여정부의 철학과 거의 정반대, 대척점에 있는 겁니다.

딱 하나 같은 게 있는데, 개방은 열심히 합니다. 그중에서도 한미 FTA는 똑같이 열심히 추진합니다. 제 생각에는 다른 건 다 따라 하고 한미 FTA는 안 따라 하면 좋겠는데 하필 그것만 따라 합니다. 옛날 청개구리 이야기가 생각나죠. 노상 말 안 듣고 반대로만 하니까 어머니가 "나를 물가에 좀 묻어다오" 그러면 산에 묻어주겠지 싶어서 물가에 묻어달라니 아들놈이 그거 하나는 따라 해가지고 비만 오면 슬피 운다는 청개구리 우화 있지 않습니까.

이명박 정부의 철학은 레이건과 대처를 연상시킵니다. 거기에 없는 것 중 하나가 개발주의죠. 이건 박정희의 개발주의를 상당히 연상시키고요. 결국 5년 뒤를 전망해보면 개혁은 후퇴하고 개방은 가속화하고 사회통합은 미온적이고 균형발전과 장기주의도 후퇴할 겁니다.

잃어버린 5년 정도가 아니고 역주행 5년이죠. 열심히 하긴 합니다. 속도는 중시하죠. 그런데 간디가 말하기를 '방향이 틀리면 속도는 무의미하다'고 했습니다.

마지막으로 진보의 미래를 살펴보겠습니다. 노무현 대통령이 퇴임하고 나서 책을 쓰시려고 무척 열심히 공부하셨습니다. 평생학습을 실천하신 분인데, 하루 종일 책만 읽고 책 쓸 생각만 하셨어요. 그 책의 가제가 '진보의 미래'였습니다. 그 책을 쓰기로 작정하신 데는 두 권의 책이 영향을 미쳤습니다. 하나는 2008년에 노벨경제학상을 받은 미국 경제학자 폴 크루그먼(Paul Robin Krugman)의 《어느 진보파의 양심(The Conscience of a Liberal)》입니다. 우리나라에는 《미래를 말하다》로 번역되었죠. '어느 진보파'는 폴 크루그먼 자신입니다. 미국 민주당 당원이고 공화당을 계속 비판하는 현실참여적 경제학자입니다. 그 책이 아주 좋아서 노 대통령이 열심히 읽었죠. 또 한 권은 제러미 리프킨(Jeremy Rifkin)이라는 미국의 진보적 지식인이 쓴 《유러피언 드림》입니다. 두 권을 읽으시곤 '아, 한국에도 이런 책이 필요하다' 그래서 '진보의 미래'를 쓰기로 작정하시고 학자들한테 자문하셨어요. 그런데 그만 비극적으로 우리 곁을 떠나시고 말았습니다. (노무현 전 대통령이 서거하기 전까지 썼던 원고와 녹음을 엮은 《진보의 미래》는 2009년 11월 출간되었다. ―편집자 주)

진보의 미래를 어디서 찾을 것인가 했을 때 결국 어떻게 경제를 살리고 민생을 돌볼지에 대한 철학이 중요하다고 봅니다. 한나라당이 노상 경제 걱정하죠. 민생 걱정하고 민생행보라는 말도 썼습니다. 그런데 저는 그걸 보면서 길거리 가는 사람을 강타해서 쓰러뜨린 다음 일으켜주면서 반창고 붙여주고 안 아프냐 걱정하는 듯한 느낌을 받습니다. 경제정책을 제대로 잘해야죠. 그래서 서민들이 잘 살고 민생이 돌아가도록 하는 게 중요하죠. 그런데 그건 엉망으로 해놓고, 감세하고 규제완화해서 부자들만 잘 살게 해서는 경제가 살아나지 않습니다. 큰 철학과 경제정책은 거꾸로 해놓고 돌아서서는 시장에 가서 악수하고 떡볶이 먹고 말이죠. 이런 건 쇼 아닙니까? 주객이 전도된 겁니다. '너무 간사하다', '사람이 솔직하고 정직해야지' 그런 생각이 듭니다.

노 대통령은 그런 행보를 싫어하셨어요. 참모들이 많이 권했는데, 나가서 쇼하는 거 아주 싫어하셨죠. 살기 어렵고 경기도 나빠 국민들의 고통이 심하고 불만도 많은데 가서 좀 어루만져주실 필요가 있으니 행사도 참석하시고 시장에 가서 악수도 하시라고 해도 노 대통령은 안 하시려 해요. "내가 그렇게 한들 그 사람들 형편이 조금이라도 나아지는 게 있겠느냐, 괜히 가서 쇼하는 일은 하지 않겠다"고 하셨죠. 그러고선 조금이라도 더 좋은 정책을 생각해서 그 사람들한테 도움이 되도록 밤낮으로 노력하셨어요. 정직하게 정책을 고민하신 분입니다. 보여주는 걸 너무 싫어하셨으니 참 비정치적인 분이죠. 정치인이지만 탈정치적, 비정치적인 분이구나 하는 느낌을 많이 받았습니다.

결국 경제 살리고 민생 돌보려면 경제철학을 재정립해야 합니다. 지금 보수 한나라당의 양대 철학은 시장만능주의와 성장지상주의라는 두 축입니다. 이 두 가지가 틀린 것이죠. 그래서 부시가 경제위기, 금융위기를 일으켰고요. 일본의 자민당이 몰락한 것도 바로 이 시장만능주의와 성장지상주의 때문입니다. 민심의 혹독한 심판을 받은 거죠. 우리나라 보수정당이 금과옥조로 신봉하는 철학이 시장만능주의와 성장지상주의 아닙니까.

참여정부가 이걸 탈피해보려고 안간힘을 썼습니다. 시장만능주의 대신에 시장과 정부가 조화를 이뤄보자, 적절히 역할을 배분해보자 했고요. 성장지상주의 탈피하려고 성장과 분배를 같이 가게 하고 동반성장하고 사회통합해보자 했죠. 그게 옳았던 겁니다. 참여정부가 경제를 포기한 게 아니고 그게 정말 장기적으로 경제를 살리는 길이었던 겁니다. 표시 나지 않게, 전시하듯 하지 않고 욕먹으면서도 뚜벅뚜벅 조금씩 조금씩 갔던 겁니다. 정직하게 열심히 했어요. 앞으로도 이런 철학으로 가야 합니다. 보수로는 경제를 살릴 수 없습니다. 시장만능주의, 성장지상주의에 빠져 있기 때문에 경제도 못 살리고 민생은 더더구나 희망이 없죠.

금융위기는 시장만능주의에 대한 경고

1997년에 IMF 사태를 맞았습니다. 그러면서 지난 10년간 IMF의 외압과 미국의 요구, 그리고 국내에 이미 들어와 있는 시장만능주의자들의 호응이 맞아떨어져 시장만능주의가 생겨났습니다. 미국에서 공부한 경제학자들이 학계에만 있는 게 아니라 재계나 언론계에도 많고 관료 중에도 많습니다. 그래서 우리나라에는 두 개의 모순된 철학이 공존하고 있어요. 박정희식의 관치경제가 도처에 많이 남아 있고, 또 지난 10년간 급수입된 시장만능주의가 휘젓고 다니고 있습니다. 이 두 개가 모순되고 충돌하니 배가 잘 나아가지 않는 겁니다. 시장만능주의로는 안 된다는 걸 지난 금융위기에서 미국이 증명했고 일본 자민당의 대패가 보여주고 있습니다.

그러면 어디로 가야 우리가 경제를 살리고 민생을 살릴 수 있을까요? 성장지상주의와 시장만능주의는 안 된다는 겁니다. 관치경제도 안 됩니다. 다 탈피해야 합니다. 성장률과 분배, 인프라, 고용 등 종합 성적을 매긴다면 1등을 차지하는 곳이 노르웨이, 핀란드, 스웨덴, 덴마크 같은 북구사민주의입니다. 좌파죠. 좌파인데 사회주의가 아니라 자본주의 시장경제입니다. 자본주의 시장경제를 운영하면서 상당히 좌파적 가치, 평등, 인권, 사회적 연대를 중시하고 인간의 가치를 존중하는 사회죠. 그래서 인간이 존중받는 사회라고 할 수 있습니다.

이런 좋은 세상이 있는데 우리는 그 점을 깡그리 무시하고 좌파, 빨갱이라고 하죠. 스탈린 사회주의 모델이나 북한, 중국이 했던 것하고는 다릅니다. 소련과 중국은 사회주의에서 탈피하고 있지 않습니까. 살길을 찾아내려 하고 있고요. 북한은 답답하게도 여전히 버티고 있습니다. 2007년 남북정상회담을 하러 노 대통령이 평양에 갔을 때 김정일 위원장과의 회담에서 북한도 빨리 개혁·개방해야 하지 않겠습니까, 한마디 하는 순간 분위기가 냉각되면서 회담이 깨져버렸어요. 다음 날 다행히 회담이 속개됐는데 그 정도로 북한이 개혁·개방을 아주 싫어해요. 그래서 참 걱정입니다. 북한도 걱정이고, 한국도 걱정이고.

이제 시야를 넓히고 세계 표준의 사고방식을 가질 필요가 있다고 봅니다. 너무 극단적으로 생각해선 안 됩니다. 왜 우리나라 보수언론들은 노상 성장만 해야 하고 시장주의만 택해야 한다고 합니까? 성장 강조하고 시장 맹신하다가 결국 사고 친 게 부시의 금융위기이고 자민당의 몰락 아닙니까? 이제는 우리도 정신을 차려야죠. 참여정부는 올바른 방향을 잡아서 국민들한테 쇼하지 않고 정직하게 열심히 일했습니다. 그렇지만 제대로 평가받지 못했던 대통령이고, 국민이 이제 깨달을 차례입니다. 깨어 있는 시민들이 '아, 그렇구나, 보수집단의 궤변에 넘어가선 안 되겠다'고 깨달을 수 있게 이런 시민학교에서 공부도 열심히 하고 이웃사람들한테도 이야기를 많이 해주시면 좋겠습니다. 고맙습니다.

이정우에게 묻는다

2009년 9월 8일 서울

청중 1 저는 노무현 정부의 경제철학에는 동의하지만, 과연 참여정부 시절에 서민의 삶이 실제로 나아졌는가에 대해선 부정적입니다. 그것이 결국 대선 때 서민들이 계급에 맞지 않게 투표했던 요인이 아니었나 싶은데요. 대중들은 아직도 자신들의 삶을 악화할 신자유주의, 시장만능주의가 오히려 삶을 나아지게 해주지 않을까 하는 희망을 갖고 있는 듯합니다. 서민들이 그런 생각을 갖고 있다면 다음 대선 때도 희망이 없어 보이고요. 지금 진보파의 과제는 서민들이 믿을 수 있는 경제정책을 개발해내는 게 아닐까 하는데 어떻게 생각하시는지요.

이정우 서민의 삶을 개선하지 못한 게 아닌가…… 실제로 그렇습니다. 그게 민심이반을 가져왔고, 선거에서 대패하는 가장 큰 이유가 됐을 겁니다. 그런데 서민의 삶을 챙기지 않은 것이 아니고, 복지 예산과 경제 예산을 역전시키면서까지 노력했는데 서민들이 피부로 느끼지 못했죠. 또 노무현 스타일이 대놓고 자랑하는 것이 아니기 때문에 노력은 많이 했어도 제대로 전달되지 않기도 했고요. 경기가 계속 좋지 않아서 살기 어렵고 팍팍하니까 민심이 좋을 리 없죠. 그래서 선거에서 진 것도 맞습니다. 교훈이라면, 민주개혁정부가 들어서기 위해서는 서민들에게 좀 더 가까이 다가가는 정책을 개발하고 그런 정책 내용을 제대로 전달해야 한다는 겁니다. 아무리 선의를 가지고 좋은 정책을 펴도 전달되지 않으면 소용이 없죠. 그런 점을 반성해야 하고, 다음 민주개혁정부가 이걸 주의해야 한다고 봅니다.

청중 2 한미 FTA 체결할 때 농민들이 데모하고, 그러다가 한 분이 돌아가시면서 경찰청장이 바뀌었던 걸로 기억합니다. 그때 노무현 대통령이 신자유주의 정책을 채택한 건가, 내가 생각했던 것과 다르게 가신다, 그런 생각을 했습니다. 아까 강연에서 한미 FTA는 기본 성격이 다르므로 예외라고 하셨는데 교수님이 생각하시는 한미 FTA를 직접 듣고 싶습니다.

이정우 한미 FTA는 무척 복잡하기 때문에 길게 설명드릴 순 없는데, 제가 FTA 일반에 대해선 찬성하면서 한미 FTA는 반대한 이유가 몇 가지 있습니다. 한미 FTA 문제는 제가 참여정부에서 나오고 난 뒤에 벌어져서 밖에 있으면서 반대했죠. 우선 득을 보는 산업이 별로 많지 않습니다. 농업, 축산업, 제약업 등은 명백한 피해가 드러나는 데 비해서 득을 볼 산업은 아주 적고 불투명했습니다. 예를 들어 섬유산업은 득을 볼 것 같긴 한데 원산지 규정이 있어서 미국이 호락호락하게 득을 주지 않습니다. 자동차산업이 득을 볼 것 같긴 한데, 그것도 불투명한 점이 있고요. 나머지 철강, 반도체 같은 주력 산업은 이미 미국이 무관세이기 때문에 한미 FTA를 통해 추가로 득 볼 것도 없습니다. 상당히 제한된 효과인데, 굉장히 과장되어서 한미 FTA만 체결하면 한국 수출이 많이 늘어날 것처럼 환시효과를 일으켰다고 봅니다.

또 하나 더 중요한 문제가 투자자-국가 제소제입니다. 투자자가 국가를 상대로 국가의 정책이나 제도 때문에 돈을 못 벌었다고 제소할 수 있게 해놓았습니다. 그러면 한국에도 앞으로 뭘 걸고 들어올지 모릅니다. 특히 시장만능주의에 맞지 않게 약간이라도 정부가 경제에 개입하면 시비를 걸 수 있도록 돼 있습니다. 굉장히 위험해요. 예를 들어 토지정책, 종부세 같은 거 실시하면 이걸 갖고 시비 걸 수 있게 돼 있습니다. 그걸 막기 위해서 노력하긴 했는데 충분치 않았어요. 정책주권이 흔들릴 정도로 위험한 상태의 개방이 된 겁니다. 얼마든지 피할 수 있었습니다. 대한민국의 외교통상부가 조금만 더 신경 쓰고 우리나라 사정을 조금만 더 생각했다면 주체성 있게 협상할 수 있었어요. 오스트레일리아가 2004년에 미국과 FTA 맺으면서 투자자-국가 제소제를 결국 뺐거든요. 미국이 받아줬습니다. 그런데 그 직후에 우리가 미국과 맺었어요. 바로 직전에 오스트레일리아는 빼주지 않았느냐, 우리도 빼달라 하면 이 독소조항을 미국이 빼주지 않았을까요? 그런데 그런 노력을 하지 않았습니다. 대한민국 외교통상부가 정책주권을 지키기 위해 조금이라도 노력했습니까? 한미 FTA가 되고 나면 앞에서 말한 북유럽 같은 이상적인 사회로 갈 수 없게 됩니다. 정책을 북유럽식으로 추진할 수 없어요. 미국 투자자들이 그 제도에 다 시비를 걸 테니까. 시장만능주의가 아니다 싶으면 다 시비를 걸거든요. 그러면 우리 민족의 운명을 우리가 정하나요, 미국이 정하나요? 그래서 저는 한미 FTA를 체결해서는 안 된다고 봤습니다.

청중 3 교수님은 최종적인 우리 경제모델이 북구사민주의 형태라고 말씀하셨습니다. 이명박 정부의 총리로 발탁된 정운찬 전 서울대 총장은 케인스 이론을 신봉하는 경제학자로 알고 있는데, 교수님이 말씀하신 것과 같은 경제모델을 채택하는 건 어렵지 않을까 생각합니다. 진보 진영에서 이분의 정체성이 어떤지 헷갈려 하는데 교수님 생각이 궁금합니다.

이정우   정운찬 총리 관련 질문이 나오리라 예상은 했습니다. 저하고는 가까운 사이이고, 한때 진보적 생각을 가진 학자들이 모여 토론서클, 연구서클을 만든 적이 있는데 그때도 같이했습니다. 오랜 인연이 있고 아주 훌륭한 경제학자죠. 실력도 있고 훌륭합니다. 인품도 훌륭하고 나무랄 점이 없는데 왜 이명박 정부에 들어갔는지 아쉽습니다. 거기 들어가기엔 너무 아까운 분이죠. 이명박 대통령이 한 인사 중에는 최고의 인사임이 틀림없습니다. ☺

정 총리가 몇 달 전에 경북대학교에 와서 강연을 했는데 초등학교, 중학교 때 너무 가난해서 몇 년간 점심시간마다 밥을 못 먹고 수돗물을 마셨답니다. 그랬다가 지금 이렇게 성취를 해낸 분인데 들어가서 잘해낼 수 있을지 걱정입니다. 호랑이굴에 들어가 호랑이를 잡아서 대성공을 하면 좋겠는데, 정책도 성공하고 국민들한테 박수 받으면 호랑이를 잡는 셈인데…… 저는 호랑이 잡으러 호랑이굴에 간다는 사람은 들어봤어도 살아나오는 사람은 잘 못 봤거든요. ☺ 잡아먹히든지 호랑이에게 동화되는 사람은 봤습니다. 아깝고 안타깝다는 생각이 들고, 좀 더 민주적이고 개혁적인 정부가 들어섰을 때 이분이 자기의 역량을 발휘했으면 어땠을까 하는 아쉬움이 있습니다. 그러나 국민을 위해서는 이분이 잘해서 성공을 거두기를 간절히 바랍니다.

청중 4 노 대통령을 모시면서 가장 감격스러웠던 순간은 언제였는지, 서운하거나 죄송했던 적은 없었는지 말씀해주세요.

이정우 가장 보람 있었던 순간은 경제가 아닌 역사와 관련되어 있습니다. 노 대통령이 역사에 관심이 많아서 평소에 식사하면서 역사 이야기를 많이 하셨어요. 우리나라, 외국 역사 모두요. 질문도 많이 하셨고요. 2003년 가을이지 싶습니다. 노 대통령이 4·3 사건에 대해서 제주도에 가서 사과를 하셨어요. 그해 봄에 대통령 주재 청와대 수석회의에 참석했을 때, 4·3 사건일이 다가오는데 대통령이 가서 사과할 필요가 있는가 하는 안건이 올라왔습니다. 저는 당연히 가서 사과해야 한다고 말씀드렸는데, 그해 4·3 때는 대통령이 사과하기에는 아직 법률적으로 준비가 덜 된 측면이 있었습니다. 그래서 몇 달 미뤄 가을에 가신 거죠.

저는 대통령 행사에 많이 따라다녀서 헬기도 많이 타봤습니다. 그런데 시간을 많이 뺏기니까 저는 될 수 있는 대로 따라가지 않으려고 했습니다. 수행자 명단에서 제발 빼달라고 비서한테 부탁하고 그랬는데 딱 한 군데, 제주도 4·3 사건으로 대통령 사과 발언을 하실 때는 그 현장에 꼭 있고 싶었어요. 그래서 그 기회가 오면 꼭 가려고 기다렸죠. 그런데 어느 날 서울에서 저녁 9시 뉴스를 보는데 대통령이 제주도에 가서 사과하시는 모습이 나오는 거예요. ☺ 깜짝 놀랐습니다. 청중석에 있던 50, 60대 아주머니한테 아나운서가 마이크를 갖다 대면서 "소감이 어떻습니까?" 물으니 막 떨리는 목소리로 "내 생전에 이런 날이 올 줄 몰랐습니다"라고 합니다. 4·3 사건 때 국가가 많은 사람을 죽인 데 대해 대통령이 정식으로 사과하는 날이 올 줄 몰랐다는 거죠. 제주도 사람들이 60년 가까운 세월 동안 그렇게 바라고 바랐던 날입니다. 많은 가족들이 애타게 기다리다 원한을 품고 죽어갔죠. 그런데 갑자기 대통령의 사과가 나온 겁니다. 저는 그 장면을 뉴스로 보면서 감격하고, 내가 정말 노무현 밑에서 일하길 잘했다, 그때 가장 큰 보람을 느꼈습니다.

노 대통령에게 섭섭한 점이 왜 없겠습니까. 더러 있었는데 뭐 사소한 것이고 크게 보면 굉장히 잘하셨어요. 온건하고 합리적으로 결정을 잘하셨기 때문에 저는 거의 섭섭한 게 없었고요. 제가 보수언론의 공격을 많이 받았는데 다른 대통령 같았으면 진작에 갈아치웠을 겁니다. 옳고 그르고를 떠나 일단 시끄러워지고 물의를 일으키는 참모는 두기 싫어하는 게 대통령들입니다. 그런데 계속 물의를 일으키고 사설에서 수도 없이 얻어맞는 이정우라는 지방 출신의 참모, 언제든지 대체할 수 있는 참모를 2년 반 동안 계속 옆에 뒀거든요. 무척 고맙게 생각하고 그 고마움에 비하면 몇 차례 느꼈던 약간의 섭섭함은 백분의 일, 천분의 일도 안 되니 말할 가치도 없는 겁니다.

언제인지 기억은 나지 않는데, 어느 신문이 저를 집중 공격했습니다. '1톱 3전'이라는 게 있더라고요. 1면 톱 더하기 3면 전면을 쓰는 건데 그걸 이정우 공격에 할애한 거예요. 저는 그걸 읽고 '이 신문 어지간히 할 일 없구나' 하고는 그냥 무시하고 지나갔습니다. 바쁘니까 신경 쓸 틈도 없고요. 그런데 노 대통령이 오히려 저를 부르시더니 "그 신문 봤습니까"라고 물어보세요. 그래서 "봤습니다" 했더니 "내가 그 신문을 보고 어젯밤 잠을 못 잤습니다, 너무 화가 나가지고……" 그러시는 겁니다. 대통령이 저 대신 잠을 못 주무신 거예요. 저는 잘 잤는데. 대통령도 숱하게 공격받았잖아요. 저보다 열 배,

백 배 공격받았는데 노 대통령은 강심장입니다. 그래서 웬만한 공격에는 끄떡도 않는 분이거든요. 그런데 정작 본인 공격은 잘 넘기시면서 참모가 공격받는 걸 보고 화가 나서 잠을 못 주무셨다는 이야기를 듣고 제가 더욱더 감동하고 일하는 보람을 느꼈던 적이 있습니다.

청중 5 참여정부의 부동산 정책을 이야기하시면서 그래도 잘했다고 평가하셨는데요. 조중동이나 모든 언론이 잃어버린 10년, 경제를 망쳤다는 식으로 공격했는데, 그런 것들이 홍보가 부족해서 생긴 문제였을까요? 국정홍보처를 만들어서 많은 홍보를 펼쳤다고 알고 있는데 왜 그렇게 힘들어할 수밖에 없었을까요?

이정우 참여정부의 부동산 정책이 미적지근하지 않았냐고들 하는데 사실 그 정도로 철저하게 간 정부가 없었습니다. 그전에는 늘 온탕, 냉탕을 너무 왔다 갔다 했는데 그래도 참여정부는 줄기차게 굉장히 강하게 갔습니다. 그리고 부동산 투기라는 산불을 몇 년 만에 잡는 데 성공했고, 지금까지 잡혔잖아요. 지금 이명박 정부가 다시 온탕으로 가려고 이것저것 풀고 없애고 깎아주고 하는데도 다시 투기가 일어나지 않을 정도로 상당히 철저하게 했다고 생각합니다. 물론 그 과정에서 시행착오도 많았고, 욕먹을 짓도 했고요. 그래도 결과적으로 5년 내내 만든 작품을 보면 거의 완벽하게 부동산 투기가 발붙이기 어려울 정도로 만들어놓고 나온 건 사실이라고 생각합니다.

'잃어버린 10년'이라는 건 원래 일본의 장기불황에서 나온 말인데 이걸 그대로 가져와서 한국의 김대중, 노무현 정부에다 써먹은 것이 보수언론이에요. 이 보수언론의 영향력이 전보다는 약해지고 있지만 아직도 막강합니다. 국정홍보처 안에서 열심히 홍보한다고 했는데도 대적하기 어려울 만큼 보수언론의 힘이 강합니다. 거기다가 진보언론도 보수언론 못지않게 공격했습니다. 그래서 섭섭하긴 하지만 언론의 원래 임무가 공격이니까요. 비판과 공격 빼면 언론이 아니겠죠. 섭섭하면서도 넘어갈 수밖에 없었고 이해했습니다. 사실은 〈한겨레〉,〈경향신문〉에서 참여정부 공격할 때 훨씬 더 아팠습니다. 조중동은 늘 그랬으니까 별로 안 아프게 넘어갈 수 있었는데 〈경향신문〉이나 〈한겨레〉에서 대서특필하고 진보학자들이 참여정부를 공격할 때는 굉장히 아팠어요. 깊이 찔리는 느낌을 받았습니다.

홍보가 중요하지만 별 뾰족한 방법은 없는 것 같아요. 정도를 걸으면 언젠간 결국 국민이 알아주지 않겠습니까. 사마천의《사기》에 "복숭아와 오얏은 말이 없어도 사람들이 모여 저절로 그 밑에 길이 생긴다(桃李不言下自成蹊)"는 말이 있습니다. 홍보를 한다고 해서 되는 게 아니라 저절로 민심에서 민심으로 진심이 전달되는 것이 진정한 홍보가 아닐까 생각합니다. 너무 아마추어 같고 순진한 생각인지 모르겠는데 저는 아직도 그런 생각을 갖고 있습니다.

청중 6 지금의 경제위기를 참여정부라면 어떻게 극복했을까요?

이정우 시장만능주의를 빨리 포기해야죠. 지금 미국에 금융위기가 오고 일본 자민당이 몰락하는 거 보니까 우리나라 집권당도 사실은 뜨끔할 거예요. 감세, 규제완화, 민영화를 한다 했는데 미국, 일본에서 그러다 실패한 게 명백히 드러나니까 자기들도 떨떠름해졌습니다. 그래서 많이 후퇴한 건 사실입니다. 정식으로 '우리가 잘못 생각했다', '지난 1년 반 동안 우리가 큰 착각에 빠져서 감세한 거 잘못했다' 반성하고 '이제 다시 증세하고 부자들한테 세금 거둘 건 거두겠다' 이렇게 나가주면 좋은데요. 이 사람들이 속으론 떨떠름해도 겉으론 일관성을 잃지 않으려고 그렇게까지는 하지 않을 겁니다. 그래서 기대는 하지 않지만 그 길밖에는 없지 않을까 생각합니다.

그리고 성장지상주의는 잘못된 것이라고 반성하고, 복지와 분배도 중요하니까 4대강 개발을 포기하겠다, 아니면 4분의 1, 10분의 1로 축소하겠다, 강에 최소한의 투자만 하고 나머지는 하지 않겠다고 해야죠. 22조 원이 뭡니까? 실제로는 30조 원이 넘는다고 하죠. 말이 안 되는 겁니다. 1조 원이 아까운 판에 20~30조 원의 돈을 강에다 부어서 시멘트로 보를 만들고 식수를 위협하는 일을 하고 있는 겁니다. 그리고 언제 운하로 둔갑할지도 모릅니다.

이명박 대통령은 "내 임기 중에 하지 않겠다"고 했어요. 양식이 조금이라도 있다면 4대강 사업에 수십조 원을 부으면서 가난한 사람들 복지비를 줄이는 상식 밖의 짓은 안 합니다. 최소한의 양식이 필요한 겁니다. 대통령이 하든 정운찬 총리가 하든 방향을 바꾸어야지 그러지 않으면 경제가 정말 어려워지고 민생이 너무 힘들어질 것 같아요. 우리 국민들이 참을성이 많지만 걱정이 됩니다.

청중 7 좋은 나라를 만들려면 학생들이 어떤 일을 해야 할까요? 어떻게 공부하면 좋을까요?

이정우 입시 위주의 주입식 공부가 아니라 중요하다 생각하는 문제가 있으면 열심히 찾아보고 책도 읽고 인터넷도 들어가보고 주위 사람들하고 토론도 하면서 평생학습을 해야 합니다. 책을 많이 읽는 사람으로 제가 세종, 정조 그리고 도코 도시오라는 일본 기업가의 예를 들었는데요. 추가할 사람이 김대중, 노무현입니다. 역대 대통령 중에 책을 가장 많이 읽었던 대통령이 김대중입니다. 독서량에서 타의 추종을 불허합니다. 2등은 노무현일 거라고 생각합니다. 노무현 대통령은 책 읽기를 좋아하셨고 바쁜 일정에도 틈틈이 책을 읽으셨어요. 특히 탄핵 후의 두 달간은 집중적으로 독서를 하셨어요. ☺ 제가 보고 드리러 가는 길에 읽던 책을 끼고 들어가면 항상 관심을 갖고 무슨 책을 읽는가, 내용이 어떤가 질문하시고요. 호학군주, 학자군주적인 면모를 갖고 있었습니다. 여러분도 그런 태도로 평생학습을 하시면 좋겠습니다. ✋

08
노무현의 법치주의
문재인

문재인 법무법인 부산 대표변호사, 전 청와대 비서실장

1953년 경남 거제에서 태어나 경희대 법대를 졸업했다. 대학 시절, 유신반대 시위를 주도하다 집시법 위반으로 구속·제적되었고, 1980년에는 계엄포고령 위반으로 구속되었다.
1982년 사법연수원을 차석으로 수료했으나 시위 전력 때문에 판사로 임용되지 못하고 부산으로 내려와 인권변호사의 길을 걸었다. 동의대 방화사건 등 1980, 1990년대 시국사건 대부분을 맡아 변론했다. 부산지방변호사회 인권위원장, 부산·경남 민변 대표, 노동자를 위한 연대 대표, 〈한겨레〉 창간위원으로 활동했다.
노무현 전 대통령과는 부산에서 인권변호사로 활동하며 인연을 맺었고 줄곧 '동지적 관계'를 유지해왔다. 참여정부 출범과 함께 청와대 민정수석을 지냈으나 건강이 나빠져 사직했다가 노 대통령이 탄핵을 당하자 달려와 변호인단을 꾸렸다. 2005년 다시 청와대로 들어가 시민사회수석, 비서실장을 지냈다.
노 전 대통령 서거 전 변호인을 맡았고 서거 이후에는 장례 절차와 관련한 모든 일을 도맡았다. 노무현 재단 상임이사·운영위원장, 아름다운 봉하 재단 감사를 맡고 있으며 노무현 대통령 기념사업이 가야 할 방향에 관심을 쏟고 있다.

문재인이 생각하는 '노무현 정신'은…

억압받고 소외당하는 사람들에 대한 애정, 특권·반칙 없는 사회를 위한 투쟁

반갑습니다. 문재인입니다. 참 많은 분들이 오셨군요. 고맙습니다. 아까 기다리는 동안 노무현 대통령 동영상을 봤는데 연설하시는 모습이 나왔죠. 노 대통령은 연설이든 강연이든 사람들 앞에서 말하는 걸 아주 좋아하셨어요. 청중이 많을수록 힘이 나고 신이 난다고 하셨습니다. 국회의원 낙선하고 나서 원외 시절에도 사람들에게 인기가 높아서 전국 각지의 지구당 창당대회, 개편대회, 당원단합대회, 보궐선거에 지원유세를 많이 다니셨죠. 파김치처럼 녹초가 돼서도 사람들 모인 데서 마이크만 쥐여주면 자기도 모르게 힘이 나서 장시간 열변을 토하게 된다는 겁니다. ☺ 일종의 끼겠죠. 정치하는 사람으로선 아주 좋은 자질이고요. 그런 점에서 노 대통령은 정치인 체질이었다고 생각합니다. 저는 그런 끼가 없고 대중강연도 처음인데 많은 분들이 오셔서 더 긴장됩니다.

국가권력 제한·통제하는
노무현의 법치주의

노 대통령은 퇴임하고 나서 봉하로 가셨는데, 관광객들이 많이 찾아와서 매일 몇 번이고 방문객들한테 인사말씀을 하셨죠. 그 때문에 얽매여서 힘들다고 저희한테 하소연도 하셨는데요. 제가 보기엔 그러면서도 방문객들한테 인사말씀하는 걸 참 좋아하셨어요. ☺ 자신도 모르게 말씀에 빠져서 방문객들 붙잡고 한 시간 넘게 이야기하기도 하셨고요. 때론 관광버스 타고 오신 연세 많은 분들 상대로 대학 강의하듯이 어려운 내용을 이야기하기도 하시고……. ☺ 밀짚모자 쓰고, 어떤 때는 손녀하고 자전거 탈 때 썼던 제주도 특산 모자 쓰고 방문객들 앞에서 말씀하길 즐기시던 모습이 그립습니다.

  노 대통령이 말씀을 참 잘하셨지만, 한편으로는 말 때문에 시비도 많이 생겼죠. 그 시비 때문에 당신도 참 속상해하시고 저희도 속상한 때가 많았습니다. 품위가 없다, '깜'이 아니다, 그런 식으로 비난하고 모욕을 주는 것도 속상하지만, 가장 속상한 건 행사의 취지, 그때 전하려 했던 메시지가 다 없어져버리는 겁니다. 지역혁신 행사장에 가든, 열심히 일하는 중소기업에 격려방문을 가든, 행사장 가실 때마다 노 대통령은 꼭 정책적 메시지를 준비해서 가시는데, 행사의 취지나 전하려던 메시지는 오간 데 없고 시빗거리 삼을 만한 말만 부각되는 겁니다. 사실은 그런 말조차 현장에서 들으면 아무런 문제가 없는 말이에요. 오히려 현장 분위기에는 맞고, 청중하고도 소통이 잘되게 만든, 어찌 보면 일체감을 느끼게 만드는 말이고 표현이었는데, 그다음 날 시비 걸 만한 부분만 영상으로 잡아내거나 신문 기사로 옮겨놓으면 여지없이 그렇게 돼버리는 겁니다.

언제 그런 일이 발생하는지 혹시 아십니까? 눈치 채신 분이 계실지 모르겠는데 대중연설, 강연에서 말씀이 아주 잘 풀릴 때예요. 저희가 옆에서 봐도 청중의 반응이 좋으면 그 분위기에 대통령이 호응하면서 점점 더 분위기가 달아오르는 게 느껴져요. 청중의 반응을 보면서 표현수위를 높이기도 낮추기도 하는데, 청중이 말씀을 잘 받아들이고 호응하면 대통령도 힘이 나서 말씀이 빨라지고 신이 나서 그런 표현이 나와요. 그래서 어디 모시고 가서 분위기가 좋고 말이 잘 풀리면, 한편으론 좋으면서도 은근히 또 시비 걸리는 말씀이 나올까 걱정했던 기억이 납니다.

오늘 강연 제목을 좀 바꿔 왔습니다. 제 맘대로요. ☺ 주최 측에서 알린 제목은 '검찰, 사법제도, 그리고 노무현'일 겁니다. 주최 측 취지는 검찰 개혁을 비롯해 참여정부의 법적 개혁을 두루 살펴봐달라는 것으로 보이는데요. 보통 사법제도라 하면 일반적으로는 법원의 재판 같은 사법작용과 관련된 제도를 말하죠. 이런 사법제도를 다루려면 참여정부에서 추진했던 로스쿨이나 공판중심주의 같은 사법개혁을 중심으로 이야기해야 하는데요. 그것도 훌륭한 강연주제이긴 합니다만 폭이 좁고 전문적인 것이라 이 자리엔 적절치 않은 듯합니다. 그래서 참여정부에서 진행했던 법적인 면의 개혁 전반을 살펴보되 적합한 제목으로 생각한 것이 '노무현의 법치주의'입니다. 법치주의라는 말이 진부하고 상투적인 감이 있긴 합니다만 저로서는 다른 표현을 찾지 못해 이렇게 제목을 달았습니다.

'참여정부'의 법치주의 개혁이 아니라 왜 '노무현'의 법치주의라 했을까요? 요즘 법치주의에 대해서도 아주 이상하고 왜곡된 주장을 하는 사람들이 많습니다. 여러분, 법치주의 하면 생각나는 게 뭡니까? 법과 원칙, 또는 법질서 확립? 요즘 이명박 정부도 늘 법치주의를 내세웁니다. 법과 원칙, 법질서 확립, 이런 것을 강조합니다. 국민들에게 법을 엄정하게 적용하고 집행하는 것이 법치주의인 양 하는 것이죠. 그런데 이런 건 진정한 법치주의가 아니라 사이비 법치주의입니다. 법치주의를 왜곡한 거죠. 법치주의란 말이 좋은 건 모두 알기 때문에, 마치 녹색성장 내세우면서 토목적 성장을 은폐하듯, 지배체제에 대한 복종, 순종을 요구하는 통치논리로서 법치주의라는 표현을 쓰는 거죠. 잘못된 것입니다.

법치주의의 진정한 의미는 사람에 의한 지배를 종식시키고 법에 의한 지배로 대체한다는 것입니다. 옛날에는 왕이 지배하지 않았습니까? 왕이 마음대로 잡아가고, 재판하고, 처벌하고, 세금도 부과하고, 징병도 하고 그랬죠. 왕이 가진 폭력수단을 기반으로 하기 때문에 결국 사람의 지배이고, 사람의 지배는 곧 폭력의 지배입니다. 민주주의가 발달하면서 그러면 안 된다, 왕권의 행사조차도 반드시 법에 근거해야 한다고 바뀌게 된 거죠. 그래서 국민들에게 기본권을 제한하거나 의무를 부과할 때 반드시 법에 근거가 있어야 하고, 법률 근거 없이는 행정작용도 사법작용도 할 수 없다는 논리가 바로 법치주의입니다. 법치주의의 목적은 당연히 국민들의 자유와 권리를 보장하는 데 있습니다. 권력 담당자의 자의적인 권력행사를 막아 개인의 자유와 권리를 보호하는 거죠. 개인의 자유영역을 국가로부터 최대한 보장하려는 자유주의의 산물이라 할 수 있습니다.

현대의 보수주의는 자유주의에 기반을 둡니다. 진보주의가 자유보다 평등을 중시하거나 또는 자유와 평등을 함께 주장하는 것이라면, 보수주의는 자유주의에 기반을 둔 겁니다. 그래서 제대로 된 보수주의는 개인의 자유를 최우선 가치로 두고 신앙처럼 존중해야 합니다. 그런데 우리나라에서 보수를 표방하는 사람들은 시장의 자유만 존중하고 시민적 자유에는 아주 무관심하죠. 그러니 제대로 된 보수가 아닙니다. 극우라고 할 수 있죠.

어쨌든 법치주의는 국가권력을 제한하고 통제하는 원리입니다. 국민이 법을 지켜야 한다는 게 아니라 국가권력과 이를 담당하는 사람들이 법을 지켜야 한다는 게 법치주의입니다. 그래서 법치주의는 정부가 국민에게 요구하는 것이 아니라 국민이 정부와 집권세력에게 요구하는 것입니다.

고위공직자 후보 인사검증이 오늘 시작됐죠. 사회적으로 문제가 되고 있습니다만, 고위공직자는 흠이 없는 사람만 돼야 한다는 소박한 차원이 아니라 법치주의의 측면에서도 이런 인사검증은 반드시 필요합니다. 정부와 집권세력이 법치주의를 지켜야 하기 때문에 공직자는 결국 법치주의를 실천해야 하는 사람들이죠. 그래서 고위공직에 있으면서 법을 위반하거나 자신의 권한을 남용하지 않을지, 또 지위를 이용해 특권이나 특혜를 추구하지 않을 자세와 품성을 갖춘 사람인지 사전에 살펴보는 것이 인사검증입니다. 그렇기 때문에 위장전입, 세금탈루 같은 건 고위공직자의 행위로서는 우리가 묵과할 수 없고 받아들이기 힘든 일입니다. 누구나 살면서 이런저런 실수를 하기 마련이라 사소한 잘못이나 법 위반까지 일일이 문제 삼을 순 없습니다. 그러나 남들이 다 지키는 규칙을 위반하고 반칙을 범해서 특권이나 특혜를 누린 잘못을 저지른 전력이 있다면 고위공직자로서 자격이 없는 것이죠. 인사검증의 기준은 시대에 따라 달라질 수 있다고 생각합니다. 아마도 참여정부 때 그 기준이 가장 엄격했던 것 같습니다. 문민정부, 국민의 정부에서 발생한 권력형 비리사건들이 국민들을 많이 실망시켰기 때문에, 국민들 사이에서 고위공직자의 도덕성에 대한 요구가 매우 커졌습니다. 당연히 인사검증의 기준도 높아지지 않을 수 없었습니다.

그런 기준 가운데 어떤 것은 사회 분위기에 따라 완화될 수도 있겠습니다만, 반칙으로 특권과 특혜를 누렸던 사람들이 그 과거가 아무것도 아닌 양 높은 도덕성이 요구되는 고위공직자로 임용된다는 것은 그때나 지금이나 있을 수 없는 일입니다. 근래에 보면 위장전입 같은 게 마치 고위공직자의 필수조건인 것처럼 됐는데 ☺ 대단히 잘못됐다고 봅니다.

동시다발로 진행된 법치주의 개혁

법치주의도 현대에 와서는 그 내용이 진보합니다. 발전해나가는 거죠. 당초의 형식적 법치주의에서 실질적 법치주의로 진보했습니다. 과거에는 국민들의 대의기구이자 대표기구인 국회에서 제정한 법률에 따라 권력을 행사하면 법치주의가 지켜진다고 봤습니다. 그런데 나치 독일을 겪으면서 다수결에 따른 결정이 늘 합리적이지 않다는 걸 알았죠. 다수가 횡포를 부릴 수도 있고 집단적 광기에 빠질 수도 있습니다. 그래서 단지 의회에서 만든 법률이란 것만으론 부족하고, 그 법률의 내용이 헌법의 가치나 기본 원리에 합치되는 정당성까지 필요하다는 것이 실질적 법치주의입니다. 소수자의 자유와 권리까지 보장해야 한다는 거죠. 나치 독일의 유대인 탄압, 집단학살이 바로 다수의 집단적 광기에 의한 횡포를 보여주는 전형적인 사례 아닙니까? 언제든지 되풀이될 수 있습니다.

차원은 다릅니다만, 예를 들면 우리나라에도 수도권과 지방 간의 문제가 있고, 지금은 세종시 문제 때문에 여론이 팽팽하죠. 지방균형발전 정책들이 많이 폐기되고 있는데, 지방균형발전이나 세종시 원안에 찬성하는 쪽은 전부 지방 사람들이고, 반대하는 쪽은 수도권 사람들이지 않습니까. 정치인들도 마찬가지고요. 지금 대한민국 전 국민의 48퍼센트 정도가 수도권에 삽니다. 이미 인구비율이 반반에 육박했는데 수도권 억제책을 완화하면 아마 수년 내에 수도권 인구가 절반을 넘어설 겁니다. 언젠가는 비례원칙에 따라 국회의원 숫자도 수도권 의원이 절반을 넘어설지 모르죠. 그러면 수도권의 이익이 달린 것을 국가균형발전이나 지방의 상생을 위해 지방으로 이전하는 법안이 통과되겠습니까? 이런 점도 우리가 미리미리 생각하고 대비해야 합니다.

한편으로는 시민적 법치주의에서 사회적 법치주의로 진보했습니다. 시민적 법치주의는 국가권력에서 시민의 자유를 보장받는 게 목표였거든요. 그런데 그렇게 제도가 마련되고 자본주의가 발전해가면서 드러난 걸 보세요. 법·제도적으로는 자유롭고 평등하지만, 가난하고 못 배운 사람들과 많이 가지고 많이 배운 사람들이 현실에서는 결코 평등하지 않습니다. 또 많이 가지고 많이 배울수록 다양한 선택을 할 수 있는데, 가난하고 못 배운 사람들은 선택의 폭도 좁으니 자유롭지도 못합니다. 그래서 형식적 자유와 평등만으로는 안 되고, 그것을 누릴 수 있는 경제적 조건 등이 보장되어야 실질적인 자유와 평등이 보장되는 것이다, 이런 식으로 생각이 발전해나갑니다. 그것이 사회적 법치주의입니다. 그래서 사회경제적 약자의 인간다운 생활을 보장하는 사회정의를 실현하기 위해서 국가가 경제에 적극적으로 개입하고 규제할 것을 요구하게 됩니다. 이를 이렇게 표현합니다. "국가의 기능은 자유를 보장하는 것을 넘어서서 자유를 위한 계획을 실행하는 것이다."

현대적 법치주의는 과거의 고전적 법치주의 원리와 방금 말씀드린 실질적, 사회적 법치주의 같은 현대 복지국가 원리의 조화를 꾀하는 것입니다. 제 개인적 주장이 아니라 이미 우리 헌법에는 고전적 법치주의를 넘어서서 실질적, 사회적 법치주의 정신들이 다 반영돼 있어요. 노무현 대통령이 퇴임 후에 민주주의를 연구하겠다고 여러 번 말씀하셨죠. 그래서 '민주주의 2.0'이란 사이트를 개설하기도 했고요. 새삼스럽게 왜 민주주의인가? 아주 상식적이고 이미 연구될 만큼 연구되어 더 연구할 게 없는 것 같은데 왜 대통령이 퇴임 후에 여생 동안 민주주의를 연구하겠다는 건가? 여기서 말씀하신 민주주의는 실질적, 사회적 법치주의까지 다 포괄하는 민주주의입니다. 진보주의까지 내포한다고 보는 것이죠. 진보적 민주주의를 연구하겠다는 뜻으로 보시면 됩니다. 그래서 그 뜻을 더욱 분명히 하기 위해 '진보의 미래를 연구한다'는 표현을 쓰기도 하셨죠.

지금까지는 법치주의가 무엇인가 하는 원론적 설명을 드렸습니다. 참여정부는 법치주의에 입각해서 광범위한 법치주의 개혁을 했다고 볼 수 있습니다. 노 대통령은 민주주의의 발전 과정을 설명하면서 법치주의란 표현은 많이 하셨지만 법치주의적 개혁이란 말은 잘 쓰지 않으셨어요. 법치주의라는 건 민주주의와 마찬가지로 너무나 당연한 것이라 생각하기 때문에 법치주의적 개혁이란 표현을 쓰시진 않았지만 우리 국정의 전 분야에 걸쳐 법치주의적 개혁을 다방면에서 동시다발적으로 전개해나갔습니다. 그래서 국정 전 분야에서 어떤 법치주의 개혁을 했는지를 전부 살펴보는 건 불가능합니다. 법치주의란 공권력 행사의 원리이기 때문에 공권력과 국민이 만나는 곳에서는 늘 작용하는 것이거든요. 공권력을 행사할 때 국민의 자유와 인권을 얼마나 존중하느냐가 법치주의의 수준을 알 수 있는 가늠자라고 보면 됩니다. 용산사건을 예로 들면 설령 법을 위반하는 상황이어서 공권력을 투입해 해결할 필요가 있었다고 해도, 경찰력 행사 과정에서 사람들의 생명과 인권을 최대한 배려해야 한다는 원칙을 얼마나 지켰는지 봐야 한다는 거죠. 참여정부에서 불구속수사 원칙이 거의 확립됐습니다. 과거에는 형사재판에서 구속재판과 불구속재판 비율이 반반 정도였는데 지금은 아마 구속재판 비율이 10퍼센트가 채 되지 않을 겁니다. 불구속수사 원칙의 확립, 압수수색과 통신감청의 최소화, 이런 전반적인 것이 모두 법치주의적 개혁에 듭니다.

의전 총리에서
책임 총리로 바꾼 까닭

그래서 대표적인 것만 말씀드리면, 우선 권위주의를 타파했습니다. 참여정부 이전까지는 제왕적 대통령제라 불렀습니다. 검찰, 국정원, 국세청, 경찰 등 권력기관들이 모두 사유화되는 통에 국민에게 봉사하는 것이 아니라 정권을 뒷받침하는 작용을 했죠. 기획사정, 세무사찰, 정치사찰, 뒷조사……. 1970, 1980년대 우리나라 사람들에게서 기관원 피해망상이라는 정신질환이 상당히 높은 빈도로 나타났어요. 당시에 안기부, 중앙정보부의 악명이 하도 높으니까 국민들의 무의식 속에 공포감이 스며들어서 자신은 그럴 대상이 아님에도 기관원이 자신을 미행하고 도청하고 있다는 공포에 빠지는 겁니다. 이런 피해망상이 심해지면 정신질환이 되는 거죠. 제가 검사시보 할 때 남편이 갓난애를 죽이고 부인도 칼로 찌른 사건을 겪었습니다. 그 사람 말로는 언제부터인지 기관원이 자신을 감시한다는 겁니다. 가죽점퍼 입고 선글라스 낀 사람이 늘 미행하다가 자기가 뒤돌아보면 안 그러는 척한다는 거죠. 겁이 나서 외출도 잘 안 하게 되었는데, 어느새 자기 부인도 포섭돼서 그 기관원에게 정보를 제공해주는 것 같다는 겁니다. 그게 아니라면 기관원이 자신의 외출시간과 움직이는 동선을 어떻게 그리 잘 알겠느냐는 거예요. 급기야는 자기 아이도 기관원과 부인이 사통해서 태어났다고 생각한 겁니다. 요행히 목숨을 건진 부인의 진술과 정신감정으로 피해망상 정신질환이라는 것이 인정돼서 기소하지 않고 치료감호를 받게 했습니다만, 그 시절 보통 사람들의 잠재의식 속에 국가권력에 대한 공포가 얼마나 크게 자리 잡고 있었는지 보여주는 사례입니다.

그리고 대통령이 집권당 총재를 겸임했죠. 국회의원 공천권도 갖고 당직자도 임명하고요. 그래서 제왕적 총재라고 했습니다. 그래서 저희는 초과권력이라는 표현을 썼습니다만, 대통령과 대통령을 둘러싼 청와대는 거의 초법적 권력을 마구 행사했습니다. 법치가 아니라 인치인 셈이죠. 그 시절에는 정경유착이라든지 권언유착, 밀실공천, 밀실인사, 기획사정, 세무사찰, 정권안보, 돈 선거, 부패정치, 가신 등 여러 가지 퇴행적 정치용어와 정치문화가 횡행했어요. 노무현 대통령은 이런 제왕적 대통령제를 정말로 단숨에 타파하면서 권위주의에서 벗어났죠. 그래서 몇 년 전에 돌아가신 강원룡 목사님은 "노 대통령이야말로 대한민국이라는 민주공화국의 사실상의 초대 대통령이다. 그전까지는 모두 제왕이었다"라고 말씀하시기도 했습니다.

이런 제왕적 대통령제를 타파하는 방법의 하나로 참여정부는 책임총리제를 실시했습니다. 책임총리제는 별 게 아닙니다. 없던 걸 새롭게 만들어낸 게 아니에요. 우리 헌법에 총리가 행정 각부를 통할하게 되어 있어요. 국무위원도 제청하고요. 대통령은 총리가 제청한 사람들 가운데서만 국무위원을 임명할 수 있습니다. 그런데 대통령이 직접 행정 각부에 바로 지시하고 바로 보고받고 직거래하니까 총리는 허수아비가 되고 마는 거죠. '의전총리'라고 말하지 않았습니까? 국무위원 제청권도 마찬가지죠. 대통령이 먼저 결정하고, 총리는 거기 맞춰서 형식적으로 제청했어요. 그러던 것에서 벗어나 헌법에 있는 그대로, 실제로 총리로 하여금 행정 각부를 통할하게 하고, 국무위원 제청권도 제대로 행사하게 했습니다. 이게 책임총리제입니다.

정운찬 총리 후보자는 인사검증으로 논란이 많습니다만, 그래도 아마 이명박 대통령으로서는 여론의 지지를 받을 인사일 겁니다. 그런데 정운찬 후보자도 총리의 권한을 분명하게 요구하고 보장받아야 합니다. 제대로 보장받고 권한을 행사해야 총리로 일하는 보람이 있는 거죠. 그런 보장 없이 과거처럼 제왕적 대통령 밑의 의전총리에 그친다면 그야말로 벼슬 탐한 지식인의 변절이라는 의미밖에 없습니다.

또 하나는 당정분리입니다. 말하자면 공천권을 손에서 놓았죠. 이

것 때문에 어려움도 많이 겪었습니다. 공천권을 버리고 당정분리를 하는 게 원론적으론 당연한데, 그러면 현실적으로 당을 장악하지 못하는 문제가 생깁니다. 개혁을 하려면 당이 일사불란하게 결집해서 각종 개혁입법들을 국회에서 제때제때 처리해야 하는데 잘되지 않습니다. 당시 열린우리당이 과반수 의석을 확보했을 때도 개혁입법 처리가 지지부진했잖아요. 국민들에게 굉장히 실망을 주었죠. 당정분리가 우리 시대에는 시기상조인 것 아니냐는 지적도 있었습니다만 그렇다고 해서 다시 대통령이 공천권까지 다 쥐는 시절로 돌아갈 순 없죠. 당정분리의 정신은 계속 살려나가면서 우리 현실에 맞게끔 발전시켜나가야 한다고 봅니다.

유일한 비검찰 출신의 청와대 민정수석

두 번째 법치주의 개혁은 권력기관의 개혁입니다. 가장 중요한 것이 검찰의 정치적 중립과 독립을 보장한 것이죠. 참여정부에서 이것을 가시적으로 보여준 조치가 청와대 민정수석실의 비검찰화입니다. 이명박 정부 들어서 지금까지 임명된 세 명의 민정수석은 모두 검찰 고위직 출신이면서 검찰총장의 선배입니다. 세 번째 민정수석은 법무부 장관의 선배이기도 합니다. 과거에는 모두 그랬습니다. 검찰을 장악하거나 장악까진 아니어도 관리해나가고 검찰과 제대로 소통하려면 검찰 출신, 적어도 검찰총장과 의견을 조율할 수 있는 인물이 필요하다고 본 것이죠.

딱 한 번 예외가 있었습니다. 국민의 정부가 출범할 때 민정수석실이 청와대를 권력기관화한다고 판단해서 과감하게 폐지했어요. 다만 검찰 담당자로는 법무비서관을 비서실장 아래에 뒀죠. 그랬다가 얼마 안 가서 민정수석실이 여론 수렴, 민심 청취, 시민사회와의 소통을 위해 필요하다 판단하고 부활시켰는데, 처음에는 정말로 이런 기능만 하게 하면서 그 자리에 검찰 출신이 아닌 김성재 한신대 교수를 임명했죠. 그분이 유일하게 비검찰 민정수석이었던 것 같습니다. 국민의 정부조차도 그 후임부터는 다시 검찰 출신에 검찰총장의 선배인 사람으로 돌아갔습니다.

 2002년 대선이 끝나고 12월 하순쯤 노 대통령이 저를 불러서 민정수석을 맡아달라고 하셨어요. 그때만 해도 제가 선대본부장을 했으니까 선거에 기여한 점도 있고 또 대통령을 잘 알기도 하니까 가까운 데서 보좌하면 좋겠다는 뜻으로 받아들였는데, 그렇다 해도 제가 감당하기엔 어렵다고 생각했어요. 국정이나 행정이 어떻게 돌아가는지 알아야 잘 보좌할 수 있을 텐데, 제가 인권변호사라는 소리를 들으면서 변호사 생활을 20년 넘게 하긴 했지만 공직이나 행정 경험이 없으니까 도저히 잘할 수 있을 것 같지 않았습니다. 그래도 바로 못한다고 할 수 없어서 일주일 정도 생각해보고 말씀드리겠다고 했는데, 돌아와서 생각해보니 그런 차원을 넘어서는 말씀인 겁니다. 제가 국민의 정부에서 민정수석 하신 분을 만나 도움말씀을 들어보니, 청와대 민정수석실 업무의 80퍼센트 이상은 대(對)검찰 업무이기 때문에 민정수석은 반드시 검찰 출신이어야 하고, 게다가 선임비서관인 민정비서관도 검찰 출신이 바람직하다는 겁니다. 그러니 노 대통령이 저더러 민정수석을 하라는 것은 그런 걸 깨버리겠다는 뜻이죠. 말하자면 검찰총장의 선배인 검찰 출신 인물을 민정수석으로 둬서 검찰 관리하는 일을 하지 않겠다는 겁니다. 민변을 비롯한 시민사회에서 오랫동안 검찰의 정치적 중립과 독립을 요구해왔지만 다분히 관념적이었는데, 노 대통령은 그때 벌써 구체적인 방안까지 생각하고 계셨던 겁니다.

그래서 대통령의 개혁 의지가 그렇다면 저 같은 사람이라도 힘을 보태는 것이 도리라고 판단해서 감히 명을 받았는데, 실제로 민정수석이 돼서 보니까 민정수석실에 검찰과 연결되는 직통전화가 있더군요. 또 민정수석실에서 마음대로 쓰도록 검찰이 차량도 몇 대 제공해 주고 있었고요. 그런 것 모두 검찰에 돌려주고, 민정비서관도 검찰 출신이 아님은 물론이고 법조 경력도 아예 없는 이호철 비서관을 임명했죠.

나아가 법무부 장관에도 강금실 장관을 임명해서 법무부까지 비검찰화했죠. 하지만 그저 법무부 장관에 비검찰 출신 인물을 앉힌다고 해서 법무부의 비검찰화를 이룰 수는 없겠죠. 법무부에는 검찰 업무만 있는 게 아닙니다. 법무부는 인권옹호를 담당하는 부서이고 그 밖에도 교정, 출입국관리 등 비검찰 업무가 많아요. 그런데 그동안에는 검찰 업무에 치중하다 보니까 나머지 업무들이 발전하지 못했고 심지어 교정국장과 출입국관리국장까지 검사가 맡을 때도 있었습니다. 인권, 교정, 출입국관리 같은 비검찰 업무가 법무부의 중요 업무로 제대로 자리 잡게 하는 것, 법무부의 비검찰화라는 말에는 그런 뜻이 담겨 있습니다.

정부조직법에 인권옹호가 법무부의 주요 업무로 규정되어 있는데도 참여정부 이전까지는 법무부에 인권과가 있을 뿐이었습니다. 그래서 참여정부는 인권국을 신설하고 확대했습니다. 이런 조치를 통해 검찰의 정치적 중립과 독립을 확실히 보장했습니다.

다만 제대로 하지 못했던 것이 검찰권에 대한 민주적 통제였습니다. 그전까지는 정치적 중립과 독립이 워낙 절실한 우선 과제였지만, 그것이 보장되면 검찰도 스스로 특권을 버리고 검찰권을 민주적으로 행사하도록 통제를 받아야 합니다. 노 대통령도 이 점을 여러 번 강조하셨습니다. 그래서 재정신청제도를 확대하고, 감찰관을 개방직으로 하며, 검사적격심사제도를 도입하고, 검찰의 기소독점주의를 완화하는 등 여러 가지 대책을 강구했지만 충분치 못했습니다. 또 참여정부가 고위공직자 비리수사처를 신설하고 검경수사권을 조정하는 일을 주요 개혁과제로 삼았는데 국회에서 협조하지 않아 좌절된 적도 있습니다. 이런 것들은 앞으로 해결해야 할 과제인데 이제 검찰의 중립과 독립이 후퇴해버렸기 때문에 다시 어려워지지 않았나 합니다. 언젠가는 관심을 갖고 이뤄내야 할 일입니다.

아까 강금실 장관 이야기를 했는데, 저희는 법무부를 비검찰화하고 검찰을 개혁하기 위해선 비검찰 출신 법무부 장관이 절실히 필요하다고 생각했어요. 그런데 막상 그렇게 해보니까 검찰과 함께 발맞추어 개혁을 추진할 수가 없었습니다. 자꾸 검찰 쪽과 동떨어지게 됐습니다. 그래서 그런 부분을 보완하기 위해 그다음 장관에는 다시 검찰 출신 인사를 임명했는데, 그러면 아무래도 검찰 마인드가 강해서 검찰을 개혁하는 데 한계가 있고……. 그래서 검찰 출신, 그다음은 다시 비검찰 출신 하는 식으로 교대하는 모양새가 됐습니다. 검찰과 함께 발맞추면서도 검찰 마인드를 넘어서 개혁하는 일이 앞으로 풀어야 할 숙제입니다.

정보기관도 정치에 관여하지 못하게 했습니다. 국정원에는 아예 인권변호사로 이름 높았던 고영구 변호사를 국정원장으로 임명했습니다. 법적으로는 국정원이 북한이나 공안에 관련된 정보만 다루어야 하는데, 당시만 해도 정치정보를 수집해서 보고하는 관행이 남아 있었습니다. 그럴 때마다 노 대통령은 시정하라고 요구했습니다. "이런 정보를 왜 수집하며 왜 국정원이 보고하는가?" 하면서요. 그전까지는 국정원 직원이 정부부처에 매일 들러서 브리핑을 받아왔습니다. 언론기관에도 매일은 아니지만 필요할 땐 언제든 출입해서 정보를 수집해 갔고요. 그래서 참여정부는 정부부처나 언론기관에 국정원 직원이 정보를 수집하러 출입하지 못하게 했습니다.

과거에 정보기관이 정치에 관여하면서 권력을 휘두르던 행태는 대통령과 정보기관장이 독대하던 데서 생겨난 겁니다. 그래서 노 대통령은 국정원장의 독대보고를 금지했죠. 보고받을 일이 있더라도 반드시 비서실장, 안보실장 또는 업무에 따라 민정수석, 아니면 정책 파트나 국가안전보장회의(NSC) 등의 담당자가 두세 명 이상 배석하는 가운데 보고하게 했습니다. 기무사령관에게서 직접 보고받는 일도 아예 없앴고요. 정보기관장뿐 아니라 정치인, 심지어 장관인 경우에도 독대보고는 바람직하지 않습니다. 설령 나쁜 의도가 없다 하더라도 대통령이 독대보고를 받고서 어떤 결정을 내리게 되면, 한쪽의 보고, 한쪽의 정보에 치우쳐 판단할 위험이 있습니다. 그래서 항상 관련 수석이나 비서실장이 배석하고, 다른 입장이나 다른 부처의 판단까지도 종합적으로 들어서 최종 판단을 내려야 합니다. 이명박 정부 들어 기무사령관 독대보고도 부활했다고 하는데, 그러니 기무사에서 시민단체 사람들 미행하고 사찰하는 거죠. 다시 이런 식이 되는 겁니다.

참여정부는 국정원의 수사권도 대폭 축소했습니다. 공안사건 전반이 아니라 북한과 관련된 대공사건만 수사하도록 한 겁니다. 하물며 경찰이나 국세청이 정치적으로 이용되지 않게 한 조치는 더 설명하지 않아도 될 듯합니다. 조세에 필요한 국세청의 목적을 벗어나서 정권 차원에서 정치적 목적으로 세무조사를 이용한 적은 단 한 번도 없었습니다.

이승만~김대중 33만 건, 노무현 825만 건

세 번째 법치주의 개혁은 사법개혁입니다. 사법절차 속에서 국민들의 권리가 최대한 보장되고 공정한 재판을 받을 수 있도록 개혁한 것입니다. 중요한 것만 말씀드리면, 우선 국민이 사법절차에 참여하는 제도인 배심제를 시범적으로 도입했습니다. 중대한 범죄, 즉 살인이나 강도 사건 등에서 피고인이 희망하는 경우에 적용하고 있죠. 지금은 과도기인데 배심제를 적용하는 대상을 점점 늘리고 배심원들의 판단이 기속력(羈束力)을 갖도록 발전해나가야 합니다.

법학전문대학원, 즉 로스쿨은 이미 설립해서 한 학기 강의를 진행했죠. 저희가 마지막까지 노력했던 일은 2000여 명인 로스쿨 정원의 50퍼센트 정도가 지방에 할애되게 한 겁니다. 심지어 법과대학이 없는 제주대에도 정원이 배정되도록 했습니다.

한편으로는 대법원과 헌법재판소의 구성원을 다양하게 하려고 노력했습니다. 최초의 여성 헌법재판관, 최초의 여성 대법관, 진보적 성향의 대법관이 참여정부에서 처음 나왔죠. 전효숙 헌법재판관은 참 아깝습니다. 최초의 여성 헌법재판관을 넘어 최초의 여성 헌법기관장까지 나아가려 했는데 한나라당이 헌법재판소장 임명을 끝까지 반대하면서 결국 좌절됐습니다.

국가인권위원회도 대폭 강화했습니다. 사실 정부 입장에서 국가인권위는 정부 조치에 쓴소리를 하고 문제를 제기하는 곳이어서 달갑지 않은 기관이죠. 참여정부 때도 초기에 국가인권위가 정부에 대해 아주 아픈 결정을 내린 적이 있습니다. 그 사례 중 하나가 네이스(NEIS)입니다. 네이스는 교육행정정보를 저장하는 시스템인데 정보가 유출될 경우 학생의 인권이 침해될 우려가 있다고 전교조가 결사적으로 반대했어요. 그 때문에 오랫동안 어려움을 겪었죠. 그런데 국가인권위가 전교조 편을 들어서 네이스에 대한 시정권고를 한 것입니다.

그것보다 더 아팠던 건 이라크 파병에 대한 국가인권위의 시정권고였죠. 참여정부와 정서적으로 가까운 진영의 반대가 특히 심해 어려웠는데, 이에 대해서도 국가인권위는 인권침해 소지가 있다고 시정권고를 했어요. 그런데 시민사회가 반대한 이유는 이라크 전쟁에 정당성이 있는가, 정당성이 없는 전쟁에 우리가 왜 가세하는가, 우리가 왜 미국의 대외정책을 무조건 추종하는가, 자주적으로 대응해야 하지 않는가 하는 건데, 국가인권위는 인권침해 소지를 이유로 시정권고를 했으니 조금 뜬금없었어요. ☺ 지금도 여론조사에서 국가인권위가 내렸던 결정 가운데 가장 잘못된 결정 1위로 나옵니다. 어쨌든 그 당시 국가인권위는 이라크 전쟁에 파병하면 이라크 민중의 인권을 침해할 소지가 있고, 파병되는 우리 군인들의 인권이 침해되는 문제도 있다고 본 거죠. 이런 식으로 정부를 곤혹스럽게 만들었는데, 그 뒤에 어느 기자가 국가인권위의 시정권고를 어떻게 생각하느냐고 노 대통령한테 질문했어요. 노 대통령은 "국가인권위는 그런 일 하라고 만든 곳입니다"라고 하셨죠. 참여정부로서는 아픈 일이었지만 국가인권위로서는 당연히 그래야 하는 일이라고 받아들였던 겁니다.

그리고 그 뒤에 실제로 국가인권위가 더 활발히 일할 수 있도록 기구를 강화했습니다. 남녀고용평등위원회, 남녀차별개선위원회에 분산돼 있던 노동 분야의 차별시정 기능을 모두 국가인권위의 권한으로 일원화했습니다. 장애인차별금지법을 제정하면서 국가인권위 산하에 장애인차별시정위원회를 신설했고, 부산, 광주, 대구에는 지방인권사무소를 개설했어요. 이명박 정권이 국가인권위를 축소하려고 하면서 지방 국가인권위를 없앤다니까 다툼이 많이 생겼죠. 국가인권위가 필사적으로 저항해서 유지는 되고 있습니다만, 시대의 발전에 역행하는 처사입니다.

참여정부에서는 국가인권위가 갖고 있던 시정권고권의 효력도 강화했습니다. 국가인권위나 지금은 국가권익위원회로 통합된 국가청렴위원회, 고충처리위원회가 가진 권한이 시정권고권입니다. 사법기관이 아니니까 법적으론 구속력이나 강제력이 없지만 정부기구가 시정권고를 성실히 받아들이고 이행하면 사실상 구속력이나 강제력이 있는 것 아닙니까. 노 대통령은 6개월마다 각 기관의 시정권고 내역과 처리 결과, 그리고 불응한 경우에는 그 이유를 청와대로 보고하도록 특별지시를 내렸습니다. 이렇게 하니 정부부처에서는 당연히 시정권고에 불응하는 데 자신 있는 경우 외에는 이를 받아들이게 됐습니다. 얼마 전 신문에서 이런 면이 대폭 약화돼 지금은 시정권고에 아예 가부 회신도 하지 않는 비율이 30퍼센트 정도이고, 경찰에 시정권고를 한 사안 중에는 절반가량에 대해 아무런 답변이 없다는 보도를 봤습니다. 참으로 염려됩니다.

그다음으로 대통령기록물을 철저히 보존했습니다. 사실은 이것도 법에 그렇게 하게끔 되어 있어요. 대통령기록물은 사적인 기록 외에는 메모조차도 보존해서 국가기록원으로 넘기도록 제도화되어 있습니다. 그래서 우리는 법대로 참여정부 기록물 전체를 국가기록원에 넘겼는데, 825만 건쯤 됩니다. 그런데 이승만 정부부터 역대 정부가 이관한 총 건수가 33만 건쯤입니다. 그러니까 우리가 역대 정부 전체보다 몇십 배 많은 기록을 물려준 거죠. 그나마 33만 건 가운데 DJ 정부 것이 20만 건쯤입니다. YS 정부는 1만 7000건 정도밖에 안 돼요. 이 대통령기록물 때문에도 노 대통령은 퇴임 후에 곤욕을 치렀죠. 한 부 복제해서 가져간 것을 대통령기록물관리법 위반이라고 했는데, 그 법의 취지는 기록을 국가기록원에 넘기지 않고 은닉하거나 훼손하거나 가져가는 걸 금지하는 것이거든요. 우리는 전부 국가기록원에 넘기고 노 대통령이 사본 한 부를 가져갔습니다. 저는 그게 위법이라는 주장에 동의하지 않습니다.

그리고 대통령기록물관리법은 참여정부가 출범한 해부터 입법을 추진했는데 국회에서 2007년에 통과되었습니다. 짧게는 15년, 길게는 30년간 대통령이 지정하는 기록은 공개하지 않도록 했습니다. 혹시라도 다음 정부가 들춰보면 문제 되는 것이 있을까 봐 겁나서 가져가는 것 아닙니까. 지정하는 기록은 일정 기간 공개하지 않을 테니 염려 말고 넘기라는 게 이 제도의 취지입니다. 그런데 기록물을 분류하는 작업을 2007년부터 시작하는 바람에 방대한 기록을 일일이 검토하기 어려워서 대충대충 지정해 넘길 수밖에 없었어요. 염려가 된다 싶으면 다 지정기록으로 묶은 거죠. 그래서 빨리 새롭게 검토해서 그렇게 묶을 필요가 없는 자료는 가급적 공개하게끔 재분류할 필요가 있었는데 그 일을 이 정부가 하겠습니까? 저희가 해야 하는 거죠. 노 대통령이 기록을 한 부 복사해서 가져간 데에는 그런 현실적인 이유도 있었습니다.

민주주의 연구를 왜 여생의 과제로 삼았나

하지만 이런 법치주의 개혁을 넘어서는 과제가 있습니다. 노 대통령도 여러 번 말씀하셨죠. 법치주의는 당연히 이뤄야 하는 것이고, 이 단계를 넘어서서 반드시 타협과 통합의 민주주의를 실현해야 한다고요. 타협과 통합의 민주주의를 3단계 민주주의라고 표현하기도 하셨어요. 1단계 민주주의는 형식적 법치주의와 시민적 법치주의가 관철되는 것입니다. 2단계는 여기서 더 발전해서 실질적 민주주의, 사회적 법치주의로 나아가는 것이죠. 3단계 민주주의라는 말은 학계에서 많이 쓰는 표현은 아니고 노 대통령이 쓰신 표현입니다. 2단계를 넘어서서 이제는 서로 이념적, 정책적으로 다른 정치세력들, 그리고 수도권과 지방, 지역과 지역이 서로 상대를 인정하지 않고 적대하는 걸 넘어서서 대화하고 타협하고 국민통합을 이뤄내는 민주주의로 나아가야 한다는 것입니다. 그래서 참여정부가 출범할 때 노 대통령이 천명하신 네 가지 국정원리가 원칙과 신뢰, 투명과 공정, 분권과 자율, 대화와 타협입니다. 이 가운데 앞의 세 가지는 참여정부 시절에 굉장히 발전했죠. 어느 누구도 부정하지 못할 겁니다. 그런데 마지막의 대화와 타협만큼은 전혀 이루지 못했다고 노 대통령이 탄식을 하셨죠. 대화와 타협을 이루어냄으로써 '새로운 시대의 맏형'이 되고 싶었는데 거기까지 가지 못하고, 대선자금 수사 등으로 과거의 잘못된

유산들을 청산하는 데 머물고 말았다, 그래서 결국 '구시대의 막내'가 되고 말았다는 표현도 하셨습니다. 대연정 때문에 비난도 많이 받았죠. 저도 그 일은 문제가 있었다고 생각합니다만, 대연정도 타협과 통합의 민주주의를 이루려는 노력의 산물이었습니다.

그리고 노 대통령이 늘 주장하셨지만 끝내 이루지 못한 게 지역구도를 타파하기 위한 선거제도 개혁입니다. 여러 번 말씀하셨고, 대연정조차도 이것을 위한 하나의 제안이었죠. 이런 선거제도 개혁을 야당이 받아들인다면 야당과 연정할 용의가 있다는 게 대연정의 원래 취지였습니다. 지난번에 이명박 대통령도 8·15 경축사에서 선거제도 개혁이 필요하다고 말했는데, 실제로 얼마나 진정성이 있는 말인지는 모르겠지만 말대로 실천한다면 큰 업적이 되리라 생각합니다.

사례를 들어 설명해볼까요. 역대 총선에서 민주당이 영남 지역에서 기록한 득표율이 30퍼센트 정도입니다. 한나라당은 50퍼센트 정도, 나머지는 무소속이죠. 그런데 민주당을 지지하는 30퍼센트가 전혀 자신들의 대표를 내지 못합니다. 모두 떨어지는 거죠. 제대로 비례성을 살리려면 그 지역에서 30퍼센트의 득표율이 나올 경우 그 30퍼센트의 대표가 나타나야 맞죠. 노 대통령이 중대선거구제를 주장한 것으로 오해하시는 분들이 있는데 그건 아닙니다. 지역구도를 바꾸는 방안으로 많이 거론되는 게 중대선거구제이기 때문에 그것까지 포함해서 논의할 수 있다는 취지를 말씀하신 겁니다.

노 대통령이 주장하신 것은 권역별 정당명부제 비례대표제이고, 그에 더하여 특정 지역에서 특정 정당의 의석이 3분의 2를 넘지 않도록 하자는 겁니다. 국회의원 선거권역별로 비례대표와 지역구의원이 반반이라고 할 경우, 영남 지역을 한나라당이 석권한다고 하면 지역구는 모두 얻게 되죠. 그러면 비례대표를 전체 의석의 3분의 2까지만 배정하고 나머지는 다음 순위 정당에 배정합니다. 이렇게 하면 영남 지역에서 한나라당 아닌 정당도 의석을 갖게 되고 마찬가지로 호남 지역에서도 한나라당이 의석을 갖게 됩니다. 이렇게 지역구도를 타파해보자는 게 노 대통령이 주장하신 권역별 비례대표제입니다.

지역구도를 타파하고 비례성을 살리도록 제도를 바꾼다는 건 대의제 민주주의를 제대로 살리는 길이기도 합니다. 독일에서는 권역별 정당투표를 통해서 나온 득표비율에 따라 의석을 배정합니다. A당이 정당투표에서 30퍼센트를 얻었는데 지역구 당선자가 20퍼센트밖에 안 될 경우 10퍼센트를 비례대표로 더 내주는 겁니다. 그래서 지역구와 비례대표를 합쳐서 정당득표율과 맞도록 하니, 비례성을 100퍼센트 살리는 선거제도입니다.

노 대통령이 퇴임 후에 민주주의 연구를 여생의 과제로 삼으셨다는 이야기로 다시 돌아가겠습니다. 이제는 얼추 이룬 듯이 보였던 민주주의에 노 대통령이 다시 천착하게 된 것은 지난 대선에서 가치논쟁이 실종됐다는 염려 때문이었습니다.

대선은 지도자가 앞으로 5년간 대한민국을 어떤 방향으로 이끌고 가기를 바라는지를 국민들이 선택하는 과정이므로 우리 사회가 지향해야 할 가치나 미래의 비전을 놓고 치열한 논쟁을 벌이게 된다는 점에서 총선과 다릅니다. 역대 대선을 보더라도 언제나 민주주의, 역사의 정통성, 남북화해와 평화, 권위주의 해체, 개혁, 법치주의, 도덕성 같은 가치를 둘러싼 논쟁들이 중요한 쟁점이 되어왔습니다. 그렇기 때문에 이회창 대세론이 도도한 가운데서도 김대중 대통령이 당선할 수 있었고, 또 노무현 대통령도 당선할 수 있었던 겁니다. 당세나 진영의 세는 훨씬 못 미치지만 가치논쟁에서는 진보개혁 진영이 우위에 있었기 때문이죠.

그런데 지난 대선 때는 그런 가치논쟁들이 사라져버리고 오로지 경제와 경제 살리기만 이슈가 되었어요. 더 기가 막혔던 건 저쪽 후보는 그렇게 가더라도 우리 쪽 후보는 그러지 않아야 하는데, 이쪽 후보까지도 가치논쟁을 포기해버렸다는 거죠. 그렇게 된 것은 참여정부의 공과가 작용했기 때문이라고 생각합니다. 참여정부의 과실이라면, 어쨌든 민심을 얻고 국민의 지지를 받는 데 실패했기 때문에 참여정부가 주창했던 가치까지도 모두 부정당하는 상황이 됐다는 겁니다. 그런 면에서는 저도 참여정부에 몸담았던 사람으로서 책임을 통감합니다.

한편으로 참여정부의 성공이라면, 참여정부 시절에 그런 가치문제들이 어느 정도 해결됐다는 인식이 퍼지면서 국민들에게 가장 절실한 문제는 아니게 되었다는 겁니다. 실제로 참여정부에서 법치주의 개혁이 상당히 이루어지긴 했죠. 그렇지만 예를 들어 검찰의 정치적 중립과 독립을 위해 특별한 법·제도를 별도로 만든 것은 아닙니다. 기존의 법·제도를 그대로 준수하면서 비정상을 정상으로 돌린 거예요. 이건 순전히 정권의 의지에 달린 겁니다. 그래서 정권의 의지가 바뀌면 금방 후퇴하거나 퇴행할 수 있죠. 또 권력기관이 스스로 노력하고 투쟁해서 쟁취한 것이 아니라 참여정부에 의해 주어진 것이기 때문에 이것이 문화로 정착하고 공고해지려면 시간이 필요하죠.

그런데 국민들이 가치에 관심을 갖지 않게 되면 퇴행하고 후퇴하기 마련입니다. 실제로 이명박 정부가 그걸 보여주고 있지 않습니까? 노 대통령이 그렇게 될 것을 예견하고 염려하셨기 때문에 민주주의라는 지극히 상식적인 주제를 새삼스럽게 퇴임 후 여생을 바칠 연구 과제로 삼게 된 것입니다.

 이명박 정부 들어서 법치주의를 비롯한 여러 면에서 민주정부 10년간 어렵게 한 걸음 한 걸음 발전시켜온 일들이 크게 후퇴하고 퇴행하고 있어 아쉽습니다. 법치민주주의가 더 이상 후퇴하고 퇴행하지 않게 국민들이 감시하고, 후퇴하고 퇴행한 부분들을 회복시켜야 합니다. 법치민주주의라는 것이 학교에서 다들 배운 것이라서 당연해 보여도 사실은 굉장히 취약한 겁니다. 조금만 관심을 갖지 않아도 후퇴해버리거든요. 심지어 민주주의가 잘 발달한 미국에서도 9·11 사태 이후엔 테러 용의자들을 영장도 없이 체포·구금하고, 재판도 없이 관타나모 수용소 같은 데 장기간 구금하지 않았습니까. 그래서 오바마 정부 들어서 관타나모 수용소를 폐쇄하고, 법무부 장관이 특별검사를 임명해서 CIA의 고문 혐의에 대해 조사하도록 지시했잖아요. 이런 게 전부 훼손된 민주주의를 회복하는 일이거든요. 우리도 그런 게 필요한 상황인데, 그 주체가 노 대통령과 김대중 대통령이 말씀하신 깨어 있는 시민, 행동하는 양심이겠죠. 이 좋은 시간에 강좌 들으러 오신 여러분은 이미 투철한 의식을 가진 분들일 텐데, 더 나아가서 그런 의식들을 주변으로 확산하고 함께 모여 힘이 되도록 해나가시길 바랍니다. 감사합니다.

문재인에게 묻는다

2009년 9월 15일 서울

청중 1 최근 박연차 게이트와 노 대통령 서거 문제로 퇴직한 검찰 고위 간부가 박연차 게이트 변호를 맡은 로펌으로 가서 문제가 되고 있습니다. 2006년 참여정부 시절 JU그룹 사건에서도 검찰이 옷 벗자마자 JU그룹 변호사로 기용돼서 문제가 됐는데요. 사법제도나 법조계 쪽이 가장 진보가 이루어지지 않는 분야라고 알고 있는데, 문 실장님이 법무부 장관이라면 전관예우에 대해 어떻게 대응하실지 궁금합니다.

문재인 퇴직한 검찰 간부가 박연차 회장의 변호를 맡고 있는 로펌의 구성원으로 들어간 것 자체는 문제가 아니라고 생각합니다. 그 사건을 담당하지 않을 수도 있죠. 요즘 대형 로펌은 변호사가 수백 명씩 되니까요. 그런 걸 다 제한하기는 어렵습니다. 그보다 변호사로 개업한 전관에 대한 대접이 사건 유치나 돈벌이에 악용되는 게 문제입니다. 그래서 법원에서는 전관에 해당하는 사람들이 변호사로 선임된 사건은 특별재판부에 배당해서 전관이라는 점에 따른 혜택을 받지 못하도록 제도적으로 각별히 관리하고 있습니다. 그게 실제로 상당히 효력도 있다고 평가받고 있어요. 그런 제도들을 더 발전시켜야겠죠. 검찰의 경우엔 특히 특수부 고위직에 있던 분들이 특수부 사건

수사에서 변호사로 선임되어 검찰에 이런저런 영향을 미치고 그 대가로 고액의 수임료를 받는 관행을 막을 수 있는 제도를 아직 마련하지는 못했습니다. 풀어야 할 과제입니다.

청중 2 　노무현 대통령은 권력의 독립, 분권과 자율을 보장하는 시스템에 따른 국정운영을 계속 고집하셨고, 〈서프라이즈〉와의 인터뷰에서는 사법독립을 너무 일찍 이루어준 게 아니냐는 질문에, 그러지 않았다면 권력에 의해 당신의 미래도 타살당하는 것이라고 말씀하셨는데요. 사실 진보 진영이나 시민의 입장에서 그런 점이 아쉬웠고 얼마 전에 백낙청 교수님도 한 인터뷰에서 "칼을 사용할 줄 모르는 사람들에게 너무 일찍 칼날을 휘두르게 만들었다"고 하셨습니다. 실장님은 어떻게 생각하시는지 듣고 싶습니다.

문재인 　검찰을 장악하여 그 힘으로 정권을 뒷받침해서 개혁을 더 힘차게 할 수 있지 않았느냐는 이야기도 있습니다. 그런데 검찰은 장악되는 것이 아닙니다. 검찰과 정권이 유착하는 거죠. 서로 이익을 보는 거예요. 정권은 검찰의 도움을 받고, 검찰은 정권의 안보를 위해 봉사해주는 대신에 국민들에게 군림하는 특권을 가지게 됩니다. 그런데 그것이 정권 내내 유지될까요? 그렇지도 않습니다. 정권이 힘을 갖는 초기에만 그런 거예요. 보십시오. YS 정부가 검찰을 장악하는 것처럼 보였어도 초기에만 그랬을 뿐이고 정권의 힘이 빠지고 미래권력이 떠오른 순간 검찰은 그동안 갖고 있던 파일들로 정권을 쳤습니다. DJ 정부 때도 마찬가지입니다. 처음엔 서로 잘해나간 것 같아도 정권의 마지막이 다가오자 아들들 사건을 비롯해 결국 검찰에 의해 DJ 정권이 깨지다시피 했습니다. 이렇듯 검찰은 장악하려 한다고 해서 장악되지도 않을뿐더러 개혁을 뒷받침할 수 있는 힘이 되지도 않습니다. 오로지 필요한 건 유착을 깨는 일입니다. 유착을 깨면 검찰도 그때부터는 국민들에게 군림하면서 특권적 지위를 누리던 걸 버려야 하죠. 이제는 국민에게 봉사하는 기관으로 거듭나야 하는데 참여정부 때 유착은 깼지만 국민에게 봉사하는 기관으로 거듭나게 하는 데는 미흡했습니다. 그것은 앞으로 해결해야 할 과제입니다. 저희 때는 검찰의 정치적 중립이나 독립이 워낙 절실하고 우선적인 과제였다고 생각합니다.

청중 3 노무현 대통령이 왜 몸을 던지셨는지 아직도 의문이 듭니다.

문재인 아…… 노 대통령 돌아가신 일을 어떻게 볼지는 사람마다 다르겠습니다만 저는 두 가지 뜻이 담겨 있다고 생각합니다. 우선 속죄의 의미가 있겠죠. 대통령이 마지막에 남기신 〈이제 저를 버리셔야 합니다〉라는 글을 보면 "사실관계가 정리가 되면 남은 건 사죄하는 것이다"라는 구절이 있어요. 또 하나는 항의겠죠. 그것을 통해서 대통령의 자존과 존엄을 지키셨다고 생각합니다. 더 이상 굴욕당하지 않겠다는 뜻이겠죠.

청중 4 노 대통령이 집권철학으로 대화와 타협을 강조했는데도 어찌 그렇게 언론과 '맞장'을 떴는지 이해할 수 없습니다. 요즘에는 언론매체도 다양한데 어떻게 지지세력 없이 철저히 그랬을까요? 왜 식자들, 먹물들을 그토록 설득하지 못했을까요?

문재인 참여정부를 마치면서 제가 절실하게 생각한 게 역시 민심과 함께 갔어야 한다는 점입니다. 개혁이 더디더라도 너무 많은 일을 하려고 욕심 부리지 말고 민심의 동의를 얻어서 해나가고, 정권 재창출을 이루어내서 다음 정부에서 미흡한 부분을 이어나가는 게 좋았겠다고 생각합니다. 그런데 여러 가지 이유로 그렇게 되지 못했죠. 언론 환경도 워낙 좋지 않았고 참여정부가 개혁에 너무 욕심을 부렸는지도 모릅니다. 개혁 면에서 우리가 도덕적으로 우월하다, 옳은 일이기 때문에 밀고 나간다는 생각에 빠졌을지도 모르죠. 우리로서는 뼈아픈 일이라 생각합니다.

청중 5 어떻게 인내심이 그렇게 강하신지 궁금합니다. ☺ 제가 실장님 입장에서 그분을 만나면 못 참을 것 같은데 어떻게 냉정을 유지하실 수 있었는지 궁금합니다.

문재인 저도 냉정하지 못합니다. 장의 기간 중에 제가 한 역할을 두고 말씀하시는 것 같은데, 솔직히 노 대통령 돌아가시고 난 이후에 제가 비서실장을 했다는 사실이 참 원망스러웠습니다. 돌아가신 당일부터요. 대통령 돌아가셨는데 정말 눈앞이 캄캄했습니다. 그래도 당장 빈소는 어디에 차릴 건가, 앞으로는 어떻게 해나갈 건가 등을 생각해야 할 것 아닙니까. 저까지 덩달아 그럴 순 없는 거죠. 그리고 장의 절차에도 누구나 분노했죠. 그러나 분노만 갖고 결정할 순 없잖습니까. 가족들만의 대통령, 우리만의 대통령도 아니고 전 국민의 대통령이고 전 국민이 함께 치러야 하는 장의인데요. 분노를 억누르고 당장의 감정이 아니라 길게 보면서 판단하는 게 중요하다고 스스로 많이 다

독였습니다.

청중 6 노 대통령과 참여정부가 최선을 다해서 일했다고 확고하게 믿고, 그에 대해 어떤 사람도 비난할 자격은 없다고 생각합니다. 그런데 제도를 움직여가는 사람의 문제가 아직 남아 있고, 그 가운데 가장 큰 문제가 검찰조직과 법조계 전반의 문제라고 생각합니다. 진보진영과 양심세력이라는 사람들이 법조계에 뛰어들거나 자식들이 가도록 지도해서 거기에 양심세력과 진보세력이 더 많이 포진하는 게 우리의 과제가 아닐까 생각하는데요.

제 딸에게 이렇게 이야기하다 보니 딜레마에 빠졌습니다. 이명박 정권 들어서서 재판관으로 봉직하던 분이 자신의 철학과 맞지 않아 사표를 낸 일도 있고, 현직 검사도 노 대통령을 지키지 못한 죄송스러움을 장례식장에 와서 밝힌 일도 있다는 이야기를 들으면서 우리 아이들을 그쪽으로 밀어 넣어도 그 조직에 물들어서 아무 일도 못하는 게 아닌가 하는 두려움이 생겼습니다. 그래도 아이들을 계속 검찰로 밀어 넣어야 하는지, 아니면 검찰조직과 맞장 뜰 만한 시민사회단체로 보내야 하는지 고민입니다. ☺ 이 문제에 답해주실 분은 문재인 실장님밖에 없을 것 같아 질문합니다.

문재인 저희가 학교 다닐 때 학생운동이 치열했는데요. 그때는 고시공부 자체를 현실에 대한 영합 또는 변절로 받아들이는 경향이 있었습니다. 그래서 의식 있는 사람들은 고시를 외면했죠. 아까 제가 헌법재판소와 대법원 구성원의 다양성 이야기를 했는데 정말 필요합니다. 헌법재판소는 여러 가지 불평등을 주로 다루는 시정기구이기 때문에 결국 소수파를 대변하는 재판관이 필요한 거죠. 여성은 말할 것도 없고 진보적 성향을 가지거나 노동자의 입장을 이해할 수 있는 사람도 필요합니다. 그런데 우리 제도에서는 헌법재판관이나 대법관이 되려면 적어도 15년 이상의 법조 경력이 있어야 하는데 그런 사람 가운데 진보적인 사람이 별로 많지 않습니다. 찾아내고 싶어도 진짜 찾기 힘들어요. 그런 점을 생각하면 좋은 분들이 분야를 가리지 말고 골고루 진출해야죠. 그래야 함께 발전합니다. 검찰에 대한 염려도 말씀하셨는데 결국 검찰의 수준도 우리 국민의 수준과 함께 발전해나가는 것이거든요. 그렇기 때문에 우리가 노력한다면 함께 좋아지리라 생각합니다. ✋

09

노무현의
인사·지역정책

정찬용

정찬용 인재육성아카데미 이사장, 전 청와대 인사수석

1950년 전남 영암에서 태어나 서울대 언어학과를 졸업했다. 대학원 재학 시절 민청학련 사건으로 징역 12년을 선고받고 투옥됐으나 이듬해 형집행정지로 출옥했다.

이후 경남 거창고등학교 교사를 시작으로 거창에서 17년 동안 농민교육사업, 거창 YMCA 창립 총무 등 시민운동가의 길을 걸었다. 거창 지역의 초기 시민운동을 개척했다는 평가를 받고 있다. 1992년 광주 YMCA 사회교육부장, 1998년 광주시민단체협의회 창립 상임대표, 2001년 시민사회단체연대회의 상임공동대표를 지내는 등 영·호남을 넘나들며 시민운동에 매진했다.

2003년에는 참여정부 인사보좌관을 맡아 노무현 대통령과 함께 새로운 인사 행정을 펼치는 데 힘썼다. 외교통상부 NGO담당 대사, 여수엑스포 유치위 상임부위원장, 서남해안포럼 상임대표, 현대기아자동차그룹 인재개발원장 등을 지냈다. 현재 (사)물포럼 코리아 상임이사, 도랑살리기 광주전남본부장으로 활동하고 있다.

지은 책으로 《정찬용의 도전: 전 청와대 인사수석 정찬용의 삶과 꿈》, 《님은 갔지만 보내지 아니하였습니다》(공저) 등이 있다.

정찬용이 생각하는 '노무현 정신' 은…

정직하고 힘없는 사람들이 서럽고 억울하지 않은 세상 만들기

반갑습니다. 정찬용입니다. 광주 '노무현 시민학교' 교장으로서 매번 여러분께 강사를 소개해드렸는데 오늘은 강사의 입장에서 열심히 여러분과 호흡을 맞춰보겠습니다.

요즘 즐거운 일도 속상한 일도 많이 있는데, 제게는 속상한 일이 더 많습니다. 이 속상한 상황이 상당히 오래 갈 듯한데 그래도 3년 정도 만에 끝나면 좋겠습니다. 잘못하면 10년을 갈 수도 있으니까요. ☺ 그러면 우리가 마음의 병에 걸릴 겁니다. 자꾸 스트레스를 받고 화딱지가 날 테니까요. 그러니 여러분들이 3년 만에 끝내도록 함께 노력해주시면 좋겠습니다. 또 3년이든 1년이든 견디는 힘도 있어야 합니다. 그러려면 우리 주변의 기분 좋은 일을 자꾸 생각하십시오. 작은 즐거움을 우리 삶 속으로 끌어들여 함께 나누도록 노력하십시다.

철학·검증절차·책임자 없는 MB의 '3무 인사'

오늘 강연을 준비하다 보니 또 화가 나더군요. 광주에서 태양광 에너지를 생산하는 회사의 준공식에 참석해 차를 마시면서 노무현 전 대통령 이야기가 나왔는데, 아직도 노 대통령을 화제로 올릴 때면 가슴이 먹먹해집니다. 그립고 또 그립죠. 오늘 드릴 이야기도 썩 유쾌한 것은 아니지만, 제 다짐이자 여러분의 다짐이 되길 바라면서 강연을 시작하겠습니다.

제가 대학 다니던 시절엔 열심히 일해도 겨우 세끼 먹느냐 마느냐 할 정도로 다들 무척 가난했습니다. 우연한 기회에 서울시 모 국장 아들의 과외교사를 하게 되었는데 고위 공무원이 부정한 방법으로 축재하는 모습을 목격했습니다. 당시 저는 시위에 참가하지 않으려고 학교 뒷문으로 도망 다니면서 그저 언어학 공부만 열심히 해서 나중에 교수가 되어야겠다 했는데, 그 꿈 자체를 두고 갈등을 하게 되었습니다. 사회적 현실에 눈을 감고 그냥 살 것이냐, 아니면 발언을 할 것이냐, 발언을 하면 징역살이하게 될 텐데……. 결국 세상을 구조적으로 바꾸리라는 결심을 하고 데모대를 따라다니기 시작한 것이 3학년 때의 일입니다. 그러다가 민주화운동의 선수가 되어 퇴학당하고 징역을 살기도 했습니다. 민청학련 사건으로 징역 12년을 선고받아 1년여 감옥살이를 하고 머리 빡빡 깎고 나왔으니까 교수가 되고자 했던 꿈도 사라졌죠.

그때 우리나라 최초의 대안학교라고 할 수 있는 거창고등학교 전영창 교장선생님의 도움으로 교사가 되었습니다. 그리고 농민교육운동에 참여했고 거창YMCA를 창립해서 총무로도 활동했어요. 혈연도 학연도 지연도 없는 거창에서 17년을 일했는데, 제 인생의 밑천을 깨끗하게 갈고 닦은 곳이니 제2의 고향입니다. 저는 무슨 일이든지 재미있어야 열심히 합니다. 재미없으면 안 합니다. 재미는 없지만 꼭 해야만 하는 일을 만나면 '참 재미있는 일이다!'라고 자기최면을 건 다음에 열심히 합니다. 1992년 광주YMCA로 옮겨 10년 동안 시민운동을 했는데 그때도 재밌게 일했습니다.

그러다 어느 날 뜬금없이 노무현 당선자가 오셔서 "나랑 같이 일합시다" 하시기에 "어이구, 안 하렵니다. 저는 따로 할 일이 있어서 안 갑니다" 했죠. 그렇게 밀고 당기면서 고민을 많이 했어요. 당시 노무현 당선자는 이렇게 말씀하셨습니다. "나는 정찬용 광주YMCA 사무총장을 인사보좌관으로 쓸 마음을 갖고 있습니다. 정 하지 않겠다면 다른 사람을 쓸 수밖에 없죠. 그런데 저 같으면 맡겠다고 하겠습니다." 그래서 많이 고민하고 몇 사람과 상의도 했어요. 그런데 아내는 일언지하에 반대하더군요. "당신은 청와대같이 엄격한 데서 일하는 게 맞지 않는 사람이다. 늙을 때까지 시민운동을 열심히 하면 좋겠다." 그래서 또 고민에 고민을 거듭한 끝에 결국 들어가겠다고 했습니다. 장관을 하라고 말씀하셨으면 딱 거절하고 더 고민하지도 않았을 텐데, 국가의 인사를 총괄하는 참모를 하라시니까 제가 많이 고민했던 것입니다. 2년간 청와대 인사수석을 지내고, 서남권 발전 구상

법제화, 여수엑스포 유치를 하고 지금 이 자리에 와 있습니다. 따져 보니까 사람의 일생이라는 것은 예측하기 어렵더군요. 앞으로도 모르겠어요.

인사정책에 대한 말씀을 드려볼까요. 이명박 정부는 고려대학교·소망교회·영남 사람만 중시하는 '고소영' 정부라 해서 애꿎은 고소영 씨와 강부자 씨가 아닌 밤중에 홍두깨 내밀듯 욕을 많이 먹었죠. 그리고 이 대통령의 공약 중에 '747'이 있잖습니까? 어떤 신문의 만평을 보니, 2기 내각에 위장전입·병역비리를 저지른 사람이 7명, 탈세·투기는 4명, 논문비리는 7명 있어서 747이랍니다.

제가 참여정부에서 인사수석으로 일할 때 보수언론과 야당이 "참여정부의 경제정책이 너무 분배에 치우쳐서 시장이 살아나지 않는다"며 하도 두들겨 패서 노 대통령이 고민하다가 경제부총리를 경질했습니다. 그러고 나서 새로운 부총리를 물색하려고 저희 행정관, 비서관들이 후보를 10명 정도 고른 다음 다시 3명에서 5명 정도로 압축하여 제가 모두 만나고 대통령에게 중간보고를 드렸어요. 당시 후보 중 한 명이 정운찬 서울대 총장이었습니다. 그분이 맥주를 즐겨서 맥줏집에서 만나 이야기를 나눠보니 아주 재미있고 유머도 많고 성격도 좋고 화제가 끝없이 많고 머리가 명석합니다. 한편으로 정 총장이 부총릿감으로 어떤가 해서 평판 조회를 해봤습니다. 평판 조회는 그분을 잘 아는 분들에게 물어보는 겁니다. 언론사 주필이나 논설위원쯤 되는 사람에게요. 그런데 7명에게 물어보니 5명이 "시키지 마세요. 정 수석이 몰라서 그러는데 큰일 낼 사람이오. 왜 그런지는 말할 수 없어요" 하는 겁니다. 결국 이번에 국회 인사청문회에서 다 드러났잖아요. 오만 가지 병 가운데 걸리지 않은 게 없는 양반 아닙니까? 747의 완성판이죠.

MB 정부의 인사정책에 대한 언론의 평가를 보면 "TK공화국 만들려 하나", "호남 숙청, 인사 편중 확장", "국토부 산하 공기업 인사 영남 편중 심각", "경찰 간부 승진도 영남 편중, 영남 출신 43%" 등이 있습니다. 이것이 언론에서 보는 현 정부의 인사입니다.

제가 보기에 MB 정부의 인사는 세 가지가 없는 인사입니다. 우선, 철학이 없습니다. 인사가 만사라고 다들 이야기합니다. 우리나라뿐만 아니라 동서고금을 막론하고 훌륭한 정권에서는 인사를 잘해서 좋은 업적을 냈습니다. 세종대왕도 인사를 잘했죠. 황희 정승 같은 분을 중용했고, 좋은 인사정책을 폈어요. 예를 들어 홍문관에서 인사를 할 때는 반드시 회람을 돌렸습니다. '내가 이번에 아무개를 판서에 임명코자 하는데 어떻소?' 하고 회람을 돌리면 찬성, 반대를 각자 씁니다. 세종대왕이 그걸 보고는 '반대가 둘이나 되니 안 되겠다' 하는 식이죠. 이런 제도가 참여정부에서 했던 인사추천회의와 비슷한 겁니다.

미국의 링컨 대통령도 인사를 잘했습니다. 그러니까 지금도 존경받죠. 링컨은 자기를 멸시했던, 자기와 싸우고 자기를 계속 핍박한 정적이었던 스탠턴을 국방장관으로 임명합니다. 그런데 그 사람이 "당신 같은 촌뜨기 밑에선 장관 안 하겠소"라고 하죠. 그러면서 회의에 나오지 않으니까 링컨이 장관 집에 찾아갔는데 낮잠 잔다고 2층 침실에서 안 내려오는 겁니다. 이런 수모를 받으면서도 자기의 정적을 다 끌어다 썼습니다. 마침내 스탠턴은 충성스러운 장관이 되고 링컨은 세계적 대통령이 되죠.

그런데 지금 이명박 정부에는 철학이 없어요. 무엇 때문에 인사를 하는지 철학이 없습니다. 굳이 철학이라고 이름을 붙인다면 자기들끼리 해먹는 '끼리끼리 인사'라는 철학이 있습니다. 참여정부를 얼마나 욕했습니까? 패거리인사, 코드인사한다고 말입니다. 참여정부의 초대 내각에 한 명의 총리와 19명의 장관을 임명했는데 제 짐작에 19명 중 강금실, 김두관, 윤영관, 이창동, 이 네 분 정도가 이른바 코드인사에 해당할 겁니다. 이창동 장관의 경우에는 "딴따라를 문화부 장관에 앉힌다"고 항의하는 전화가 쇄도했습니다. 그래서 제가 "영화로 세계의 정상을 밟아본 사람은 다른 분야의 정상도 아는 거요. 소설로 노벨문학상 못 타봤으면 떠들지 마시오" 했습니다. 김두관 장관도 시골 이장과 군수 출신이 어떻게 행자부 장관을 하겠느냐고 고건 총리가 반대했습니다. 그러다가 제가 마지막엔 이런 말까지 했어요. "총리님, 참여정부는 예전 정부와 전혀 다릅니다. 원칙과 기준을 가지고 일합니다. 그 사람이 이장 출신이면 대통령은 고졸 출신인데 어쩌시렵니까. 서울대학교도 나오고 온갖 직위를 다 거친 양반인데 총리 수락하셨잖습니까." 그래서 넘어갔죠. 강금실 장관도 "40대밖에 안 된 여성이 법무부 장관 한다"고들 하며 엄청 반대했습니다. 그런데 장관직 수행을 잘했잖아요?

우리가 그렇게 코드인사라고 욕을 먹었지만 사실 제대로 된 코드인사를 못했습니다. 지금 생각하면 바보 같아요. 그때 코드인사라도 좀 세게 해보는 건데 너무 바르게만 했어요. 국민들이 노무현 후보를 대통령으로 뽑은 것 자체가 코드인사 아닙니까? 그 뜻을 따라 국정을 펼치려면 철학에 맞는 인사를 해야죠. 아마 초대 장관 19명 중 노무현 후보를 찍지 않은 사람도 여럿 될 겁니다. 참여정부는 그런 인사를 했습니다.

그런데 지금 이명박 정부는 철학이 없어요. 끼리끼리 뭉친 패거리입니다. 그러니까 DB(데이터베이스)가 필요 없죠. 대개는 장관을 임명한다 치면 후보 100명의 자료를 만들어서 다시 50배수, 30배수, 10배수로 줄여나가는 게 원칙인데, 이 정부는 "누가 좋지? 그 교수? 우리 편이었잖아. 시킵시다!" 이러는 거죠. 그러니 DB도 필요 없고 검증할 필요도 없습니다. 그러니까 계속 문제가 터지는 겁니다. 그리고 인사를 잘했건 못했건 누군가 책임지는 사람이 없습니다. 이것이 MB 정부의 3무(無) 인사라고 봅니다. 인사 철학이 없고, 인재 DB와 검증 절차가 없고, 인사파동이 발생해도 책임지는 사람이 없는 3무 인사. 너무 심하게 이야기했나요? ☺

편중인사에서 탕평인사로 흐름을 바꾸다

이제 인사와 이 정부를 벗어나서 대한민국의 현실을 볼까요. 우리나라는 넓이가 남북한 합쳐 22만 제곱킬로미터 정도입니다. 남쪽은 9만 8000제곱킬로미터 정도이고 바다로 둘러싸여 있죠. 그런데 우리나라는 그동안 수도권에 지나치게 집중했습니다. 서울은 영양과잉으로 교통문제, 주택문제, 청소년문제, 범죄 등 사회적 병리현상이 나타납니다. 얼마나 집중되었는가 하면, 우리나라 예금액의 68퍼센트가 서울에 있고, 30대 그룹의 본사 가운데 89퍼센트가 서울에 있습니다. 공공기관 본부의 84퍼센트가 서울에 있고, 인구도 수도권에 46퍼센트가 있습니다. 수도권의 면적은 국토의 12퍼센트인데 모든 것이 기형적으로 서울에 집중돼 있어서 물가가 비싸지고 사회적 비용도 자꾸 높아지는 데다 비용을 그렇게 들여도 효과가 나지 않습니다.

반면 지방은 빈혈로 죽어가고 있습니다. 우리나라 상장사 시가총액의 84퍼센트가 수도권에 있는데, 영남은 12.5퍼센트, 호남은 0.4퍼센트입니다. 수도권과 지방의 불균형이 세계에서 가장 심합니다.

그런데 이제 새로운 시대가 도래합니다. 제가 2006년에 여수엑스포 유치위원회에서 부위원장으로 일할 당시 김재철 동원그룹 회장이 위원장이었습니다. 그분과 1년 반을 같이 일했는데, 이분은 거꾸로 뒤집힌 세계지도를 강조합니다. 뒤집어 보라는 거죠. 자꾸 유라시아 대륙에 조그맣게 매달려 있는 한반도를 보지 말고, 유라시아 대륙을 밟고 그 위에 우뚝 서 있는 한반도를 보라는 의도입니다. 우리 한반도를 포함한 동북아시아가 전 세계 생산량의 22퍼센트를 차지하고 있는데, 내년에는 유럽을 초월하고 5년 뒤엔 미국에 근접하거나 넘어설 거라고 예측을 합니다. 기분 좋으신가요? 나쁘지 않죠? ☺

그런데 쉽지 않습니다. 우리도 지금 최고점에 올라와 있거든요. 최고점에선 떨어지기 십상입니다. 연장할 순 있겠죠. 아니면 더 올라가야 하는데 그러려면 힘이 많이 듭니다. 등산을 잘하는 엄홍길 씨에게 들어보니 에베레스트산을 오르거나 북한산, 무등산을 오르거나 힘들기는 다 똑같답니다. 베테랑이나 초보자나 다 똑같이 힘든데 단지 잘 견디느냐 못 견디느냐에 달린 거랍니다.

우리도 앞으로 나아가는 데 고통이 수반됩니다. 사실 2009년에 살고 있는 우리는 단군 이래로 가장 잘살고 있습니다. 먹는 걸 걱정합니까, 입는 것, 사는 것을 걱정합니까? 물론 한계생활 하시는 분들이 아직 있습니다. 그럼에도 불구하고 대다수 국민들의 의식주와 의료문제를 비교적 해결해놨습니다.

나머지 문제가 교육과 정신적인 만족인데, 단군 이래로 경제적으론 가장 잘사는데 정신적으로 가장 빈곤한 때가 지금입니다. 여유가 있는데도 불안합니다. 이건 우리가 다시 생각해볼 일입니다. 아까 지도를 뒤집으면 세계가 달리 보인다고 말씀드렸듯이, 자꾸 뒤집어서 생각해보시면 좋겠습니다.

 이제까지는 수도권이 중심이었습니다. 경부축이 중심이었습니다. 미국과 일본이 주요 교역 대상이자 교섭 대상이었기 때문입니다. 중국 쪽으론 갈 수 없었기 때문입니다. 그래서 편중인사를 합니다. 당연히 정책을 결정하고 집행하는 데에서 경부축 사람들이 주축이었습니다. 그런데 국민의 정부와 참여정부에서 이것을 바꾸게 됩니다. 수도권 중심에서 지역균형발전으로, 경부축에서 서남부축으로, 미-일 중심에서 중국-동남아 중심으로, 편중인사에서 탕평(蕩平)인사로…… 이런 올바른 흐름이 생겨납니다.

참여정부의 인사철학은 '국리민복'

참여정부의 인사철학을 저는 국리민복(國利民福)이라고 생각합니다. 제대로 된 모든 나라의 인사철학이 반드시 국리민복이 아닌가 해요. 그것 말고 무엇이 더 필요하겠어요? 국가가 이익을 얻고 국민이 복을 받는 국리민복만 한 게 없어요. 인사엔 다른 이유가 없습니다. 더 많은 국민들이 더 많은 행복을 누리게 하는 것이 국가의 가장 중요한 철학이고 그렇게 하는 것이 인사죠. 어떤 사람을 총리, 장관에 앉혀야 국리민복을 이룰 것인가를 따지는 것이 가장 중요하고 변할 수 없는 철학입니다. 그런데 '고소영'만 유리하게 만들자, '강부자'만 좋게 만들자는 게 문제 아니겠어요?

그런 철학을 가지고 인사개혁의 원칙을 정했는데, '적소적재(適所適材)', '공정·투명', '자율·통합', '균형' 네 가지입니다. 첫 번째 적소적재라는 말을 우리는 적재적소(適材適所)라고 알고 있죠. 그런데 노무현 대통령이 기어이 이 말을 적소적재로 바꿔야 한다는 거예요. 제가 언어학을 전공했는지라 "언어라는 건 사회적 관습과 약속이기 때문에 혼자서 바꾸는 게 아닙니다. 왜 밥을 밥이라 합니까? 오랜 세월 동안 밥이라 했기 때문에 밥이라 하는 겁니다. 왜 적재적소를 대통령께서 갑자기 적소적재로 바꾸려 하십니까? 안 됩니다" 했죠. 저라는 사람도 참 답답하죠? 대통령이 바꾸자고 하면 그냥 바꾸면 되는데…… ☺ 이런 게 참여정부의 특징이에요. 토를 다는 겁니다.

그런데 대통령이 설명을 잘하셨어요. 적재적소는 적절한 사람에게 적절한 자리를 준다는 말인데 틀렸다는 거예요. 적절한 자리에 적절한 사람을 찾는 게 맞다는 겁니다. 예를 들어 문화관광부 장관은 무슨 일을 해야 하고 법률에 어떤 규정이 있으며 그러기 위해선 어떤 자격과 덕목이 있어야 하는지 정해놓고 여기에 맞는 인물을 찾아야 한다는 겁니다. 맞는 말입니다. 그래서 기어이 뒤집으셨고 제가 졌어요. 논리적으로 대통령 말씀이 맞고요. 그리고 데이터베이스를 엄청나게 만들었습니다.

인사추천회의를 할 때 프레젠테이션을 합니다. 국무총리를 뽑는다 하면 국무총리의 위상, 국무총리가 해야 할 일에 대한 법률 규정을 쭉 보여주고 사진을 올립니다. 관상도 보라는 거죠. 그것도 중요하다는 겁니다. 힘이 있게 생겼다든가 부드럽게 생겼다든가 등을 보라는 거죠. 선생을 모셔다가 관상을 배우기도 했습니다. 이렇게 '적소적재'를 이루려 했죠. 고건 총리를 임명할 때도 그랬고 다른 사람들도 다 그렇게 했어요.

　많은 데이터베이스를 공유하면서 인사를 했기 때문에 국리민복을 이룰 수 있었다고 생각합니다. 물론 그 안에선 다툼이 잦습니다. 똑같은 사람을 놓고 봐도 제각기 다르잖아요. 어떤 사람은 "저 사람, 매우 공정한 사람이야" 하는가 하면, 다른 사람은 "무슨 소리야, 내가 보니까 공정하지 않던데. 예전에 부 대항 축구대회 때 보니 공정은커녕 개판을 치던데" 하면서 오만 것들이 나오는 겁니다. 인사추천회의에 참석하는 사람들은 일주일, 한 달 전부터 회의 준비를 해서 옵니다. 자기가 적임이라고 생각하는 사람이 여기서 이길 수 있도록 온갖 준비를 다 해 와서 논쟁이 격렬하죠.

　이렇게 적소적재인 사람을 고르면서 공정·투명하게 진행했어요. 적소적재의 반대말이 뭡니까? 측근인사입니다. 내 곁에 있는 사람을 자리에 앉히는 것이죠. 공정·투명의 반대말은 밀실인사입니다. 모든 걸 숨어서 결정하는 겁니다. 자율과 통합은 예를 들면 장관이 자율적으로 활동하게끔 전권을 주되 너무 한쪽으로 치우치지 않게 하는 겁니다. 예를 들어 문화관광부는 문화와 관광에다가 체육·청소년까지 세 분야가 있습니다. 그러니 문화 전공한 사람들이 장관, 차관에 국장까지 다 하면 안 된다는 거죠. 가능하면 섞어서, 문화 쪽 인사가 장관이면 차관은 체육 쪽 인사를 발탁하는 겁니다. 해양수산부는 해양 쪽이 셉니다. 그럼 수산 쪽은 계속 밀립니다. 차관, 차관보까지 다 해양 쪽에서 하면 수산이 죽죠. 그래서 자율적으로 하되 통합적으로 관리하면서 너무 지나치면 조정한다는 것이죠.

　균형인사는 장애인, 여성, 지방, 과학기술 인력 등 약자를 배려한다는 겁니다. 대개 정무직과 공기업 인사에서 법대, 상대 출신이 중심이고 이공대 출신은 밑바닥에 있잖아요. 다른 나라, 특히 중국에서는 대개 이공계 출신이 정무직에 진출하는데 우리나라에서는 거의 못합니다. 육사 나온 공학도인 오명 씨를 나중에 과학기술부총리에 올렸는데 이건 예외적인 일이었고, 대부분은 인문계가 장악합니다. 시골 군수 출신도 장관을 할 수는 있는데 실제로는 그렇게 하지 못하죠. 김대중 전 대통령이 "아무리 대통령 힘이 좋아도 하의도 파출소장을 경찰청장에 앉히지는 못한다"고 했다는 이야기가 있어요.

'적재적소' 아닌 '적소적재'

당시 여성부 장관을 임명하려고 살펴보니까 여성 1급 공무원이 없었습니다. 그동안 여성을 키우지 않은 거죠. 지금은 사법시험, 외무고시에 여성이 많이 합격하죠. 그때는 여성 1급이 가뭄에 콩 나듯 나왔습니다. 서울에 여성 국장이 한 명인가 있었습니다. 나중에 차관 했을 겁니다. 대부분의 경우 여성들이 약합니다. 장애인도 물론 약합니다. 지방도 약해요. 서울에서 자기들끼리 해먹으니까 지방에 전혀 관심이 없습니다. 서울에서 주로 활동하는 사람들, 주로 서울대 교수들이 요직을 항상 나눠 먹었죠.

참여정부 때 비로소 지방에서 활동하던 사람들이 많이 올라왔습니다. 위원회부터 그러도록 했어요. 대통령 직속과 장관 직속 위원회에 지방 인력을 무조건 30퍼센트 포함하라고 지침을 보냈고, 지방에서 활동하는 사람이 30퍼센트가 안 되면 무조건 인사안을 되돌려 보냈습니다. 그러니까 지방에서 활동하는 여성 인사를 쓰더군요. 그런 게 균형인사겠죠.

이런 원칙을 제도화한 것이 인사보좌관제입니다. 세종대왕 시절 비슷한 것이 있었는데 대한민국에 들어서는 처음으로 제도화한 것입니다. 일본에는 인사원이라는 곳이 있습니다. 감사원과 똑같은 비중을 가지고 인사를 다 정리합니다. 미국에는 연방정부인사처가 있습니다. 연방정부 인사의 전권을 가지고 다 다룹니다. 우리나라엔 없다가 참여정부에서 처음으로 만들었습니다. 그리고 대통령이 그 많은 인사를 제대로 할 수 없기 때문에 인사추천회의를 신설해서 위임을 했어요. 비서실장이 위원장이 되고 인사보좌관이 주무가 돼서 충분히 검토하고 인사를 하는 것이죠. 그리고 정부 산하의 공기업도 법을 만들어서 기준과 원칙에 따라, 즉 예전처럼 낙하산 인사를 하는 게 아니라 원칙대로 인사를 하라고 했죠. 이런 원칙에서 검증위원회, PPSS(전자인사관리시스템), '삼고초려'(청와대 홈페이지 인사추천 코너), 직위공모제 확대 등을 만들거나 시행했습니다. 이게 참여정부의 인사철학이었고 제도였죠. 그래서 그 성과가 나타납니다. 부문별로 지역, 여성, 이공계, 장애인 등의 인사가 점점 늘었습니다. 여성은 6퍼센트로 목표를 세웠는데 참여정부가 끝날 때 거의 달성했습니다. 장애인도 2퍼센트를 달성하기 위해 굉장히 노력했습니다.

 정무직 공무원의 출신지역 현황을 볼까요? 1949년도 인구센서스를 보면 경인지역에 우리나라 인구의 20.8퍼센트가 살고 있는데, 전체 공무원 중 경인지역 출신이 참여정부에서는 18.3퍼센트, 국민의 정부에서는 23.4퍼센트입니다. 강원지역은 인구 비율이 4.8퍼센트, 참여정부에서의 공무원 비율이 4.8퍼센트로 똑같이 됐죠. 충청은 인구 비율이 15.7퍼센트인데, 공무원은 국민의 정부 초기에 18.1퍼센트, 말기에 13.6퍼센트, 참여정부 땐 11.5퍼센트로 조금씩 손해를 봤죠. 호남은 인구가 25.2퍼센트입니다. 그런데 공무원은 국민의 정부 초기에 27.7퍼센트, 말기에 40.8퍼센트, 참여정부 때는 27.9퍼센트입니다. 그러니까 국민의 정부와 참여정부 때 호남지역은 우대를 받은 거죠. 그런데 사실은 그전에 워낙 푸대접을 받아서 그런 거라고 볼 수 있어요.

이 비율보다 더 중요한 것이 있습니다. 정무직이나 100대 요직 인사에서 지역균형보다 더 중요한 것은 보직입니다. 예를 들면, 여느 부처의 장관보다 법무부 검찰국장을 더 높게 칩니다. 힘이 세다는 것이죠. 재경부의 재정담당 국장을 여느 장·차관보다 더 높게 칩니다. 언론에서 꼽는 걸 보면, 장관 자리가 모두 19개이지만 100대 요직에는 12개밖에 안 들어갑니다. 나머지는 국장들이 많습니다. 호남지역

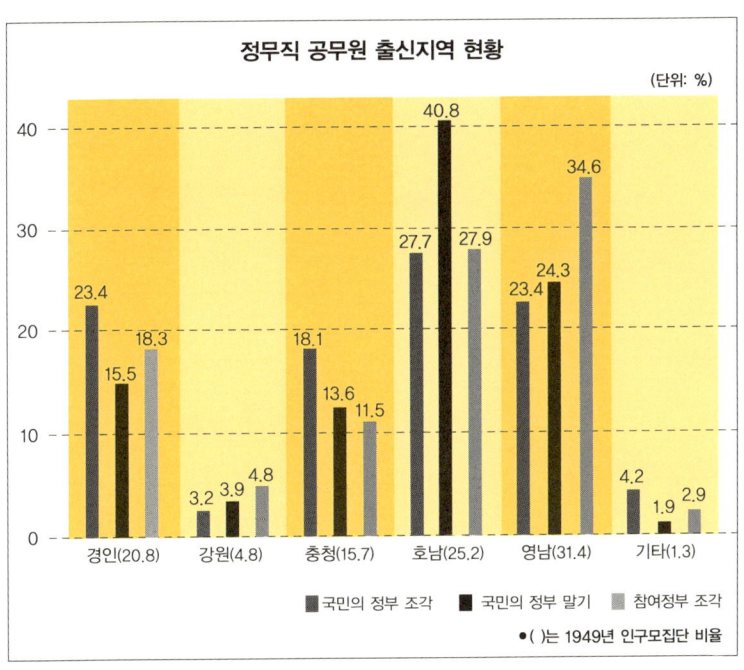

은 김대중 정부 이전까지는 역대 정부에서 이러한 실세 요직을 전혀 못 받았어요. 봉건시대에는 정조임금 이래로 300년 동안 영남이 만날 골탕을 먹었어요. 사림파라고 해서 물을 먹은 거죠.

고건 총리가 이런 이야기를 한 적이 있습니다. 서울시장 할 때 서울시 산하에 있는 국장 이상 간부에 대한 파일을 가져오라 해서 보니 50개쯤 가져왔는데 호남 출신 국장은 두세 명 있더랍니다. 잘못됐죠? 더 억울한 것은 호남 출신 국장 한 사람이 처음에 사무관으로 서울시청에 들어올 때부터 하수도 담당으로 시작해 하수도계장, 하수도과장, 하수도국장을 거치며 하수도 분야에서만 20년을 일했다는 거예요. ☺ 그러니 하수도에서는 최고 전문가잖아요. 그런데 이 사람이 다른 데라고 해봐야 상수도국장으로밖에 갈 수가 없습니다. 기획실이나 총무국 같은 델 가야 부시장도 하고 더 클 수 있는데, 계속 하수도에만 처박아놓는 겁니다.

만약 누군가를 잘 키우려고 생각하면 자꾸 보직을 옮겨주겠죠. 이번에 예산부서를 경험했으니 다음은 정책부서 그리고 그다음은 인사부서 하는 식으로 위에서 끌어주고 관리해주는 거죠. 여기저기 옮겨줘서 넓게 경험하게 합니다. 힘 있는 자리는 조직 내에서 재량권이 크고 자기 세력을 형성할 수 있습니다.

핵심 직위를 중심으로 보직경로를 거친 공무원은 다면평가에서도 좋은 점수를 받을 수밖에 없고, 다양한 직책을 수행했다는 것은 승진평가를 하거나 정무직을 선발할 때 매우 유리한 조건이 됩니다. 공직자들의 출신지역 분포를 분석해보니 인구비례에 따른 균형인사였다는 보도를 가끔 접하실 겁니다만, 사실 그런 단순수치 비교보다는 주요 보직에 어떤 사람들이 배치되었는가가 중요하며 그것이 보직경로라는 것입니다.

특정 지역 출신들만 요직을 대물림으로 이어받는 식의 보직경로가 민주화되고 평준화된 것은 국민의 정부와 참여정부에서 실현된 일입니다. 그러나 MB 정부가 출범한 이후 특정 지역 중심의 인사편중이 재현되고 있어서 안타깝습니다.

460명 뽑으려면 4만 6000명 DB 있어야

계획적이고 체계적으로 하나씩 하나씩 인사를 개혁하자는 것이 참여정부의 목표였습니다. 그리고 이걸 법제화했어요. 참여정부 대통령비서실 훈령으로 '인사추천회의 운영 규정'을 만들었습니다. 소관 부처 장관이나 교육감에게 인사가 위임된 경우가 있고 대통령이 형식적으로 결재만 하는 인사도 있는데, 우리가 분류해보니까 실제로 대통령이 임명권을 법률적으로 위임하지 않고 행사하는 자리는 460개쯤 됩니다. 여기에 정부위원회 위원장까지 포함하면 더 늘긴 하는데, 총리, 감사원장, 행정부 장·차관급, 헌법기관, 산하단체, 군·검찰·외교관 같은 특정직 등 460개쯤입니다. 이것도 얼마나 많습니까. 460명을 임명하려면 그 100배인 4만 6000명 정도의 DB가 있어야 하는데, 이런 일을 대통령이 다 하기 힘드니 위임하는 거죠.

우리가 잘했는가 못했는가는 역사가 평가할 것입니다만, 인사 결과는 그 자리에서 욕을 먹습니다. 나중에 제가 들은 이야기인데, 회사의 요직 중에 징역 살기에 가장 좋은 자리는 재정담당이랍니다. 비자금을 주무르다가 감옥에 간다는 거죠. 그다음 좋은 자리이지만 욕을 많이 먹는 자리가 인사담당입니다. 인사를 발표할 때, 10명의 후보가 경합했다면 9명이 욕을 합니다. ☺ "적소적재의 원칙, 투명과 균형의 원칙이 어쩌고 저째? 나 같은 인재를 놔두고, 나쁜 놈들!" 그리고 한 명은 일주일만 지나면 잊어버립니다. "내가 잘해서 된 거지, 당신이 해줘서 됐나?" 이래요. ☺ 그러니까 인사라는 게 허망한 겁니다. 인사를 할 때는 "한번 시켜주시오" 하는데, 인사가 끝나면 9명한테는 원수가 되고 한 명한테는 배신당하는 거죠. 이게 인사담당자의 비극입니다. 여러분은 혹시라도 인사담당 하지 마세요. ☺

저희는 인재를 물색하는 작업을 끝없이 했습니다. 1년 내내 사람을 물색하고 다녔습니다. 자료 모으고 DB 구축하고 수정하면서요. 인사수석실은 식구가 얼마 안 되니까 중앙인사위원회를 키웠습니다. 그리고 인사추천회의에서 저희 의견을 전달하고, 각료 인사를 할 때는 반드시 국무총리가 참석하거나 참석하지 못하면 의견이라도 받았습니다.

제가 이 문제 때문에 물러났죠. 이기준 교육부 장관을 임명할 때의 일입니다. 국무총리를 통해서 대통령에게 결재를 올려야 하는데, 그때 인도네시아에 큰 지진해일이 일어나 사람이 많이 죽어서 이해찬 총리가 위문하러 가야 하니 빨리 처리하기로 하고 서둘렀어요. 총리가 직접 추천하지 않는 형태였다면 문제가 없었겠죠. 그런데 총리의 국무위원 임명제청제를 원칙으로 하자고 정했기 때문에 총리가 국내에 있을 때 처리하려고 서두르다 보니까 검증에 좀 소홀해져서 나중에 문제가 되었습니다. 그래서 인사수석과 민정수석이 책임을 진 것이죠.

어떤 자리에 사람을 뽑으려면 인사추천회의에서 의견을 모으고 2~3배수로 압축해서 검증을 한 다음 대통령 재가를 받는 형식을 취했습니다. 이렇게 해야 합니다. 이렇게 착실하게 하지 않으면 사고가 생깁니다. 이런 절차를 거치지 않는 게 바로 밀실인사, 깜짝인사, 측근인사죠. 지금 이명박 정부가 그렇게 하고 있잖아요.

잠깐 쉬어가는 시간입니다. 이 사람은 누구일까요? "사상이 불투명하며 권모술수와 기만으로 정치생활 30년을 일관한, 신뢰성이 전혀 없는 위험인물. 결정적인 범죄 증거 수집에 노력하겠음." 누구일까요? 네, 김대중 전 대통령입니다. ☺ 보안사 기록이에요. 전부 틀린 이야기죠. 이분이 뭘 잘한다고 해야 인사에 참고가 되지 않겠어요? 그런데 온통 뭘 못한다, 나쁘다 하는 내용뿐입니다. 제 것도 개판으로 해놨다고 들었어요. ☺

이분은 누구일까요? "3당 합당과 관련해 각종 집회에서 '김영삼은 부산시민의 자존심을 팔았다'고 비난하고 있으며 '정부는 근로자의 정치 참여를 좌경용공으로 매도한다'고 말하는 등 사상이 극히 불순한 인물." (청중 "노무현!") 맞습니다. 노무현 전 대통령이죠. 인사파일에는 이 사람이 뭘 잘하고 무엇이 뛰어난지를 검증한 다음에 단점과 약점을 기록하는 것이 원칙입니다. 그런데 이런 파일을 읽어보면 아주 재미있습니다. 전국 경찰서와 경찰청과 정보부에서 모아놓은 자료에다 "누구는 영화배우 아무개와 친하다고 사료됨" 이런 것만 엄청 써놨을 거 아니에요? 어떤 소설책이 이것보다 더 재미있겠습니까? 끝내주죠. 이것만 보고 있다간 일을 못합니다. ☺

인사추천회의가 개최되면 인사수석실에서 안을 내놓습니다. 예를 들면 이런 식입니다. "법무부 장관이 현재 강금실 장관인데 그는 경기여고, 서울법대를 나왔고 무엇을 했다. 검찰총장은 아무개이고 차관은 아무개이다. 법무부 일반 현황은 이렇다. 현안과제는 이렇다.

향후에 이렇게 해야겠다. 그래서 인사의 고려사항은 이런 것들이다. 따라서 우리가 후보자를 두 명으로 압축한다. 법무부 차관을 역임한 아무개와 법학자인 모 대학교 아무개 교수, 둘 중에서 법무부 장관을 택하자." 이렇게 오랜 다툼과 토론에 의해 정합니다. 이걸 갖고 논의하는 것이죠. 정해지면 대통령에게 결재를 올립니다.

역대 정부의 인사 지역편중 지수라는 게 있습니다. 수치가 낮을수록 좋은 겁니다. 0이 되면 가장 좋겠죠. 이승만 정부 때부터 살펴보면 인사편중이 가장 심한 때가 노태우, 김영삼 정부 시절입니다. 노태우 정부는 영남에 64퍼센트를 몰아주고 호남에 0퍼센트를 줬습니다. 그리고 김영삼 정부 때는 57퍼센트를 영남에 주고 4퍼센트를 호남에 줬습니다. 김대중 정부 시절엔 호남 49퍼센트, 영남 17퍼센트로 뒤집었습니다. 노무현 정부 초기에는 호남에 20퍼센트, 영남에 40

역대 정부 지역편중 지수

정부	합계(%)	경인	강원 등	충청	호남	영남	이북	지역편중 지수	균형인사 순위
이승만	100	34	3	11	1	18	33	73	8
장면	100	30	0	13	9	25	23	50	3
박정희 I	100	22	1	19	5	29	24	56	5
박정희 II	100	9	17	21	2	46	5	57	6
전두환	100	12	1	9	11	45	23	53	4
노태우	100	6	9	13	0	64	8	77	9
김영삼	100	20	3	10	4	57	6	71	7
김대중	100	11	6	15	49	17	2	48	2
노무현	100	21	17	2	20	40	0	38	1

- 지역편중 지수는 인구모집단의 지역별 비율과 정부직의 지역별 점유비율의 차(절대값)를 더하여 계산
- 노무현 정부의 경우 2004. 5. 23. 기준

퍼센트를 줬고, 전체적으로는 영남에 34퍼센트, 호남에 27~28퍼센트를 배정했습니다. 균형인사를 한 겁니다.

이렇게 규정을 정해놓으니까 인사가 매우 공평해지고 능력주의로 흘러갑니다. 능력 위주로 하니까 지방 인재가 드러나고 지역균형이 이뤄집니다. 우리가 특별하게 호남에 더 주지 않았습니다. 능력 중심으로 하니 이렇게 되는 것이죠.

참여정부 시절 정무직 공무원의 지역별 분포가 어땠는지 살펴볼까요? 주요 요직인 총리, 장관 등을 보니 서울·경기·인천이 17.9퍼센트, 강원 4.2퍼센트, 충청 11.6퍼센트, 광주·전남북 26.3퍼센트, 대구·경북·부산·경남 35퍼센트, 제주 2.1퍼센트, 이북 2.1퍼센트입니다. 우리나라는 어디를 막론하고 인재가 많습니다. 대통령이 밀실인사, 측근인사, 깜짝인사를 안 하고 공정한 인사를 하니까 지역편중 지수가 최상급이 된 겁니다. 역대 정권에서는 아주 주요한 장관 자리를 호남사람에게 아예 안 줬죠. 그런데 원칙대로 인사를 하니까 균형이 이뤄진 거죠. 참여정부 때 정무직에 발탁된 호남 출신 인사들을 보면 이용훈 대법원장, 전윤철 감사원장, 고건·한덕수 총리, 김승규·천정배 법무부 장관, 정동영 통일부 장관, 정동채 문광부 장관, 조영길 국방부 장관, 장병완 기획예산처 장관, 임상규 농림부 장관, 김승규 국정원장, 김종빈 검찰총장, 이용섭 국세청장처럼 유능한 분들이 발탁된 겁니다.

이렇게 저희가 노무현 대통령의 철학과 가치를 실현하기 위해서, 대한민국과 우리 아이들의 미래를 위해서 성심껏 일해왔다는 말씀을 드리고 마치겠습니다. 감사합니다.

정찬용에게 묻는다

2009년 11월 20일 광주

청중 1 현실정치에 참여할 의사가 있으신지 궁금합니다. 그리고 한국 정치의 가장 큰 폐해인 지역감정을 풀 방법으로 생각해두신 게 있다면 듣고 싶습니다.

정찬용 현실정치 참여 문제는 어려운 질문입니다. 제가 청와대에서 일할 때 노 대통령이 여러 차례 정치하라고 하셨습니다. 16대 총선에 나가라고 하셨는데, 사실 대통령은 '나가라'는 말씀을 직접 하진 않으셨어요. 총선이 걱정돼 죽겠다고 땅이 꺼져라 한숨을 쉬셨죠. 그러니 저도 죽겠죠. 결국 나가라는 말씀인데, 대개 문재인 실장과 제가 그런 말을 많이 들었어요. '너는 영남에, 너는 호남에 나가서 싸워야 할 것 아니냐' 이런 생각을 강하게 하신 거죠. 그런데 저는 제 귀로 한 번도 "정 수석 출마하시오"라는 말은 들어본 적 없습니다. 걱정만 하세요. 귀에 딱지 앉게 말씀하시고 걱정 많이 하시고. 정부를 이끌어가면서 국회의 다수 의석을 차지하지 못하면 도대체 뭘 할 수가 없다, 그러니 이 문제를 풀려면 둘이 나가서 싸워야 할 것 아니냐는 말이죠.

그래서 어느 날 대통령을 모시고 셋이 밥을 먹다가 제가 그랬어요.

"제게 좋은 꾀가 생각났습니다. 기왕 지역감정, 지역구도를 깨려면 문재인 수석이 광주에, 제가 부산에 나가면 어떻겠습니까?" 그랬더니 노 대통령이 식사하다 말고 펄쩍 뛰면서 "만세! 됐어요!" 하고는 답이 나왔다는 겁니다. 기분이 좋아지셔서 "정 수석이 술을 좋아하니 와인 좀 가져오세요" 해서 와인도 주시고 하시더군요. 문재인 수석은 죽겠다는 표정이에요. ☺ 그런데 탄핵사태가 벌어지는 바람에 그 이야기를 할 필요가 없어졌습니다. 그래도 문 실장이 광주에, 제가 부산에 갔으면 재밌었을 거예요. 관저에서 나와 걸어 내려오면서 문재인 수석이 그럽디다. "정 수석님, 아마 광주시민의 현명함을 따져보면 나는 반드시 당선될 거요. 그런데 정 수석은 부산에서 반드시 떨어질 거요. 그러니 바꾼다는 게 얼마나 위험한 일인지 알겠소?" 그래서 "문 수석님, 나는 아무런 인연도 없이 경상남도 거창에서 17년 반을 살았어요. 부산에서 또 10년 살죠, 뭐" 그랬는데 탄핵이라는 태풍을 만나 없던 일이 됐죠. 그다음엔 지방선거에 나가라는 무언의 메시지가 또 있었습니다.

노 대통령이 나중에 저보고 "왜 정치를 안 하려고 합니까?" 하셔서 "정치는 좀 더럽잖아요" 했더니 굉장히 화를 내셨어요. "그러면 대통령인 내가 더럽단 말이오?" ☺ 실제로 말씀을 이렇게까지 하지는 않으셨는데, 아무튼 제가 깜박 실수했잖아요. "아니, 대통령은 더러운 분은 아니시고, 더러운 정치를 깨끗하게 하고자 하는 분이시죠" 했습니다. 말 잘했죠? ☺ 그러고는 "그런데 저는 정치를 못하겠습니다. 봐주십시오" 했더니, "문 수석은 정치인 체질이 아닌 것 같은데 정 수석은 정치에 못 낄 사람이 아닙니다" 하십니다. 제가 노 대통령을 여러모로 좋아하긴 하지만, 아, 그건 좀 곤란하단 말입니다. "정치하려면 낯짝도 두꺼워야 하는데 그게 잘 안 됩니다" 했더니, 그건 연습을 하면 된다는 겁니다. ☺ 그래서 정치는 제 일이 아니라고 생각한다고 다시 말씀드렸습니다.

최근엔 이런 마음에 자꾸 변화가 생깁니다. 아직 확답은 할 수 없습니다. 노 대통령이 돌아가시기 전 2009년 4월 30일에 검찰청에 출두하셨죠. 그날 아침 봉하마을 사저의 방에서 우리에게 차를 내주고 내외분이 나오셨어요. 노 대통령은 착잡한 심경으로 이런 말씀을 하셨어요. "정치란 게 참 더러운 겁니다. 특히 정치는 돈이 꼭 필요한데, 그래도 내가 깨끗하게 정치했습니다." 그런데 대통령 주변에서 그런 일이 생긴 것 아니겠어요? 그날 이런 이야기를 하셨어요. 정치인 후원회 행사를 열면 1년에 1000만 원, 2000만 원, 평소 한 번에 100만 원, 500만 원씩 후원하는 사람은 자꾸 곁에 오고 인사도 한답니다. 그런데 봉하 친구들, 어렸을 때 벌거벗고 미꾸라지도 잡고 같이 놀던 친구들은 저쪽 귀퉁이 자리에 있대요. 부산 사하구에서 조그만 슈퍼마켓을 하면서 하루 매상을 10만 원이나 올릴까 말까 하는 친구가 '대통령이 될 수도 있는 내 친구가 오늘 후원회 한다고 해서 가자는데 30만 원 가져갈까? 아이고, 이게 사흘 치 매상인데, 한 달 벌어봐야 이익이 100만 원밖에 안 나오는데…… 20만 원 가져갈까? 10만 원이어도 될 거야. 무현이가 내 형편 잘 알지. 아니야, 그래도 그렇지, 50만 원은 가져가야 하는데……' 고민하다가 마누라랑 싸우고…… 그러다 20만 원 가져와서는 당신 곁에 가까이 못 오고 귀퉁이에 있다가 손만 흔들고 간다는 거예요. 그러면 그걸 보고 대통령 억장이 무너진다는 겁니다. '내가 나쁜 짓을 하고 있구나' 하고 말입니다. 이런 이야기를 하시는데, 저희도 마음이 찡했지만 그냥 "그러셨습니까?" 했습니다. 그게 제가 대통령을 마지막으로 뵌 일이 되었습니다.

요즘도 그때 생각을 많이 합니다. 저한테 평소에는 "정 수석, 정치하시오" 하셨는데 마지막에 가서는 정치하지 말라고 하셨단 말이에요. 그게 저한테는 큰 반향으로 돌아옵니다. '인마, 사람 사는 세상을 하고 싶은 일만 하면서 이룰 수 있어? 인마, 사람 사는 세상을 울고 웃고 싸우지 않고 얻을 수 있어?' 이런 가르침으로 자꾸 다가옵니다. 이게 요즘 제가 받는 충격이라고 할까요. 그래서 고민하고 있다는 말씀을 드립니다.

청중 2 인사수석을 하면서 가장 어려웠던 점은 무엇인지요? 문재인 실장은 저쪽(영남)을 많이 등용했는데…… 전반적으로는 소홀했지 않았나 싶습니다.

정찬용 청와대에서 제일 어려웠던 점은…… 제 체질이 자유분방합니다. 그런데 대통령을 모시는 비서는 멀리 못 가게 돼 있어요. 다행히 노 대통령은 역대 어느 대통령보다 자율성을 줬는데, 초반엔 엄청나게 어려웠습니다. 반경 10킬로미터 이내를 벗어나지 말아야 하고 언제든 부르면 5분 내에 도착할 수 있어야 하니까요. 저는 대통령이 밤늦게 부르신 적이 두세 번밖에 없었습니다. 그리고 제가 자다가 전화를 받으면 "아, 내가 너무 늦게 전화했죠. 미안합니다. 주무세요" 그럽니다. 우리 대통령이 참 기가 막힌 양반이죠? 그래도 찾으셨으니까 가긴 갑니다. 그런데 처음 1년은 그게 어렵더군요. 항상 긴장했어요. 누구에게나 그렇겠지만 비서가 어려운 일입니다.

제가 인사수석에서 물러날 때 제 후임으로 세 분을 천거하고 노 대통령이 그중 김완기 씨를 인사수석으로 임명하셨는데, 그 전날 저녁을 함께했어요. 노 대통령이 물으시더군요. "정 수석은 똥배짱이 커서 대통령한테 반대하는 일이 비일비재한데, 김완기 수석은 9급부터 시작한 공무원이어서 그걸 잘하지 못하는 것 아니에요?" 딱 짚으시더군요. 그랬더니 김완기 수석이 "저는 고등학교밖에 안 나온 학력으로 중앙부처의 국장을 다 지냈고 광주부시장을 지냈습니다. 그동안 서울에 있을 때나 광주에 있을 때 대학에서 돈 조금 내면 졸업장 주겠다는 제안을 얼마나 받았는지 모릅니다. 그렇지만 저는 학력이 아닌 실력으로 이기겠다고 생각해서 전혀 동요하지 않고 지금까지 고졸 학력으로 있습니다. 그러면 되겠습니까?" 했더니 노 대통령이 좋다고 하셨죠. 이게 우리가 가졌던 생각입니다.

그리고 문 실장과 제가 각각 자기 출신 지역의 인재를 등용하는 데 소홀했다는 지적이신데…… 네, 그렇습니다. 제가 이것에 대해 아니라고 변명할 생각은 없습니다. 다만 저는 시스템을 고쳐서 그 시스템에 의해 수도권 편중이 바로잡히고 지역에서 활동하는 좋은 인재가 뽑히는 게 좋다고 생각했습니다. 여기 광주·전남에서 참여정부에 장관이든 정무직이든 청와대 비서관·행정관이든 스카우트되어 간 분이 모두 110명 정도 된다고 그러더군요. 적은 건지 많은 건지, 문재인 실장이 그쪽 영남 분들을 더 많이 기용토록 했는지 어땠는지는 비교해보지 않아 모르겠습니다. 어쨌든 저는 이 시스템과 법률, 규정에 의해 사람을 뽑게 만들었고 일을 잘할 수 있는 사람을 위한 문호를 넓혀놨다고 자부합니다.

10
노무현의
사람 사는 세상
한명숙

한명숙 사람 사는 세상 노무현 재단 전 이사장, 전 국무총리

1944년 평안남도 평양에서 태어나 이화여대 불문과를 졸업하고 같은 대학에서 여성학 석사 학위를 받았다. 남편 박성준이 결혼 6개월 만인 1968년 통일혁명당 사건으로 15년 형을 받고 수감되면서 13년간 옥바라지를 했다. 1974년부터 한국 크리스찬아카데미 간사로 일하면서 민주화운동과 여성운동의 길을 걸었다.

1979년 크리스찬아카데미 사건으로 복역한 후 1981년 석방되었다. 한국여성민우회 회장, 한국여성단체연합 공동대표로 활동하면서 여성운동의 토대를 닦은 '여성운동 1세대'의 대표적 인물로 꼽힌다. 1999년 정계에 입문해 16·17대 국회의원, 2001년 초대 여성부 장관, 2003년 환경부 장관을 지냈으며 2006년 헌정 사상 첫 여성 국무총리가 되었다.

2009년 5월 고 노무현 전 대통령 국민장 공동장의위원장을 맡아 영결식 조사를 낭독했다. 현재 민주당 상임고문으로 정치 활동을 계속하고 있으며, 범야권 연대와 지방선거 승리, 장기적으로 노무현 정신의 계승과 민주주의 발전에 관심을 두고 있다.

지은 책으로 《사랑은 두려워하지 않습니다》(공저), 《한명숙: 부드러운 열정, 세상을 품다》 등이 있다.

한명숙이 생각하는 '노무현 정신'은…

국민에 대한 무한 신뢰, 소통과 화합의 정신

반갑습니다. 한명숙입니다. '노무현 시민학교'에서 이렇게 좋은 분들을 만나게 되어 마음이 편안합니다. 오늘 저는 여러분께 대단한 강의를 들려드리진 않을 것입니다. 노무현 전 대통령의 꿈이 뭔지, 그분이 어떻게 살아왔는지, 또 우리에게 무엇을 남기고 가셨는지 여러분이 너무나 잘 알고 계시기 때문에 제가 거창하게 다시 말씀드리진 않겠습니다. 그리고 앞에서 많은 분들이 노 대통령의 경제정책이나 언론정책, 법치주의에 대해 말씀드렸기 때문에 제가 반복하지 않아도 될 듯합니다. 그래서 오늘은 여러분과 함께 편안한 마음으로 노 대통령의 꿈을 다시 한 번 회고해보는 정도로 말씀을 나눠볼까 합니다.

불의 보면 저항하고
잘못 가면 돌려놓고

대한민국이라는 나라가 여기까지 온 역사를 생각해보면, 우리나라는 다른 나라를 한 번도 침략해본 적이 없습니다. 그건 우리가 초등학교 때부터 배워서 알죠. 오히려 다른 나라로부터 침략당하거나 억압받았습니다. 여러분도 잘 아시다시피 일제강점기 때 우리가 받은 억압, 민족적 시련은 말할 수 없이 컸습니다. 그래도 우리는 다른 나라를 치지 않은 상당히 평화로운 민족입니다. 너무나 많은 침략과 억압을 받았기 때문에 우리 민족성에 남아 있는 정신, 아래에 흐르는 맥은 저항정신이라고 생각합니다. 나쁜 것을 보면 참지 못하고, 불의를 보면 저항하고, 잘못 가면 돌려놓습니다. 그런 정신이 우리 민족의 내면에 흐르고 있다고 생각합니다.

가까이는 일제강점기에 35년간 그 고통을 당하면서 국제적 도움을 받긴 했지만 우리 국민들의 힘으로 스스로 저항해서 나라를 찾았습니다. 수많은 사람이 감옥에 가고 죽었죠. 35년이라는 세월이 얼마나 기가 막힌 세월입니까. 그런데 끝내 우리가 찾았습니다.

일제의 식민통치에서 해방된 다음에는 일제강점기와 거의 같은 시간을 군사독재에 시달렸습니다. 특권계급만 편히 살고 대다수의 사람들은 독재권력 앞에서 너무나 무섭고 불안해하면서 힘들게 살았습니다. 그러나 또 우리 스스로 힘을 모아 독재를 무너뜨리지 않았습니까? 그 저항정신으로 말입니다. 그때도 수많은 사람들이 감옥에 가고 목숨을 잃었습니다. 우리는 뭉치고 뭉쳐서 독재정권을 무너뜨렸습니다. 그게 우리의 역사입니다. 우리 민족의 내면에 흐르는 하나의 물결이라고 생각합니다.

 우리나라는 우리가 원해서가 아니라 외세에 의해 분단되었습니다. 지금 전 세계에서 유일하죠. 예멘도 통일됐고 독일도 통일됐죠. 우리만 유일하게 분단된 나라로 남아 있습니다. 해방된 지 60년, 분단된 지 60년이 넘었잖아요. 그런데 마음대로 오가지도 못하고 전화도 편지도 주고받지 못하는 이런 처절한 나라가 어딨습니까. 우리나라밖에 없습니다.

 그러나 김대중 전 대통령이 당신의 정치적 명운을 걸고 그 냉전의 닫힌 문을 열어젖히셨습니다. 얼마나 용감합니까. 외세에 의해 분단된 벽의 문이 열리기는 좀처럼 쉽지 않습니다. 독재정권이나 보수세력처럼 냉전을 지지하는 사람들에 의해 이념적으로 굳혀졌기 때문에 그걸 뚫기는 쉽지 않죠. 하지만 김대중 전 대통령의 준비된 정책과 운명을 건 정치적 결단으로 문이 열렸습니다. 그리고 노무현 전 대통령이 남북화해와 평화협력이라는 역사적 대의를 이어서 발전시켰습니다. 그래서 우리는 긴 시간이 걸리고 많은 희생을 치렀지만 우리 민족 앞에 놓여 있는 이 커다란 장벽들을 하나하나 타개해나갔다는 자긍심이 있습니다. 우리 민족의 뇌에는 그 기억이 있습니다. 올바른 국가의 미래를 우리 스스로 만들어나갔다는 기억이 있습니다. 그런 DNA를 가지고 있습니다. 저는 그렇게 믿습니다. 그래서 지금은 좀 힘들고 어렵더라도 우리는 희망을 가질 수 있습니다.

그래서 정치를 생각할 때, 역사를 생각할 때는 좀 길게 봐야 합니다. 당장 우리 앞에 있는 슬픔에 연연하면 그 좌절감이 커서 살 수 없습니다. 그 늪이 깊어서 살 수 없습니다. 우리는 광주민중항쟁을 통해, 지금 여기 계신 여러분의 저항과 쟁취를 통해 역사 속에 광주의 신화를 만들어냈습니다. 역사 중에서도 가장 중요한 역사로 기억돼 있습니다. 어떻게 잊을 수 있겠습니까? 우리의 뇌 속에서 없어질 수 있겠습니까? 그래서 저는 우리가 이렇게 희망을 잃지 않는 민족, 어둠과 좌절 속에서도 길게 내다보면서 강렬한 햇살을 바라보는 민족이라고 생각합니다. 저는 광주에 올 때마다 이러한 일을 광주에서부터 시작하자고 이야기합니다.

지난 10년 민주주의, 1년 만에 허물다

이렇게 위대한 민족정신을 가진 우리 국민 가운데 한 사람이라는 걸 저는 자랑스럽게 생각합니다. 경제만 보더라도 지금 우리나라가 10위권에 들지 않습니까. 김대중 정부 시절에 IMF 관리체제를 2년 만에 극복했죠. 이 체제를 2년 만에 극복한 나라는 전 세계에 없습니다. 그리고 한국이 해방 직후에는 유엔에 가입한 170여 개 국가 중 거의 끝에서 서너 번째일 정도로 가난했죠. 1950년대로 기억하는데 그땐 먹을 것도 없었습니다. 부자, 가난한 사람 할 것 없이 힘들었는데 우리가 1인당 국민소득 1만 달러를 1995년에 달성했습니다. 그리고 노무현 전 대통령의 참여정부 시절인 2007년, 12년 만에 1인당 국민소득 2만 달러를 달성했습니다. 대단합니다. 그것은 어느 대통령이 잘해서라기보다 우리 국민들이 밤잠 자지 않고 여자건 남자건 어떤 일에든지 혼신의 힘을 다하면서 살았기 때문에 만들어낸 역사입니다. 분단된 나라가, 지하자원이 하나도 없는 나라가, 전쟁만 겪은 나라가 어떻게 이렇게 경제규모 10위권에 들 수 있었을까요. 정말 우리 국민들이 대단합니다. 식민지였던 나라 가운데 민주주의와 경제성장을 이렇게 획기적으로 동시에 이룬 나라는 한국밖에 없다고 전 세계가 인정했습니다.

민주주의가 달성된 나라라고 하니까 가슴이 답답하죠. 정말 우리가 순진했어요. 저는 노무현 전 대통령이 참 바보처럼 순진하다는 생각을 했습니다. 노 대통령은 '정권이 바뀌어도 우리가 법·제도를 각 분야마다 튼튼하게 만들어놓으면 그걸 바꾸지 못한다' 생각하시더군요. 저는 직접 들었습니다. 하지만 나중에 김대중 전 대통령은 "나는 지금 꿈을 꾸는 것 같다. 몽롱한 꿈속에 있는 것 같다. 꼬집어보면 깰지도 모를 꿈속에 있는 것 같다. 지난 10년 동안 우리가 어떻게 만들어놓은 제도와 민주주의와 평화인데 집권한 지 1년밖에 안 된 사람이 이렇게 다 무너뜨릴 수 있는가. 이건 말이 안 된다" 이런 말씀을 자주 하셨습니다.

지금도 민주주의가 말도 안 되게 후퇴하고 있죠. 그런데 결국 벽에 부딪힐 겁니다. 지금도 부딪히고 있죠. 보수언론이 지탱해주니까 겨우 나아가는 겁니다. 그러면 국민들이 모릅니까? 우리 국민들이 어떤 사람들인데요. 일제를 물리치고 해방을 맞은 저항의식이 있는 민족이고, 광주민중항쟁을 일으킨 민족이며, 독재정권을 무너뜨리고 민주주의 정부를 만들어낸 민중입니다. 아주 대단한 사람들이에요. 그래서 우리가 지금 좌절하고, 힘들고 억울하고 슬프고 아프지만 "길게 봅시다. 길게 보고 우리 국민을 믿읍시다"라고 말씀드립니다. 우리 국민의 입과 귀를 다 틀어막을 순 없습니다.

　노무현 전 대통령의 꿈은 유식한 말로 이론화해서 말할 필요가 없습니다. 노무현 전 대통령, 그런 것 싫어하시잖아요. 그냥 사람 사는 세상입니다. 사람 사는 세상은 어때야 하죠? 행복을 느끼며 남을 도와주고 서로 나누는 사회, 특권계급만 특혜를 받고 반칙하는 사람만 출세하는 세상이 아닌 가난한 사람도 평범한 사람도 열심히 일하면 잘살 수 있는 사회, 출세하는 데 그치지 않고 세계 1인자도 될 수 있는 사회를 만들자는 것 아닌가요? 반칙이 없고 상식이 통하는 사회, 그래서 억울한 사람이 없는 사회를 만드는 것이 노무현 전 대통령의 꿈이라고 생각합니다.

　그런데 우리 사회는 그것과는 정반대로 가고 있습니다. 지금 이명박 정부는 본인들의 철학과 가치, 국정전략을 갖고 어떻게 나아가겠다는 게 아니라 그냥 김대중 전 대통령의 국민의 정부, 노무현 전 대통령의 참여정부가 해놓은 걸 뒤엎고 깨부수는 전략과 정책으로 가고 있구나 하는 생각이 듭니다. 요즘 세종시 문제로 혼란스럽죠. 헌법재판소까지 가서 나온 결론을 토대로 여야가 합의한 정책입니다. 여야가 합의한 정책이란 국민이 모두 합의한 정책입니다. 왜냐하면 이 사람들은 국민의 대변자이니까요. 그런 정책을 갑자기 아무런 대안도 없이 여러 가지 논리를 개발해서 무조건 깨뜨려보겠다고요? 이게 지금 법치주의입니까? 지금 이명박 정부는 법치주의를 이야기하고 있습니다. 야간에 촛불을 켜면 안 된다고 하고, 촛불 들었던 사람을 지금 1000여 명 넘게 다 조사하고 손해배상을 청구하고 있잖아요. 국민들에게 이렇게 마구잡이로 적용하는 것이 과연 진정한 법치주의인지 심각하게 반문할 수밖에 없습니다.

법치, 한자로 법 법(法), 다스릴 치(治)잖아요. 법치는 나라, 정부, 대통령처럼 국정을 책임지고 있는 사람이 법대로 집행하라는 겁니다. 지금 거꾸로 해석하고 있어요. 자기네들은 안 지키면서 국민들은 다 지키라고 하는 게 법치주의입니까? 그러면 신뢰가 쌓입니까? 절대 그렇게 되지 않습니다. 지금 이 정부는 민주주의에 역행함은 말할 것도 없고 작은 법도 지키지 않는 정부입니다. 이런 정부는 제가 백번 하는 강의보다 훨씬 많은 교육을 국민들에게 해주고 있습니다. 이 정부와 한나라당이 민주주의 교육을 해주고 있어요. 여러분, 그런 것 보고 듣고 읽으면서 옳다고 생각합니까? 안 하죠? 그리고 분노를 느끼지 않습니까? 이렇게 하면 안 된다고 생각하지 않습니까? 수많은 국민들이 그걸 알고 있습니다. 참 훌륭한 교육자죠. ☺

모두를 위해 자기 몸을 희생한 커다란 저항

노무현 대통령은 돌아가셨습니다. 그런데 노 대통령의 죽음은 당신이 당하신 게 억울해서가 아니라 민주주의가 무너지고 평화와 공존이 무너지고 서민들의 경제, 평등, 삶, 본인이 추구하려고 했던 사람 사는 세상의 꿈들이 무너지고 있기 때문에 표출한 큰 저항이라고 생각합니다. 우리도 당하고 있습니다. 저도 당하고 있습니다. 노 대통령이 당했던 수모와 치욕을 노무현 전 대통령을 따르는 사람들은 다 당할 수밖에 없습니다. 지금 촛불집회에 참여했다고 1000명이 넘는 사람들이 끌려가 조사받고 있죠. 사찰과 공안정국으로 예전보다 더 치밀하고 교묘하게 국민들을 억압하고 있습니다. 옛날처럼 대포나 총을 갖고 오지 않잖아요. 경제살리기 같은 것으로 파고 들어오지 않습니까. 국민들은 헷갈립니다. 그래서 저는 노무현 대통령의 죽음은 우리 모두를 대신해 자기 몸을 희생한 커다란 저항이었다고 말씀드립니다.

그분의 저항이 묻혀서는 안 됩니다. 우리나라 국민들은 다 잊는다, 빨리 잊어버린다고들 말하죠. 그러나 그렇지 않습니다. 역사적으로 보면 지금까지 뜻있는 죽음들이 국민을 각성시켰습니다. 고종황제의 죽음 없이는 3·1 운동이 일어나지 못했을 겁니다. 김주열 열사의 시신이 마산 앞바다에 뜨지 않았다면 4·19 혁명이 일어났겠습니까? 5·18 항쟁은 어떻습니까. 박종철 군이 죽지 않았다면 6·10 항쟁이 일어났을까요? 그분들의 죽음이 없었다면 민주주의가 살아나지 못했을 겁니다. 죽음이라는 건 저항의 최후 몸짓인데 이러한 저항은 국민들에게서 잊히지 않습니다. 노무현 전 대통령의 서거는 그런 면에서 큰 뜻을 가지고 있습니다.

노무현 전 대통령의 서거는 역사상 처음으로 수많은 사람들에게 집단적인 죄책감을 안겨줬다고 생각합니다. 집단적 자책감이죠. 노무현 때리기는 밥 먹듯 쉬웠습니다. 바보니까, 누구나 다 한마디씩 하고 손가락질해도 아무도 나쁘다고 하지 않으니까요. 그런데 손가락질하고 행동하지 않고 무관심했던 많은 사람들에게 노 대통령의 서거는 뒤통수를 탁 때리는 자책감으로 다가왔습니다. 제가 그때 장의위원장을 하면서 장례식과 노제가 끝나고 걸어가는 동안 수많은 사람들이 우리 옆을 에워싸고 갔습니다. 그때 우리에게 했던 말 한마디 한마디에 '아, 이 사람들이 얼마나 열망이 크고 가슴이 아프면 이런 소리를 할까' 하는 마음이 들었습니다. "복수해야 합니다, 노 대통령을 지켜드리지 못해 죄송합니다. 우리는 다 단결해야 합니다." 그 수

많은 사람들이 애통하게 소리치고, 문상 와서 몸을 가누지 못하고 흐느끼고……. 노 대통령의 서거는 이런 사람들에게 집단적 죄책감, 자책감을 주고 우리를 자각하게 했다고 생각합니다. 시민들의 자각, 각성, 자책감과 노무현의 서거는 긴밀하게 연계된 겁니다. 김대중 전 대통령이 돌아가시기 얼마 전 참석하신 6·15 선언 9주년 기념행사에서 제가 행사위원장을 맡았습니다. 그때 김대중 전 대통령이 남기신 말씀은 거의 유언이나 마찬가지였습니다. 노 대통령을 잃고 너무 급박한 심정에 어찌할 바를 모르셔서 하루하루를 힘겹게 사셨습니다. 그때 단상에 오르셔서 "행동하는 양심이 됩시다. 행동하지 않는 양심은 악의 편입니다. 민주주의를 쟁취하는 것도 싸워서 해야 하지만 우리가 만든 민주주의를 유지하고 지켜나가는 것도 싸움으로써 하는 것입니다. 싸우지 않으면 지켜지지 않는 것입니다" 이렇게 말씀하셨습니다. 구구절절이 절체절명의 심정으로 말씀하셨습니다. 그래서 저는 이 두 분의 서거가 우리에게 준 것은 슬픔과 분노를 뛰어넘는 것이라고 생각합니다.

이런 점에서 우리가 눈을 떠야 하고, 각성해야 하고, 무엇이 옳고 그른지를 깨달아야 하고, 공부해야 합니다. 무엇이 옳은가에 대한 공부를 해야 합니다. '미디어법? 나쁘다. 하지만 왜 나쁜가?' 이런 생각을 다른 사람들에게 논리적으로 전달할 수 있어야 합니다. 노무현 대통령과 김대중 대통령을 우리는 지금부터 열심히 공부해야 합니다. 그래서 많은 사람들이 함께 공부하면서 공감대를 형성하고 마지막에는 실천해야 합니다. 실천 없이 마음만으로는 꿈이 이뤄지지 않습니다. 꿈은 꿈으로 남습니다. 그러나 행동하고 실천할 때 그 꿈은 현실이 됩니다. 이명박 대통령이 당선하고 나서 보수세력은 지난 10

년의 민주주의 시대를 '잃어버린 10년'이라든지 '민주세력의 무능'이라는 식으로 매도하고 폄하했습니다. 국민들이 보수세력의 이런 논리에 일시적으로 동조하기도 했습니다. 민주적 무능함보다는 부패한 유능함이 낫다는 식으로 선택했습니다. 지금은 그런 선택을 한 많은 분들이 가슴을 치고 있습니다. 그리고 선택하지 않고 관심 없이 방기했던 사람들도 '아, 내가 잘못했구나' 했죠. 이 두 분의 서거가 그것을 깨닫게 했습니다.

그래서 장례 때 또는 삼우제 지내는 동안에 사람들이 여기저기 모인 데 가보면 플래카드와 피켓을 볼 수 있었습니다. 뭘 썼는가 보니 "꼭 투표하겠습니다"예요. 얼마나 가슴에 맺혔으면 "꼭 투표하겠습니다"라는 피켓을 들고 우리가 지나가는 데 서 있습니다. 그리고 "다시는 한나라당을 찍지 않겠습니다"라는 글을 들고 있습니다. 이런 각성이 노 대통령의 서거가 우리에게 안겨준 하나의 희망입니다. 그래서 우리는 좌절하고 슬퍼하고 분노할 수만은 없습니다. 이제 공부하고 알고 전달하고 실천하고 행동해야 합니다.

권력자는 진정한 의미의 진보를 할 수 없다

그리고 지난 10년 동안 우리가 일궈낸 것들에 대한 자긍심과 확신을 반드시 가져야 합니다. '아, 그때 우리가 잘했나? 잘못한 것도 많은 것 같은데……' 이러면서 스스로 폄하하기 시작하면 민주정부의 시대적 사명과 성과를 이어서 발전시킬 수 없습니다.

김대중 전 대통령도 시장경제와 생산적 복지를 강조하셨고, 노 대통령도 동반성장을 말씀하셨습니다. 김대중 대통령은 시장경제와 생산적 복지의 기틀을 만드셨고, 노무현 대통령은 이를 이어받아 동반성장과 2030이라는 사회비전을 수립하셨습니다. 2030 비전은 복지 대한민국의 비전을 보여줬습니다. 그리고 김대중 대통령과 노무현 대통령은 남북대결에서 평화공존의 문을 열고 발전시켰습니다. 특히 노 대통령은 지역주의 극복을 강조하셨습니다. 국가균형발전, 지역주의 타파에 온몸을 던졌습니다.

미국의 오바마 대통령이 당선될 때 커다란 정책과 이념을 내놓은 것이 아닙니다. "우리 미국은 백인의 미국도 아니고 흑인의 미국도 아니고 라틴계나 아시아계의 미국도 아닙니다. 오로지 미합중국일 뿐입니다." 항상 이렇게 이야기했어요. 얼마나 쉬운 말입니까. 우리는 하나라는 통합의 메시지입니다. 오바마 대통령은 "사람은 모두 평등하게 태어났으며 조물주는 몇 개의 양도할 수 없는 권리를 이들에게 부여했고 그중에는 생명과 자유와 행복의 추구가 있다"고 천명한 독립선언문을' 들면서 평등권을 이야기했어요. 평등권은 우리나라 헌법에도 있습니다. 우리나라 헌법은 "대한민국은 민주공화국이다. 대한민국의 주권은 국민에게 있고, 모든 권력은 국민으로부터 나온다"고 했어요. 김대중, 노무현 대통령은 이걸 실천하려고 노력하신 거예요. 그런데 지금은 이것이 실천되지 않고 있죠. 거창한 게 아닙니다. 헌법 제1조입니다. 오바마 대통령도 통합과 평등의 메시지를 역설했습니다. 그래서 당선했고 지금 그것을 실천하고 있습니다.

그래서 첫 번째로 우리는 우리가 한 일에 자긍심을 일단 갖고 민주정부의 역사적 의의와 성과를 공부해야 합니다. 두 번째로 우리가 이루고자 했으나 이루지 못한 것을 자성해야 합니다. 얼마 전 노 대통령의 책 《성공과 좌절》이 나왔죠. 《진보의 미래》도 출간되었고 《내 마음속 대통령》도 나왔습니다. 또 오마이뉴스에서 낸 《노무현, 마지막 인터뷰》라는 책도 있어요. 이 책들을 읽어보면 다 일맥상통하는 부분이 있습니다. 저는 노 대통령과 같이 일하면서 참으로 이렇게 양심적인 사람이 있나, 이렇게 양심적으로 용기 있게 이야기할 수 있는 사람이 세상에 있나 생각했어요. 《성공과 좌절》을 보면 노 대통령이 "나는 실패했다. 준비돼 있지 않은 대통령으로서 실패했다"는 말씀을 스스로 합니다. 대통령을 그만둔 지 1년 남짓 되어 자기가 집권하는 동안 국정운영에 실패했다는 말을 하는 대통령이 세상에 있을까요? 그리고 또 "그러나 나의 실패는 여러분의 실패가 아닙니다"라고 분명하게 이야기했습니다. "나의 실패는 여러분의 실패가 아닙니다. 여러분에게는 여러분의 길이 있고, 역사는 자기의 길이 있습니다. 나의 실패가 여러분의 실패라고 말하고 싶어 하는 사람들에게 절대 굴복하지 마십시오." 저는 다 외웠습니다. 그리고 "여러분, 이제는 영웅을 기대하지 마십시오"라고 하셨죠.

노무현 전 대통령은 개천에서 난 용 아닙니까? 그런데 개천에서 용을 기대하지 마라, 이제는 시민 여러분 한 사람 한 사람의 자각과 각성으로 노무현을 극복해달라, 이렇게 이야기했습니다. 이게 《성공과 좌절》의 핵심 내용입니다. 그래서 저는 노 대통령이 정말 양심적이고 진실한 사람이라는 느낌이 가슴속에서 솟구칩니다. 우리가 그분을 따랐다는 데 저는 자긍심을 느낍니다. 그래서 "이런 자긍심과 자성에서 시작하자, 겸손한 마음으로"라고 말씀드립니다.

제가 노 대통령을 돌아가시기 전 2009년 5월 2일에 찾아가 뵈었는데 그때 이런 고백을 하셨습니다. "권력을 쥔 사람이 진정한 의미의 진보를 할 수 없다는 걸 알았습니다." 노 대통령은 진보를 이루고 싶어 하셨어요. 그런데 우리나라는 분단되어 있기 때문에 진보와 보수가 굉장히 극단적이고 흑과 백으로 왜곡되어 있습니다. 보수는 보수 나름대로, 진보는 진보 나름대로 합리적으로 이해될 필요가 있어요. 평등, 생명, 행복의 추구는 다 진보입니다. 더불어 같이 사는 지역균형발전을 추진하고, 특권계급만 잘살고 대다수의 서민들이 못사는 것이 아니라 함께 잘살도록 하는 정책을 펴는 것이죠. 국가라면 공존과 안전, 행복을 추구하고 만들어줘야 합니다. 그런데 우리나라 정치는 너무 비합리적이고 스트레스를 주죠. 아직 좀 저급한 수준이라 봅니다. 거짓말과 불신의 정치이고, 국민의 이익보다 사익을 우선하는 정치이며, 소통 없는 불통의 정치입니다. 협상과 타협이 민주주의의 꽃인데 대결주의로 가죠. 이런 면들이 우리나라 정치의 현실입니다.

그래서 노 대통령은 진보를 이루고 싶어 하셨어요. 대통령이 돼서 아무것도 없는 백지에 당신의 뜻을 그리고 정책을 만들어보라고 했다면 진보를 그리셨을 겁니다. 그러나 그림을 그려야 하는 도화지에는 진보를 어렵게 하는 여러 색깔들이 이미 우리나라 역사 속에서 칠해져 있었습니다.

우리나라의 과거가 청산됐습니까? 분단도 그대로죠. 모든 게 칠해져 있었기 때문에 그 틈바구니에서 진보를 이루기가 힘겨웠습니다. 그래서 결국은 진보로부터도 보수로부터도 공격받는 샌드위치 신세가 돼서 엄청난 고통을 겪었습니다. 이 때문에 퇴임 후 봉하마을로 내려가 농사를 지으면서 진보의 미래를 생각하신 겁니다.

시민의 생각이
역사가 된다는 믿음

결론은 시민의 자각입니다. 이 강의실 뒤에도 "민주주의 최후의 보루는 깨어 있는 시민들의 조직된 힘입니다"라고 씌어 있는데 바로 그것입니다. 노무현 전 대통령의 메시지입니다. "결국 시민의 생각이 가장 중요합니다. 시민의 생각이 역사가 됩니다." 시민의 생각 자체가 역사라는 겁니다.

지난번에 부산에서 노 대통령 추모공연 '다시 바람이 분다'가 열렸죠. 그날 제가 한 말의 요지는 "민주주의가 뭐 그리 거창한 건 줄 아십니까? 바로 여러분이 민주주의입니다"였습니다. 제가 한 사람 한 사람 이름을 다 불렀어요. 정부와 대학의 눈치를 보면서 그 공연에 나와 있던 교수님들, 그 사람들이 다 민주주의예요. 그리고 노 대통령 노제에서 사회를 봤다는 이유로 방송 프로그램에서 하차한 김제동 씨가 민주주의예요. 지금 '노무현 시민학교' 강좌를 듣기 위해 앉아 계신 여러분 한 사람 한 사람이 민주주의입니다. 민주주의가 뭐 그리 대단한 것이고, 어디 멀리 저 하늘에 있는 겁니까? 내 속에 있는 거예요. 내가 말하고 내가 생각하고 내가 꿈꾸고 내가 행동하는 것입니다. 그런 사람들이 모여 여태까지 민주주의를 만들어냈습니다.

노 대통령은 "시민의 생각이 역사가 됩니다"라고 이야기했습니다. "민주주의든 진보든 국민이 생각하고 행동하는 만큼만 가는 겁니다." 우리 민주주의는 어디서 뚝 떨어지는 것이 아니죠. 결국 민주주의, 진보의 미래는 우리 한 사람 한 사람이 생각하고 행동하는 만큼만 열려갑니다. 민주주의와 진보의 미래를 자신과 상관없는 것으로 보지 않고 나와 연결할 수 있어야 진짜 자각이라고 할 수 있습니다.

"우리는 역사가 돈의 편이 아니라 사람의 편으로 가고 있다는 믿음을 가지고 이 길을 갑니다. 그 막강한 돈의 지배력을 이기기 위해서는 우리가 가진 모든 힘을 다 짜내고 이를 지혜롭게 조직해내야 합니다. 이제 진보의 가치는 뭐냐. 연대, 함께 살자. 이건 엄밀한 의미에서 하느님의 교리와도 맞다고 생각합니다. 그리고 다 같이 하느님의 자식들로 평등하게 태어나서 서로를 존중해나가고, 이렇게 살자는 거 아닙니까." 노 대통령은 이런 말씀을 하시면서 "자유나 평등과 박애, 평화, 행복 이게 고스란히 진보의 가치다"라고 하셨습니다.

그래서 우리는 이제 진보의 가치, 또 진보의 사회를 만들고자 하는 꿈을 가진 데에 자긍심을 갖고, 그러나 결국 조직된 시민들의 힘이 모자라 우리가 해내지 못한 것들을 자성하면서 2010년의 의미를 되새겨야 합니다. 2010년에는 전국적인 선거를 치르죠. 대통령 서거 이후 첫 번째 선거입니다. 물론 이미 보궐선거를 치렀고 국민들이 우리의 손을 들어주었습니다. 그러나 우리가 더 잘해야 2010년 지방선거에서 승리할 겁니다.

2010년 지방자치선거는 앞으로 우리가 정권을 되찾아오는 첫 번째 계단입니다. 그렇기 때문에 반드시 승리해야 합니다. 지금까지 우리는 너무 분열을 많이 했습니다. "보수는 부패로 망하고 진보는 분열로 망한다"는 이야기가 있듯 민주당에서 열린우리당이 나오고 또 열린우리당에서 엄청난 우여곡절을 겪어 지금 민주당까지 오지 않았습니까. 그래서 저는 10년간 분열했던 민주진영이 '2010년에 어떻게 우리가 승리할 수 있을까' 하는 대승적 생각으로 연대하고 협력하고 연합하는 흐름을 반드시 만들어내야 한다고 생각합니다. 그렇게 하면 이길 수 있습니다. 만약 우리가 연대하지 못하고 다시 분열하면

쉽지 않습니다. 그래서 민주진영에게는 2010년 선거가 위기이기도 하지만 운명적인 기회이기도 합니다. 그러므로 우리 한 사람 한 사람이 이 자각을 위해서 엄청난 노력을 쏟아야 합니다. 2010년 6월 지자체 선거를 향해서 모두 힘을 합쳐 손을 맞잡고 힘차게 나가서 반드시 승리함으로써 정권을 재창출하는 기반을 만들어야만 우리 진보의 꿈, 노무현 전 대통령의 사람 사는 세상의 꿈이 한 단계 발전하고 이뤄지리라 생각합니다. 감사합니다.

한명숙에게 묻는다

2009년 11월 27일 광주

청중 1 현재 민주당원이시니 현실정치에 참여하셔야 한다고 생각하는데, 국회의원, 대통령, 서울시장 선거에 나올 의향이 있으신지요? 노무현 전 대통령 측근이 만든 국민참여당과 민주당의 관계를 어떻게 생각하시는지, 그리고 지역감정문제 해결에 대한 어떤 복안을 갖고 계신지 듣고 싶습니다.

한명숙 우선 현실정치와 관련한 문제를 질문하셨는데 저는 서울시장 출마를 두고 하겠다, 안 하겠다 직접적으로 말한 적은 한 번도 없습니다. 언론에서 이렇게 저렇게 이야기하는 것 같습니다. 아까 말씀드렸던 대로 2010년 선거는 우리에게 참 중요한 선거이기 때문에 반드시 이겨야 한다는 것을 다시 강조합니다. 그리고 저는 지금까지 살아오면서 우리 역사 속에서 제가 해야 할 몫이 있다면 한 번도 피하지 않았습니다. 이 정도로 말씀드리겠습니다. 제가 시장 선거에 나갈지 대선에 나갈지는 잘 모릅니다만 역사가 좋은 방향으로 흘러가는 데 보탬이 될 역할이 제게 주어진다면 기꺼이 그 역할을 하겠습니다.

신당은 민주당이 개혁하고 획기적으로 다시 태어나는 것을 상당히 부정적으로 생각하고 새로운 당을 통해서 국민과 함께 일해보겠다는 뜻에서 나온 것으로 압니다. 그런데 저는 2010년 지방선거에서 민주당, 신당, 또 다른 군소 정당들, 시민사회 모두가 머리를 맞대고 지혜를 모아서 통합하고 연대하고 연합해야 승리할 수 있다고 생각합니다. 신당은 곧 창립하겠죠. 그렇기 때문에 신당은 신당으로 남지만 대체로 이념과 강령이 크게 다르지 않기 때문에 저는 연합하는 데 하나의 핵이 될 거라 봅니다. 민주당 출신도 있고, 노무현 대통령의 뜻을 따르는 사람들이 모두 함께하고 있습니다. 이 모든 사람들이 하나의 대의와 목적을 위해 서로 연대하고 뜻을 함께한다면, 지방선거 승리와 민주주의 발전의 그루터기가 될 수 있을 것입니다.

그리고 요즘 시민사회와 정당 간의 대화가 초보단계에서 많이 이뤄지고 있습니다. 지방선거에서 승리하기 위해 또 다른 형태의 연대를 모색하는 것입니다.

지역감정은 참 어려운 질문인데…… 단칼에 없어지는 건 아니고요. 사실 전라도면 전라도, 충청도면 충청도, 경상도면 경상도, 각 지역의 특성들이 있었을 뿐입니다. 성격적 특성이나 음식 전통 같은 특성이 있었을 뿐인데, 과거 권위주의 시대에 정치가 이 특성을 악용하면서 지역감정이 생겨났죠. 그때 엄청난 차별을 만들어냈기 때문에 그 골이 깊어져서 항상 정치에 지역감정이 악용되는 겁니다. 이 지역감정을 악용하고 지역이 볼모로 있는 한 우리나라의 정치는 개혁될 수 없습니다. 그래서 노 대통령도 항상 지역주의 타파를 몸소 주장하고 실천하셨던 겁니다.

지역감정을 없애려면 다방면으로 노력해야겠지만, 정치 측면에선 선거제도의 개혁 등 제도화를 통해 조금씩 지역감정을 완화할 수 있도록 노력해야 한다고 생각합니다.

청중 2 총리님의 강연을 들어보니 2010년 지방선거에서 민주·진보 진영의 대연합을 강조하신 것 같습니다. 지금 이른바 진보정당이라면 민주당, 국민참여당, 민주노동당, 진보신당, 창조한국당 등이 있습니다. 총리님이 생각하시는 진보대연합이 모든 진보 진영 정당들의 총체적 연합인지 아니면 정책이 맞는 정당끼리 연합해서 선거에 나서야 한다는 것인지 궁금합니다.

한명숙 우리가 모두 연합해서 공천도 함께하고 지원도 함께하는 등 전부 단순화하면 얼마나 좋겠습니까. 그러나 현실정치는 그렇지 않습니다. 현실정치에서 연합처럼 어려운 것이 없습니다. 권력이라는 게 중심에 있고 이해관계가 첨예하게 갈리기 때문에 쉽지 않습니다. 그래서 저희는 모든 걸 다 연합해서 함께 연합공천을 하자는 게 아니라 가능한 영역과 분야부터 타진하고 있습니다. 이를테면 선거를 할 때 공천과 지원을 하죠. 다른 당에서 후보가 나온다 하더라도 함께 지원하고, 시민사회도 함께 연합해서 지원할 수도 있고, 정책공조, 정책연합을 할 수도 있습니다. 그래서 목표는 크게 잡되 그 목표만 보다가 목표에 부합하지 않아서 깨지는 것보다는 부분적으로라도, 전체가 아니라 조금이라도 할 수 있는 게 있으면 해나가자는 이야기들을 제가 중간발표 비슷하게 하고 있습니다.

이 과정에서 각성된 시민이 감시자가 될 수 있습니다. 이를테면 A와 B가 연합해야 하는데 잘되지 않을 수도 있거든요. 이번 보궐선거 때도 연합 문제가 각 지역마다 나왔는데 정말 어렵더군요. 그렇다면 결국 각성된 시민의 힘으로 감시도 하고 압력을 넣을 수 있습니다. 여러분도 한몫을 할 수가 있습니다.

청중 3 2010년 지방선거에서 특정 지역의 1당 독재를 깰 구체적인 방법이 있을까요?

한명숙 노 대통령은 호남에서도 타 지역 사람이 당선하여 호남의 아성이 무너져야 한다고 말씀하셨습니다. 경상도는 말할 것도 없죠. 그런데 그것이 정치적으로 자꾸 악용되기 때문에 어렵습니다. 예를 들어 경상도 지역에선 3선, 4선씩 계속 나가기만 해도 당선합니다. 호남에서도 "공천이 당선이다" 이러지 않습니까? 공천만 받으면 당선하는 거죠. 그러면 그 사람도 지역도 발전하지 않습니다. 견제, 감시, 압력, 균형이 다 이뤄질 때 좋은 정책이 나오고 지역도 발전하고, 결국 나라 전체의 발전에 기여할 수 있는 겁니다.

그래서 이런 폐단은 어느 지역에서나 깨야 합니다. 능력 있는 사람, 실력 있는 사람, 그리고 정치적 진정성이 있는 사람이 객관적으로 평가받아 당선해야 합니다. 노 대통령은 그 말씀을 공개적으로도 하셨습니다. 이것을 실현하기 위한 제도적인 길은 여러 가지가 있습니다. 선거구제를 바꿀 수도 있고, 권역별 비례대표제를 도입할 수도 있죠. 중대선거구제가 되면 다른 지역 사람도 당선할 가능성이 있고 비례대표로라도 들어갈 수 있는 구조가 됩니다. 제도적으로는 그렇게 접근하는 방법밖에 없을 것 같습니다.

청중 4 총리 시절에 여성이라는 이유로 어려운 점은 없으셨어요?

한명숙 있었죠. 제가 첫 여성 총리이기도 했고요. 저는 언제나 여성으로서 개척자 역할을 해서 제 뒤에 오는 여성 후배들이 조금 더 탄탄

한 대로를 달릴 수 있도록 만들어야겠다는 일념이 있습니다. 그래서 조금이라도 실수하지 않으려고 굉장히 노력했습니다. 초기 3개월 동안 언론의 여성관, 국정지도자에 대한 관점이 굉장히 보수적이어서 저와는 전혀 상관없이 대독총리니 얼굴마담이니 써댔어요. 그래서 제가 3개월 되던 날 기자회견에서 "이런 차별적 언어를 쓰는 걸 볼 때 기자들이나 언론이 가지고 있는 여성관은 너무나 후진적이다"라고 지적했습니다. 그 이후부터 그런 말이 안 나왔어요. 혼신의 힘을 다해 끝까지 열심히 해서 다행히 성과를 거두며 마칠 수 있었고, 여성들이 희망을 가질 수 있게 했습니다. 그래서 제가 만난 고등학생, 대학생, 젊은 여성들 가운데 "저도 이다음에 국무총리 하고 싶어요" 하는 사람들이 많아요. 하나의 롤 모델을 제시했다는 의미에서 보람을 많이 느낍니다.

청중 5 노무현 전 대통령이 한 총리님의 통합의 리더십을 여러 번 칭찬했다고 들었습니다. 박근혜 의원과 비교해서 한 총리님의 덕목을 부각할 필요가 있을 것 같은데 어떻게 생각하시는지요?

한명숙 제가 노 대통령과 같이 일하면서 상상도 할 수 없을 정도로 커다란 일들이 산더미처럼 밀려왔어요. 그런 문제들을 해결할 때 제가 노 대통령을 설득했습니다. 남자들의 세계에서는, 아무리 노 대통령을 따르는 사람이라 하더라도 강압적으로 문제를 해결하려는 사람들이 있거든요.
미군 평택기지 문제를 해결할 때도 극렬한 시위가 말도 못하게 일어났는데 제가 노 대통령께 말씀드렸어요. "다른 사람이라면 모르겠습니다. 그러나 노 대통령이 미군 평택기지 문제를 주민들, 국민들과 함께 협의해서 해결하지 않고 밀어붙여서 해결했다고 역사책에 쓰일 텐데 그렇게 하실 수 있습니까. 노 대통령은 그렇게 하면 안 됩니다." 제가 좀 따졌어요. "저한테 맡겨주십시오. 제가 한번 해보겠습니다." 그 당시에는 이미 미군 평택기지 문제를 상당히 강압적으로 해결할 수밖에 없는 여러 정황이 있었는데 제 말씀을 듣더니 "한번 해보세요" 하고 맡겨주셨습니다. 아마 다른 대통령 같으면 그렇게 못했을 겁니다. 여러 가지 일이 있었지만 대표적으로 미군 평택기지 문제를 예로 드는 겁니다.

제가 그 일을 맡아서 피가 마르는 고생을 했습니다. 평택기지 이전 반대를 외치는 주민들과 수십 번 대화하면서 진두지휘했습니다. 제 양심에는 지금도 평택기지에서 다른 곳으로 쫓겨난 주민들에 대한 부끄러움이 있습니다. 미안한 마음이 들고 아픔을 느낍니다. 두세 번 그렇게 밀려난 사람들도 있어요. 그러나 나라를 운영하는 일은 그런 개인적 희생이 하나도 없이는 할 수 없죠. 그럼에도 불구하고 대화를 시작해서 딱 9개월 만에 합의로 처리했습니다. 노 대통령에게 보고를 드렸더니 가장 좋아하시더군요. 이렇게 대화를 통해서 협상하고 해결한 문제들이 많았습니다. 그래서 저를 어머니 리더십이랄지 부드러운 리더십, 통합의 리더십으로 평가해주신 것 같습니다.

10명의 사람이 노무현을 말하다

1판 1쇄 펴낸날 | 2010년 5월 13일

지은이 | 이해찬 외 9명
펴낸이 | 오연호
편집주간 | 이한기
기획편집 | 서정은
교정 | 김성천·김인숙
녹취 | 김미영·서유진
사진 | 오마이뉴스·한국미래발전연구원
디자인 | 오필민디자인
어시스턴트 | 희수.com
용지 | 신승지류
인쇄·제본 | 천일문화사

펴낸곳 | 오마이북
등록 | 제313-2010-94호 2010년 3월 29일
주소 | 서울시 마포구 상암동 1605 누리꿈스퀘어 비즈니스타워 18층 (121-270)
전화 | 02-733-5505
팩스 | 02-733-5077
www.ohmynews.com
book@ohmynews.com

ⓒ 한국미래발전연구원, 2010

ISBN 978-89-964305-0-6 03300

- 이 책은 저작권 및 퍼블리시티권 라이선스(이용허락)를 얻어 출판되었습니다.
- 오마이북은 오마이뉴스에서 만드는 책입니다.